학자 목사의 설교 시리즈 03

아브라함 내러티브 설교

약속을 따라 걷는 삶

다함
도서출판 **다함** 은

1. **다윗과 아브라함**의 자손
   아브라함과 다윗의 자손으로, 하나님 구원의 언약 안에 있는 택함 받은 하나님 나라 백성을 뜻합니다.

2. **마음과 뜻과 힘을 다하여** 하나님을 사랑하라
   구약의 언약 백성 이스라엘에게 주신 명령(신 6:5)을 인용하여 예수님이 가르쳐 주신 새 계명
   (마 22:37, 막 12:30, 눅 10:27)대로 마음과 뜻과 힘을 다해 하나님을 사랑하겠노라는 결단과 고백입니다.

사명선언문
1. 성경을 영원불변하고 정확무오한 하나님의 말씀으로 믿으며, 모든 것의 기준이 되는 유일한 진리로 인정하겠습니다.
2. 수천 년 주님의 교회의 역사 가운데 찬란하게 드러난 하나님의 한결같은 다스림과 빛나는 영광을 드러내겠습니다.
3. 교회에 유익이 되고 성도에 덕을 끼치기 위해, 거룩한 진리를 사랑과 겸손에 담아 말하겠습니다.
4. 하나님 앞에서 부끄럽지 않도록 항상 정직하고 성실하겠습니다.

아브라함 내러티브 설교
약속을 따라 걷는 삶

초판 1쇄 인쇄 2022년 5월 31일
초판 1쇄 발행 2022년 6월 13일

지은이 ㅣ 강화구

펴낸이 ㅣ 이웅석
펴낸곳 ㅣ 도서출판 다함
등 록 ㅣ 제2018-000005호
주 소 ㅣ 경기도 군포시 산본로 323번길 20-33, 701-3호(산본동, 대원프라자빌딩)
전 화 ㅣ 031-391-2137
팩 스 ㅣ 050-7593-3175
이메일 ㅣ dahambooks@gmail.com

디자인 ㅣ 디자인집(02-521-1474)

ISBN 979-11-90584-50-0 (04230) ㅣ 979-11-90584-34-0 (세트)

학자 목사의 설교 시리즈 03

아브라함
내러티브 설교

약속을 따라 걷는 삶

The Abraham Narrative

강화구 지음

다함
도서출판

목차

추천사

"너는 너의 고향과 친척과 아버지의 집을 떠나
내가 네게 보여 줄 땅으로 가라"

아브라함을 향한 이 부르심은 세상과 신앙 사이에서 갈팡질팡하는 제게 '지금 네 정체성을 정의하려는 세상의 모든 가치관에서 벗어나라!' 라는 울림으로 다가옵니다. 매 주일 강단에서 선포되었던 설교를 통해 하나님께서 제 삶의 방향을 세밀하게 안내해 주셨는데, 그 말씀을 글로 다시 읽을 수 있게 되어 정말 기쁩니다. 이제 이 책을 곁에 두고 나에게 주신 약속의 말씀을 따라 내 삶을 이끌어 가실 성실하신 하나님을 마주하고 싶습니다.

도은지_제일영도교회 청년

✛

이 책 『아브라함 내러티브 설교』는 내러티브 분석으로 아브라함 본문을 설명하고 있습니다. 최신 문예적 해석방법을 사용하여 본문의 구조와 이야기를 분석할 뿐 아니라 행간에 있는 의미까지 드러냅니다. 저자는 아브라함 내러티브를 생생하게 재구성하여 마치 아브라함이 살아서 이야기하고 있다고 느끼게 합니다. 책의 곳곳에서 접하게 되는 저자의 새로운 해석과 통찰력은 감탄을 자아냅니다. 독자들은 이 책을 통해 아브라함 내러티브 해석의 진수를 맛보게 될 것입니다.

이 책은 또한 전문성경학자로서의 저자의 학문적인 능력뿐만 아니라 목회자로서 성도들을 목양하고 교회를 세우는 목자의 심정을 잘 보여줍니다. 이 책은 설교이니만큼 본문의 해석이 적용으로 자연스럽게 이어져 오늘날의 성도들에게 아브라함과 함께 믿음의 여정을 힘차게 걸어갈 것을 도전하고 권고합니다. 일반적인 설교집의 경우 주석이 좋은데 적용이 부족하거나 반대로 적용은 풍성한데 주석이 빈약한 경우가 더러 있습니다. 하지만 이 책은 해석과 적용, 주석과 설교가 균형을 이루어 성도들뿐만 아니라 아브라함 설교를 준비하는 목회자와 신학생들에게도 훌륭한 길잡이 역할을 할 것이라고 믿어 의심치 않습니다.

배정훈_고신대학교 신학과 교회사 교수

✛

저자는 다년간 구약 내러티브를 연구한 성경 신학자로서, 내러티브 본
문이 내러티브 이론을 통해 어떻게 실제 설교로 구현하는지를 보여줍
니다. 그래서 『아브라함 내러티브 설교』는 내러티브 해석이나 내러티
브 설교에 대해 말은 많지만, 정작 내러티브 설교에 대한 구체적이고
친절한 안내는 찾아보기 쉽지 않은 현실 속에서 설교자들에게 좋은
길잡이가 되기에 손색이 없습니다.

　더욱이 『아브라함 내러티브 설교』는 아브라함 내러티브를 단지 아
브라함의 이야기가 아니라 하나님이 주인공이신 장대한 이야기로 그
려내고 있습니다. 아브라함의 부족함 속에서도 당신의 약속을 신실하
게 성취하시는 하나님의 이야기를 통해 독자들은 자신의 연약함 속에
서도 신실한 하나님을 신뢰하며 하나님의 약속을 따라 걸을 수 있는
지혜와 용기를 얻게 될 것입니다.

조광현_고려신학대학원 설교학 교수

서문

첫 만남

20여 년 전 미국 유학을 결정할 당시, 신학대학원 졸업 후 꽤 여러 해 동안 전임 사역에 몰두했기 때문에 공부를 위한 준비도, 재정적인 준비도 부족했습니다. 아내와 함께 아무것도 모르는 어린 두 자녀를 데리고 미국행 비행기에 몸을 실었습니다. 어떻게 공부를 시작하고 마칠지도, 부족한 재정이 어떻게 채워질지도 몰랐습니다. 세상적인 눈으로 보면 그저 무모함이라고 표현할 수 있겠습니다. 그러나 당시 하나님께서 마음에 주신 한 가지 말씀이 미지의 세계로 떠나는 길에 큰 힘이 되었습니다.

너는 너의 고향과 친척과 아버지의 집을 떠나 내가 네게 보여 줄 땅으로 가라 (창12:1)

그렇게 아브라함을 만났습니다. 당시만 해도 하나님께서 아브라함과 더 큰 만남을 준비해 두셨으리라 예상조차 못했습니다.

두 번째 만남

미시건 주의 그랜드 래피즈에 있는 칼빈 신학교에서 석사 과정을 지낼 때 내러티브에 대해 관심을 갖기 시작했습니다. 그 때만 해도 열왕기서에서 연구 주제를 찾아볼까 궁리하고 있었습니다. 2년간의 석사 과정을 마친 후, 하나님께서 열어주시는 길을 따라 일리노이 주 시카고 근교의 트리니티 복음주의 신학교에서 박사과정을 시작했습니다. 논문 주제를 정하는 것이 얼마나 어려운 일이었던지 막막한 바닷가 모래사장에서 바늘을 찾는 듯한 느낌이었습니다. 어느 날 지도교수 리챠드 에이버벡과 장시간 앉아 논문 주제와 관련한 의논을 나누게 되었습니다. 여전히 마음을 정하지 못한 채 열왕기서 중심으로 질문하고 있었는데, 교수님으로부터 뜻밖의 제안을 듣게 됐습니다. 의자에 몸을 기댄 채 양손을 머리에 올리고 허공을 주시하며 깊은 생각에 잠겨 있던 교수님이 갑자기 물었습니다.

"아브라함 어때요?"

순간, 머릿속이 번뜩이는 듯 했습니다. 예상치 못한 순간, 그렇게 아브라함을 다시 만났습니다. 에이버벡 교수와 저는 손을 마주쳤고, 그때부터 10여 년 동안 아브라함을 연구하며 아브라함과 함께 지냈습니다.

세 번째 만남

이윽고 아브라함 내러티브를 연구해 박사 학위까지 받게 되었습니다. 그 날은 아마 잊을 수 없을 것 같습니다. 어느새 장성해 버린 자녀들과 익숙해진 미국에서의 삶, 생생한 사역의 현장과 소소하지만 감사했던 티칭 사역을 감당하던 중 마음 한 편에 알 수 없는 부담감이 생겼습니다. 처음 아브라함을 만났던 때의 그 말씀이 불현듯 떠올랐던 것입니다. 어쩌면 그 말씀은 마음 한 구석을 늘 차지하고 있었는지 모릅니다. 왠지 하나님께서 계속해서 부르신다는 생각이 들었습니다. 유학을 떠날 때는 청운의 푸른 꿈과 연구가 마치면 한국에서의 사역을 감당하리라 사명도 품었지만, 막상 유학을 마치고 귀국을 결정하기까지는 떠나왔던 길보다 훨씬 더 어려웠습니다. 편안하고 안정된 땅이 되어버린 미국에서의 삶을 정리하고, 사역지도 거처공간도 보장할 수 없는 한국행을 결정하기란 매우 힘들었습니다. 그때 아브라함! 아브라함을 다시 떠올렸습니다. 익숙한 삶을 내려놓고 갈 것을, 이전의 사명을 기억하고 도전하며 떠날 것을 말씀하시는 것 같았습니다. 당시에는 아브라함과 함께 에스라의 결단도 깊이 묵상했습니다(스 7:6-10). 한국행 배편에 이삿짐을 먼저 부칠 때, 짐의 목적지는 그냥 '부산항'이었습니다. 이삿짐을 보낼 곳을 정하지 못했었기 때문입니다. 배가 제발 더디게 도착하길 바랐습니다.

다시 아브라함

오랜 세월이 지나 귀국한 고국에서의 역정착기는 보이지 않는 미래를 기다리는 시간이었습니다. 아브라함의 마음이 이랬을지도 모르겠다는 생각이 들었습니다. 기다림의 시간이 지난 후 하나님께서 마음을 다해 섬길 교회와 사랑이 넘치는 성도들과의 만남을 허락하셨습니다. 설립된 지 126년의 유서 깊은 교회였습니다. 오랜 세월만큼 깊은 신앙의 전통이 있었고, 한편으로는 은혜가 아니면 버텨낼 수 없는 모진 풍파의 시련도 겪었던 교회입니다. 순간순간의 위기를 극복하며 지금껏 달려온 귀한 교회입니다. 미래를 모른 채 기다리던 저에게 하나님께서 열어주신 '다른 길'이었습니다. 갈 바를 알지 못하고 또다시 걸으라고 말씀하시는 듯 했습니다. 교회에 부임 후 창세기의 첫 번째 시리즈로 아브라함 설교를 시작했습니다. 총 23주에 걸친 설교가 이 책의 내용을 구성하게 되었습니다.

이 책의 기본 내용은 아브라함의 삶과 언약을 설교하지만, 본문을 해석하고 전하는 방법은 '내러티브'에 초점을 맞추고 있습니다. 설교라는 한계가 있어 깊이 다루진 못하지만, 내러티브 관점에서 본문을 읽고 이해하는 방식을 틈틈이 소개하고픈 열정이 있었습니다. 내러티브에 관한 유익한 책들이 많이 있지만, 저의 설교를 좀 더 구체적인 공부로 연결하기 원한다면, 앞서 출간된 『성경 내러티브 읽기』(총회출판국, 2020)를 읽는 것도 도움이 될 것입니다. 본서를 읽으며 '아브라함 내러티브 읽기'를 염두에 두고 본문의 구성과 배경, 등장인물 등에 관심을 가진다면 더욱 유익하리라 생각합니다. 당부드리고 싶은 것은, 아브라함 설교의 주인공을 '아브라함'으로 섣불리 단정하지 말라는 부탁입니다. 전체 책 구성에서 가장 주목해야 할 핵심주제는 신실하신 하나님과 그분의 약속입니다. 이런 까닭에 책의 부제를 '약속을 따라 걷는 삶'으로 정했습니다. 아브라함은 자신이 마주하게 될 미래를 알지 못했기에, 때로 실수하기도 하고 과한 열정으로 넘어지거나 연약하여 범죄하기도 했지만, 그럼에도 불구하고 약속을 주신 하나님이 당신의 신실하심으로 아브라함에게 하셨던 약속을 성취하고 계심을 볼 수 있습니다. 그러므로 감히 말씀드리자면, 이 책에 담긴 설교의 주인공은 바로 하나님이십니다. 현장에서 실제 선포된 설교와 설교문은 차이가 있습니다. 설교는 설교 나름의 장점이 있고, 설교문 또한 그러합니다. 설교를 책으로 출판할 때 오는 한계로 인해 각 장의 마지막에 QR 링크를 두어 실제 예배 중의 설교를 들을 수 있도록 했습니다. 미디어가 더 친근한 분들은 이 책을 귀로 읽는 것도 괜찮으리라 생각합니다.

누구보다 제 설교를 열심히 듣고, 격려와 조언을 통해 지지해주는 사랑하는 아내에게 감사를 전합니다. 이 책의 첫 번째 독자요 매끄러운 글로 다듬기 위해 수고해준 저의 개인 편집자이기도 합니다. 기쁘게 그림으로 동참해 준 사랑하는 딸, 늘 존경의 메시지로 감동을 주는 믿음직한 아들에게도 고마움을 표합니다. 부족한 저의 설교를 도서출판 다함에 추천해 준 우병훈 교수님과 배정훈 교수님의 도움에 감사드립니다. 이웅석 대표님 또한 이 책의 출간에 기여하셨습니다. 모두에게 감사를 전합니다.

끝으로 아브라함 설교 시리즈를 맺기까지 매 주일 말씀에 집중하며 진심어린 격려를 보내주신 제일영도교회 성도들, 그분들이야말로 이 책의 출간에 가장 큰 역할을 해주었습니다. 이 책은 교회에서 성도들을 대상으로 선포된 말씀이기에 그 분들과 출간의 기쁨을 먼저 나누는 것이 옳을 것입니다. 그리고 보면 저의 책이라고 감히 말씀드리기 어렵겠습니다.

아브라함을 공부하라 하시더니
아브라함을 설교하라 하시고
이제는 아브라함처럼 살라 하십니다.

아브라함에게 신실하게 역사하셨던 하나님께서 우리의 삶 또한 여기까지 이끌어 오셨고, 앞으로도 당신의 뜻대로 인도해 가실 것을 굳게 믿으며 모든 영광과 감사를 하나님께 드립니다. 신실하신 하나님께서 계시므로 갈 바를 알지 못해도 걸음을 뗄 수 있습니다.

2022년 04월 20일
목양실에서 _ 저자 강화구

The Abraham Narrative

1

약속과
현실 사이에서

(창세기 11:27-32)

1. 약속과 현실 사이에서

27. 데라의 족보는 이러하니라 데라는 아브람과 나홀과 하란을 낳
고 하란은 롯을 낳았으며

28. 하란은 그 아비 데라보다 먼저 고향 갈대아인의 우르에서 죽었
더라

29. 아브람과 나홀이 장가 들었으니 아브람의 아내의 이름은 사래
며 나홀의 아내의 이름은 밀가니 하란의 딸이요 하란은 밀가의
아버지이며 또 이스가의 아버지더라

30. 사래는 임신하지 못하므로 자식이 없었더라

31. 데라가 그 아들 아브람과 하란의 아들인 그의 손자 롯과 그의 며
느리 아브람의 아내 사래를 데리고 갈대아인의 우르를 떠나 가
나안 땅으로 가고자 하더니 하란에 이르러 거기 거류하였으며

32. 데라는 나이가 이백오 세가 되어 하란에서 죽었더라

(창세기 11장 27-32절)

창세기 11장에서 25장까지 이어지는 아브라함 내러티브를 통해 은혜를 나누고자 합니다. 아브라함은 우리에게 잘 알려진 인물이고 그의 인생도 비교적 익숙하게 여겨져 '아브라함 내러티브'하면 많은 사람이 잘 아는 이야기라 생각할 수도 있겠습니다. 아브라함은 소위 '믿음의 조상'이라 불리기도 하고, 사실은 누구도 따라갈 수 없을 만한 위대한 믿음의 소유자로 인정 받습니다. 그러나 성경을 읽을 때, '아, 아브라함이 정말 위대한 믿음의 소유자였구나!'라고만 깨닫고 성경을 덮어버리면 아브라함 내러티브를 비중 있게 기록해둔 성경 저자의 의도를 간과하게 됩니다.

아브라함이 얼마나 위대한 믿음을 가졌고 얼마나 탁월한 삶을 살았는지를 말하는 것이 성경 기록의 목적이 아닙니다. 아브라함의 일생을 통해 그의 삶을 이끌어 가시고, 여러 실패와 어려움에도 불구하고 그의 삶을 만들어 가셨던 하나님의 신실하심과 은혜의 역사, 창조주 하나님의 능력과 같은 주제들을 말씀을 통해 하나하나 살펴볼 수 있기를 바랍니다.

성경에서 아브라함만큼 중요한 인물이 또 있을까 싶을 만큼 그는 비중 있는 인물입니다. 세속 역사에서도 마찬가지입니다. 아브라함은 현대 21세기를 살아가는 사람들에게도 역시 대단히 중요한 사람입니다. 우리 또한 '영적으로 아브라함의 후손이다. 그는 우리 믿음의 조상이다.'라고 고백합니다. 천주교도 마찬가지고, 이슬람도 마찬가집니다. 무슬림에게도 아브라함은 우리가 생각하는 것과 같은 위치에 있는 사

람입니다. 유대교에서도 마찬가집니다. 그렇게 보면 현재 이 땅을 살아
가는 사람 중 매우 많은 사람이 아브라함을 자신들의 믿음의 조상으
로 여기며 따르고 있습니다(현재 전 세계 인구의 약 62%).

아브라함 내러티브의 위치

창세기에서 아브라함은 대단히 비중 있게 다루어집니다. 창세기를 둘
로 나누면, 원역사(Prehistory) 시대를 1-11장에서 다루는데 하나님의
천지 창조로부터 아브라함이 등장하기 이전까지의 전체 역사를 포함
합니다. 그리고 12장부터 (사실은 창11:27절부터) 세 사람의 족장 -아브라
함, 이삭, 야곱- 을 중심으로 족장 시대 역사가 마지막 50장까지 전개
됩니다. 아브라함 이야기부터는 소위 '역사'라는 것을 셀 수 있습니다.
몇 년도에 이 일이 일어났는지, 어느 시점에 어디에서 살았는지, 그때
는 어떤 상황이었는지 등을 여러 가지 성경 연구, 고고학적인 고증 등
을 통해 확인해갈 수 있다는 뜻입니다. 하지만, 창세기 1-11장의 내용
은 전통적인 의미에서 시간을 알 수 있는 역사가 아닙니다. 일어나지
않았다는 뜻이 아니라 시간을 헤아릴 수 없다는 뜻입니다. 노아 홍수
는 역사적으로 일어났지만 언제 일어났는지 우리가 알 수 없습니다.
하나님께서 역사적으로 세상을 창조하셨지만 그게 구체적으로 언제
실제로 일어난 일인지 정확히 아는 것은 불가능합니다. 11장까지 내

용은 그렇습니다.

창세기 11장까지를 살펴보면 분명한 흐름이 관찰됩니다. 하나님이 세상을 창조하셨으며, 당신의 형상대로 창조하신 아담과 하와를 에덴 동산에 두셨습니다. 그곳에서 인류를 향한 하나님의 뜻을 밝히 보여 주셨습니다. 하나님은 아담과 하와에게 생육하고 번성하며, 땅에 충만하고 모든 것을 다스리도록 하셨습니다. 하지만 인류의 역사는 하나님이 주신 사명을 적절하게 실행하는 쪽으로 진행되지 않았습니다. 창세기 11장까지, 즉 아브라함을 부르시기까지 인류의 역사는 지속적으로 하나님의 약속과 명령을 어기고 불순종했던 실패의 역사였습니다.

하나님께서 아담과 하와를 에덴동산에 두시고 안식하게 하셨지만, 인간이 범죄함으로 하나님의 약속과 뜻과 명령을 어겨 그 땅에서 쫓겨나게 되었습니다. 쫓겨남의 역사, 죄의 깊이는 역사를 거듭할수록 더 심각해집니다. 가인은 동생을 죽임으로 에덴 동편의 삶에서도 쫓겨나 소위 땅에서 유리방황하는 인생을 살게 됩니다. 하나님을 떠난 백성이 어떻게 방황의 삶을 살게 되는지를 보여주고 있습니다.

하나님께서는 생육하고 번성하여 온 세상이 하나님의 나라가 되도록 우리에게 명령하셨는데, 그럼에도 불구하고 인류는 죄악으로 가득해져서 결국 하나님의 심판을 받습니다. 하나님의 나라를 온 세상에 퍼트려야 하는데, 죄악을 온 세상에 퍼트림으로 세상이 홍수 심판에 이르게 되었습니다. 홍수 이후 하나님은 다시 노아와 자녀들에게 흩어져 원래 창조의 사명을 이루도록 명령하셨는데, 인류는 이번에도 시날 땅에서 바벨탑을 높이 쌓고 '우리의 이름을 내고 흩어짐을 면하자'며 하나님을 대적하게 됩니다(창11:4). 이것이 11장까지의 내용입니다. 인류의 역사를 되짚어보면 이렇게 하나님의 약속과 명령을 어기고 불순종하고 거역한 사람의 실패의 역사, 상실의 역사라 할 수 있습니다. 땅을 잃어버리게 되고 하나님과의 관계, 지위를 잃어버리게 되는 역사였습니다. 이 역사를 보며 우리가 다시 한 번 깨닫게 되는 것은 사람에게서는 아무런 희망이 없다는 사실입니다.

아브라함을 부르심

이제 하나님은 결코 실패하지 않을 당신의 방법을 선택하십니다. 그게 바로 아브라함입니다. 12장 1-3절은 다음 시간에 살필텐데 그 말씀은 인류의 모든 역사가 완전히 변하게 되는 새 출발의 자리입니다. 역사적으로 지구상 가장 주목할 하나의 부르심이 있다면 하나님께서 아브라함이라는 사람을 부르신 것임을 기억해야 합니다. '아브라함이 얼마나 대단했으면, 얼마나 똑똑하고 준비가 잘 되어 있었으면 하나님께서 이 놀라운 역사를 이루기 위해 그 사람을 부르셨을까'라고 생각한다면 잘못된 접근입니다. 우린 아브라함의 생애에 대해 여러 차례 들어왔습니다. 그가 모리아 산에서 자신의 독생자 아들을, 그것도 백세 때 얻은 귀한 아들을 하나님께 드리는 모습을 기억하고 있습니다.

누구나 따라할 수 있는 행동이 아닙니다. 우리 중에 누가 똑같이 할 수 있을까 하고 생각할지 모르겠지만, 우리가 기억해야 할 것은 그 모습이 아브라함 생애의 마지막 페이지라는 사실입니다. 그 순간에까지 이르도록 하나님께서 만들어 가셨던 겁니다. 아브라함이 특별해서 이르렀다기보다는, 때로 하나님을 거역하고 의심하며 말씀을 부정하는 등 그의 연약함과 모자랐음에도 불구하고 하나님께서 의지를 가지시고 그를 만나주시고 인도해가시며 변화시키고 훈련하셔서 믿음의 용사가 되게 하셨던 겁니다. 아브라함은 우리와 다른 사람이 아닙니다. 특별히 다른 어떤 삶을 살았던 사람이 아닙니다. 우리와 같은 성정을 가졌고, 똑같이 연약했고 의심하기도 하며 불순종하기도 했던 사람입니다. 그러므로 우리가 아브라함 내러티브를 보며 '과연 하나님이야말로 신실하시구나!'라고 고백할 수밖에 없는 것입니다. 과연 하나님이야말로 오래 참고 신실한 분이심을 고백하게 되는 것입니다.

우리를 부르신 하나님

아브라함의 삶에만 적용되는 것이 아닙니다. 오늘 우리의 삶을 보면서도 똑같은 결론을 내리게 됩니다. 우리가 잘나서 하나님이 부르셨을까요? 우리가 사명을 잘 감당할 것 같아 부르신 건가요? 본문처럼 아브라함이 모든 것을 포기하고 하나님을 따랐듯 우리에게 위대한 믿음이 있어 우리를 부르신 겁니까? '네가 훌륭하구나, 네게 믿음이 있구나, 네가 잘 준비되어 있구나'라며 우리를 부르신 것이 아닙니다. 첫 출발은 우리의 결단에 의해서가 아니라 하나님의 부르심에 의해서 시작되었다는 것을 기억하기를 바랍니다. 하나님께서 저와 여러분들을 불러주셨습니다. 잘 준비되었거나 연약하지 않거나 실패하지 않기 때문이 아니라 하나님께서 당신의 뜻과 의지를 가지고 부르신 것입니다. 이것이 바로 복음이고 은혜입니다. 이 은혜를, 이 복음의 메시지를, 첫 출발점을 놓치지 않길 바랍니다.

하나님께서 부르셨던 때, 사실 출발 지점에서부터 하나님께서 불러주셨으니 이러이러하게 순종해야지 하는 결단이 제대로 생기지 않았을 때도 있습니다. 아브라함의 모습이 그러합니다. 하나님께서 부르셔서 이 먼 여행을 시작했습니다. 믿음의 여정입니다. 이 여정을 시작하지만 첫 출발은 그렇게 좋지는 않았습니다. 물론 우리는 하나님께서 '본토와 친척과 아버지 집을 떠나라 내가 지시할 땅으로 가라'고 말씀하셨을 때 그가 갈 바를 알지 못 했으나 순종했다고 고백하지만, 그가 참으로 위대한 결단을 하고 순종의 자리에 서기는 했으나 온전한 순종에 이르지 못했다는 것을 알 수 있습니다. 오늘 본문이 그것을 우리에게 보여줍니다.

데라의 족보는 이러하니라

본문은 '데라의 족보는 이러하니라'로 시작합니다. 창세기에서 "~의 족
보는 이러하니라"는 표현이 총 열한 번 나옵니다. 창세기를 열하나의
큰 단락으로 나누는 전형적인 표현입니다. 창세기를 읽으며 '데라의
족보는 이러하니라'를 만나면 밑줄을 그어 두시면 좋습니다. 여기서
시작된다는 뜻입니다. 이 이야기가 끝나면 '이스마엘의 족보는 이러하
니라' 하고 이스마엘로 넘어갑니다(창25:12). '이삭의 족보는 이러하니라
(창25:19)', '야곱의 족보는 이러하니라(창37:2)' 등이 나오면 새로운 이야기
의 시작으로 여기시면 됩니다. '데라의 족보는 이러하다'며 이제부터
데라와 자손들의 이야기가 시작될 것을 본문이 알려줍니다.

그리고 본문은 데라 족보의 주요 등장인물들을 소개합니다. '데라
는 아브라함과 나홀과 하란을 낳았고 하란은 롯을 낳았다'고 말씀합
니다. 이후에 나올 등장인물들, 중요한 역할을 할 사람들을 소개하고
있는 것입니다. 여기서 "아브라함과 나홀과 하란을 낳았다"는 표현이
아브라함은 첫째, 나홀은 둘째, 하란은 셋째라는 뜻이 아닙니다. 성경
은 나이 순서대로 이름을 항상 나열하진 않습니다. 앞으로의 사건에
서 누가 가장 중심인지를 소개하는 방식입니다. 아브라함을 중심으로
이야기가 전개될 테고 그의 이야기에서 나홀이 중요한 역할을 하게 될
거라는 뜻입니다. 반면 하란은 롯을 낳았다는 말로 아브라함 이야기
에서 역할하게 됩니다. 아브라함 이야기에 하란의 아들 롯이 비중 있

게 등장하게 됨을 엿볼 수 있습니다. 가정에 아픔도 있었습니다. 하란은 그 아버지 데라보다 먼저 고향 갈대아 우르에서 죽었습니다. 결혼 관계도 소개합니다. 아브라함과 나홀은 결혼했는데 아브라함의 아내 이름은 사래고, 나홀의 아내 이름은 밀가입니다. 이 밀가가 바로 하란의 딸이라고 소개합니다. 아마도 제일 맏이 하란이 죽고, 그 아들 딸들을 동생 둘이 취해 나홀은 형의 딸 밀가와 결혼하고 아브라함은 형의 아들 롯을 양자처럼 거두어 데리고 다닌 것 같습니다.

데라의 여행

하나님께서 불러주신 가정의 정보를 우리에게 알려주시며, 하나님께서 그 가정을 부르셨고 그 가정이 놀라운 믿음의 여행을 시작했음을 말씀하고 있습니다. 31절을 보십시오.

> 31데라가 그 아들 아브람과 하란의 아들인 그의 손자 롯과 그의 며느리 아브람의 아내 사래를 데리고 갈대아인의 우르를 떠나 가나안 땅으로 가고자 하더니 하란에 이르러 거기 거류하였으며 (창 11:31)

본문을 보면 주어가 데라입니다. 데라가 온 가족을 데리고 갈대아 우르를 떠나 가나안으로 가려고 합니다. 이상하지 않습니까? 하나님이 데라를 부르셨나요? 하나님은 아브라함을 부르셨습니다. 창세기 12장 1-3절을 보면 여호와께서 아브라함을 부르시는 장면이 나옵니다. 그러나 이 부르심은 첫 번째 부르심이 아닙니다. 하나님께서는 하란에 머물러 있는 아브라함에게 가나안 땅으로 가라고 부르셨지만, 그보다 앞서 아브라함이 갈대아 우르, 메소포타미아 지방에 있을 때 '본토와 친척과 아버지의 집을 떠나 내가 지시할 땅으로 가라'고 말씀하셨습니다. 그 내용이 사도행전 7장 2-3절에 나옵니다.

> 2스데반이 이르되 여러분 부형들이여 들으소서 우리 조상 아브라함이 하란에 있기 전 메소보다미아에 있을 때에 영광의 하나님이 그에게 보여 3이르시되 네 고향과 친척을 떠나 내가 네게 보일 땅으로 가라 하시니 (행 7:2-3)

스데반은 성령으로 충만하게 되어, 사도행전에서 아주 인상적이면서도 긴 설교를 합니다. 이 설교에서 그는 이스라엘 전체 역사를 되짚어 갑니다. 아브라함이 하란에 있을 때 하나님께서 부르셨다고 설교합니다. 그러니 갈대아 우르에 있을 때 부름을 받았던 사람은 아브라함입니다. 그럼에도 불구하고 이 여행을 주관하는 사람은 데라입니다. 이해는 됩니다. 지금은 부모와 분가하는 것이 일반적이지만 당시의 고대 사회에서 아버지의 집을 떠나는 것은 상상할 수 없는 일이었습니다. 아버지가 살아 계시는데 그의 집을 떠나는 것은 어려운 일이었습니다. 어쩌면 아브라함이 고향과 친척과 아버지의 집을 떠나라는 명령을 받았을 때 굉장히 고달팠을 수도 있겠습니다. 아버지가 살아계신데 아버지를 거역하고 어떻게 떠날지 고민했을 겁니다. 어쩌면 아버지와 의논했을 수 있고, 협의해서 함께 떠났을 수도 있습니다. 하지만 이것은 잘못된 출발점입니다.

잘못 끼워진 첫 단추

하나님께서는 본토와 고향 땅과, 친척과 아버지의 집을 떠나라고 명령하셨습니다. 갈대아 우르를 떠난다는 말을 현재의 말로 이렇게 비유해 볼 수 있겠습니다. 지금 이곳에 잘 살고 자리 잡았는데 하나님이 갑자기 꿈에 나타나셔서는 "너, 아프리카의 OOOO 나라로 가거라" "네? 어떤 나라요?" "잘못 들었다면, 다시 한번 말해 줄게. OOOO 나라로 가거라" "예? 그런 나라가 있었나요?" 지도를 펼쳐 봅니다. 들어본 적도 없던 나라, 그런 땅으로 하나님이 이주하라고 하신 겁니다. 순종은 결코 쉬운 일이 아닙니다. 우리의 현재 삶을 다 내려놓고 가는 것이 어찌 간단하겠습니까? 아브라함 시대는 훨씬 더 복잡했는데, 고대 사회의 땅은 우리가 생각하는 땅과 다릅니다. 고대인에게 아버지의 집과 땅은 자신의 정체성이었습니다. 조상들의 영혼이 남겨져 있는 장소이고, 자기가 돌아갈 장소였습니다. 그래서 땅을 버리고 떠난다는 것은 자신의 모든 존재를 부인하는 것과 같았습니다. 게다가 씨족 사회에서 아버지의 집을 떠나는 것은 상상할 수 없는 일이었습니다. 하나님께서 명확하게 '너의 고향 땅과 아버지의 집, 친척 집을 떠나라'고 하셨고, 놀랍게도 아브라함은 아버지와 함께 이 여행을 시작했습니다. 아버지와 함께 말입니다. 이 첫 단추가 잘못 끼워지니 다음 단추도 잘못 끼워집니다. 결과적으로 그렇게 되는 겁니다. 데라가 주도한 이 첫 번째 잘못된 여행, 절반의 순종만으로 갔던 이 여행은 결국 하란에 이르러 그곳에 머무르게 만듭니다. 원래 목적지가 어디였습니까? 가나안 땅이었습니다. 31절에서 명백하게 '가나안 땅으로 가고자 하더니'라고 나와 있습니다. 갈 길을 이미 정해 두었다는 뜻입니다. 이미 갈대아 우르에 있을 때 하나님께서 가나안 땅으로 가라고 말씀하신 것으로 보입니다. 히브리서 11장 8절은 이에 대해 다음과 같이 말씀합니다.

> [8]믿음으로 아브라함은 부르심을 받았을 때에 순종하여 장래의 유업으로 받을 땅에 나아갈새 갈 바를 알지 못하고 나아갔으며 (히 11:8)

얼핏 보면 히브리서에서 '갈 바를 알지 못하고 갔다'는 표현이 창세기 11장 31절의 말씀과 대치되는 것처럼 보입니다. 하지만 갈 바를 알지 못하고 갔다는 표현은 어디로 가는지 정말 모르고 갔다는 뜻이 아닙니다. 하나님께서 가나안 땅으로 가라고 하셨지만, 그 길에 어떤 일이 닥칠지, 무엇을 해야 하는지, 무슨 의미인지 정확히 모르고 갔다는 뜻입니다. 가나안을 몰랐다는 뜻이 아닙니다. 본문에서도 그들이 갈대아 우르를 떠나 가나안 땅으로 가려다가 하란으로 이동했다고 말씀합니다.

하란으로 목적지를 변경하게 된 이유가 무엇일까요? 하나님의 명령을 받고 떠나서 가나안 땅으로 가고자 했지만 하란에 머물게 된 이유는 당시 갈대아 우르처럼 하란 땅이 아주 잘 조성되어 있는 안전하고 좋은 도시였기 때문입니다. 갈대아 우르는 4,100년 전에 매우 풍족했던 도시였습니다. 강들이 휘감아 있고 안전한 성곽 내에 있고 그 강을 통해 당시 알려진 전 세계로 무역을 하며 원하던 것들을 공급받아 사용했습니다. 이층집을 짓고 저녁때면 지붕에 올라가 남은 곡식으로 술을 만들어 마셨는데 바로 그것이 맥주의 기원이 되었습니다. 아주 잘 먹고 잘 사는 도시였습니다. 그런 곳을 떠나서 듣지도 보지도 못한 곳에 가자니 마음이 불안한 겁니다. 사실 데라가 부름을 받은 게 아니라서 그런 것입니다. 가는 중에 데라는 방향과 목적지를 하란으로 바꿉니다. 가나안으로 가려면 메소포타미아에서 나와 옆으로 향하면 되는데 먼 길을 가며 걱정이 된 것입니다. '그곳에 가서 어떻게 먹고 살지? 거기 가면 우릴 지켜줄 성도 없을텐데. 군사들도 있을까? 어떻게 하지?' 많은 걱정을 하며 가다가 가나안 땅으로 내려가지 않고 거꾸로 하란으로 올라가 버린 것입니다. 하나님이 위험과 위기를 선택하라고 하셨을 때 '네, 가겠습니다' 하고서는 하란에 멈춰 서 버린 것입니다. 데라가 출발했기 때문에 데라의 의지대로 데라가 죽을 때까지 아브라함은 하란에 머무를 수밖에 없었습니다.

이 잘못된 출발이 우리의 삶에도 적용되지 않을까요? 하나님이 우리를 불러 주셨을 때 '아멘'하고 주님의 길을 가겠노라 순종하는 삶을 살겠노라 결단하고 믿음으로 출발했지만, 정작 가나안 땅이 아닌 하란에 머물러 있지는 않습니까? 믿음을 갖고 '아멘'하고 출발하고서는, 살면서 여러가지 형편들을 생각하다 보니 가나안 땅에 이르지 못하고 좀 더 편안하고 좀 더 잘 살 수 있는 하란 땅에 머물러 있지는 않습니까?

하나님께서 우리를 불러 주셨던 그 순간을 기억하십니까? 밤새워 가슴치고 눈물 흘리며 그 감격과 놀라운 하나님의 은혜를 기쁨으로 찬양했던 날들을 기억하십니까? '내가 주를 위해 살겠습니다, 주님만을 더욱 사랑하겠습니다'라던 그 고백이 여전히 우리의 가슴을 설레게 하고 있습니까? 우리는 지금 가나안을 향하고 있습니까? 어떻게 먹고 살지, 어떻게 하면 좀 더 안락하게 지낼지, 남들 부럽지 않게 지내고 싶은 욕심들과 세상적인 관심들 때문에 약속의 땅을 향하기보다는 그때의 열정과 기쁨을 잃어버린 채 하란 땅에 안주하고 있지는 않습니까?

신앙생활 뿐만이 아닙니다. 직장을 구하며 세상을 살아갈 때 기도하면서도 같은 길을 걷지 않습니까? 저는 가끔 이런 연락을 받습니다. "목사님, 기도해 주셔서 감사해요. 이번에 직장에 합격했어요. 정말 열심히 일할 거예요." 너무너무 감사하면서 기도하며 원했던 자리에 갔는데, 만나는 사람들과의 관계의 어려움, 업무에 대한 스트레스 등 직장의 냉혹한 현실이 닥치니까 감사와 기쁨의 출발이 한 달을 채 가지 못합니다. 현실의 고달픔에 매몰되어 불러주신 은혜와 사명을 잊어버렸기 때문입니다.

하나님께서 주셨던 그 기쁨과 감사는 어디에 있습니까? 현실의 어려움과 문제가 있을 때, 시간이 지나며 상황이 바뀌어갈 때, 우리는 쉽게 하나님이 약속해 주셨던 가나안 땅이 아니라 하란에 머물고자 하는 욕심에 빠지게 됩니다. 여러분, 곁눈질하지 맙시다. 하란에 머물지 맙시다. 하나님이 처음 불러 주셨던 그 부르심의 자리에 마지막 순간까지 서 있는 우리가 되었으면 좋겠습니다. 현실에 안주하지 말고, 눈에 보이는 것을 붙잡지 말고 보이지 않는 하나님의 약속을 붙잡으시기 바랍니다.

사라는 임신하지 못함으로

세 번째 문제가 다음 내용에 더 나옵니다. 30절은, '사래는 임신하지 못하므로 자식이 없었더라'고 말씀합니다. 약속은 받았지만, 현실이 그렇지 않습니다. 하나님의 약속과 하나님의 명령은 있지만, 현실에 보이지 않습니다. 하나님께서 아브라함에게 다음과 같이 약속하셨습니다.

¹⁶내가 네 자손이 땅의 티끌 같게 하리니 사람이 땅의 티끌을 능히 셀
수 있을진대 네 자손도 세리라 (창 13:16)

⁶그를 이끌고 밖으로 나가 이르시되 하늘을 우러러 뭇별을 셀 수 있나
보라 또 그에게 이르시되 네 자손이 이와 같으리라 (창 15:6)

¹⁷내가 네게 큰 복을 주고 네 씨가 크게 번성하여 하늘의 별과 같고
바닷가의 모래와 같게 하리니 네 씨가 그 대적의 성문을 차지하리라
(창 22:17)

솔직히 아브라함은 이렇게 말할 수도 있었을 겁니다. "그런 계획이 있
으시면 하늘의 별, 땅의 티끌은 고사하고 일단 한 명이라도 주시고 말
씀하시지요?" 하나님의 약속을 받고 '아멘'하고 옆을 보니 아내는 이
미 아이를 낳을 수 없는 여인입니다. 어떻게 그 일이 이뤄진다는 것일
까요? 이것이 약속과 현실 사이의 괴리입니다.

약속과 현실 사이에서

우리 또한 약속과 현실 사이에 큰 간격을 만나게 될 겁니다. 하나님이
정말 뜬구름 잡는 말씀을 하시는 게 아닌가 싶을 때도 있습니다. "해
변의 모래." 단 한 명도 없는데요? "네가 밟는 모든 땅을 주리라." 한 평
의 땅도 없는데요? 약속과 현실 사이에서, 현실이 아니라 하나님의 약

속을 붙드는 자가 믿음의 여행을 끝까지 승리하며 마무리할 수 있습니다.

우리에게 주신 약속들이 있지 않습니까? 약속은 받았지만 현실의 어려움을 마주할 때, 현실의 한계에 주목하지 않기를 바랍니다. 하나님께서 약속하시고 말씀하신 그것을 붙들 수 있기를 바랍니다. 하나님께서 해변의 모래 같이 헤아릴 수 없는 자손을 약속하셨지만 아직 자식이 한 명도 없던 아브라함은 죽을 때까지 약속의 성취를 눈으로 확인하지 못했습니다. 말씀이 주어진 후 25년이 지난 백 세가 되어서야 겨우 약속의 아들 이삭을 낳았습니다. 그 아들은 40세에 장가를 갔고, 20년 동안 자녀가 없었습니다. 아브라함은 죽기 전 두 명의 손자를 겨우 만나고 죽은 것입니다. 하나님의 약속이 이뤄지지 않는 것 같고 손에 잡히지 않는 것 같지만, 하나님께서는 세대를 넘어 일하십니다. 역사하고 계셨습니다. 우리는 다만 오늘 우리에게 주신 길을 묵묵히 걸어가면 될 뿐입니다. 그것이 믿음의 여정입니다.

하나님이 아브라함에게 요구하고 있는 것이 바로 그것입니다. '지금은 보이지 않는데요? 지금은 가지고 있는 것이 없는데요?' 그렇게 말하지 맙시다. '머릿속으로는 이해되지 않는데요?' 그게 아닙니다. 미래를 두려움이 아니라 기대로 맞이할 수 있길 바랍니다. '하나님이 내 삶을 어떻게 인도해 주실까? 난 하나도 쥐고 있지 않은데, 하나님은 대체 어떤 방법으로 이 일들을 이루어 가실까? 내 머릿속으로는 하나도 이해되지 않지만, 하나님께서는 어떤 모양으로 이 길을 만들어 가실까?' 이런 기대감을 가지고 우리의 걸음을 걸어갈 수 있길 바랍니다. 다 알 필요 없습니다. 다 이해하지 않아도 됩니다. 하나님을 신뢰하고 묵묵히 주어진 그 길을 걸으면 됩니다. 현실과 상황을 보지 마시고, 약속하시고, 그 약속을 이루어 가시며, 무에서 유를 만들어 가실 창조주 하나님의 능력이 우리와 함께 계심을 굳게 믿고 이 믿음의 길에서 승리할 수 있길 바랍니다.

1. 약속과 현실 사이에서
(QR코드를 클릭하시면 설교 영상을 시청하실 수 있습니다)

The Abraham Narrative

2

아브라함을
부르심

(창세기 12:1-9)

2. 아브라함을 부르심

1. 여호와께서 아브람에게 이르시되 너는 너의 고향과 친척과 아버지의 집을 떠나 내가 네게 보여 줄 땅으로 가라
2. 내가 너로 큰 민족을 이루고 네게 복을 주어 네 이름을 창대하게 하리니 너는 복이 될지라
3. 너를 축복하는 자에게는 내가 복을 내리고 너를 저주하는 자에게는 내가 저주하리니 땅의 모든 족속이 너로 말미암아 복을 얻을 것이라 하신지라
4. 이에 아브람이 여호와의 말씀을 따라갔고 롯도 그와 함께 갔으며 아브람이 하란을 떠날 때에 칠십오 세였더라
5. 아브람이 그의 아내 사래와 조카 롯과 하란에서 모은 모든 소유와 얻은 사람들을 이끌고 가나안 땅으로 가려고 떠나서 마침내 가나안 땅에 들어갔더라
6. 아브람이 그 땅을 지나 세겜 땅 모레 상수리나무에 이르니 그 때에 가나안 사람이 그 땅에 거주하였더라
7. 여호와께서 아브람에게 나타나 이르시되 내가 이 땅을 네 자손에게 주리라 하신지라 자기에게 나타나신 여호와께 그가 그 곳에서 제단을 쌓고
8. 거기서 벧엘 동쪽 산으로 옮겨 장막을 치니 서쪽은 벧엘이요 동쪽은 아이라 그가 그 곳에서 여호와께 제단을 쌓고 여호와의 이름을 부르더니
9. 점점 남방으로 옮겨갔더라

(창세기 12장 1-9절)

사명자를 부르시는 하나님

하나님께서 당신의 놀라운 구속의 역사를 이루실 때 먼저 하시는 일은 사람을 부르시는 일입니다. 하나님께서 어떤 일을 시작하고자 하실 때 사람을 먼저 찾고 그를 불러 준비시키고 훈련하시며, 때론 설득하고 채찍질하며 세워 가셔서 그를 통해 일하시는 것을 봅니다. 사람들은 어떤 사업을 하거나 일을 추진할 때 재정이 충분한지, 자원은 원만히 갖췄는지, 혹은 그것을 뒷받침할 시스템이 잘 정비됐는지를 먼저 염두에 두기도 하지만, 보다 근본적인 문제는 사람입니다. 하나님의 일은 사람이 합니다. 하나님께서는 사회 구조나 자본이 아니라 주님의 부르심을 받은 헌신된 사람을 통해 일하심을 기억할 수 있길 바랍니다.

출애굽의 놀라운 역사가 있었습니다. 오랫동안 지속된 핍박과 혹독한 고난의 시간이었습니다. 이스라엘 온 백성이 신음하고 하나님께 부르짖던 순간, 하나님께서는 애굽에서의 400년 역사를 바꾸시고, 출애굽과 가나안 정착이라는 놀라운 구원 역사를 펼치길 원하셨습니다. 그 역사를 이루기 위해 가장 먼저 사람을 찾으셨습니다. 광야 인적이 드문 곳을 다니며 목동의 삶을 살던 80세 된 모세를 찾아가셨습니다. 두려움과 주저함으로 핑계를 대던 그를 여섯 번이나 설득하고 또 설득하시며 부르셨습니다. 그러한 모세를 통해 하나님은 출애굽이라는 놀라운 역사를 이루셨습니다.

또 누구도 주목하지 않던 한 소년이 있었습니다. 집안 잔치를 할 때도 열심히 찾지 않던 소년입니다. 그랬던 시골의 그 목동을 하나님께서 찾아내셨습니다. 그를 기다리셨고, 부르셨고, 안수하셨습니다. 기름 부어 그를 세우셨고 그를 통해 다윗의 왕국, 오고 오는 세대 다윗의 후손으로 오실 메시야의 나라를 예비하셨습니다. 아무도 관심 없던 목동 한 사람, 언제나 들판에서 노래 부르고 양 떼 돌보길 즐겨했던 그 사람을 하나님이 부르셨습니다. 놀라운 역사의 변곡점마다 하나님은 세상과는 다른 방식으로 사람을 부르시고 그를 통해 역사하셨습니다.

무엇보다 인류 역사상 가장 중요한 절정의 순간은 예수 그리스도의 십자가입니다. 인류를 구원할 수 있는 하나의 길을 열기 위해 하나님은 당신의 아들 예수를 이 땅에 보내셨습니다. 사람들이 보기에는 그다지 흠모할 만한 것이 없었지만, 그분의 사역을 통해 놀라운 구원의 역사를 하나님께서 이루셨습니다.

한 사람을 찾으시는 하나님

이처럼 하나님께서 당신의 계획과 놀라운 역사를 이 땅에 이루려 하실 때 사람을 찾고 부르심을 기억합시다. 우리는 하나님께서 여전히 이 땅을 사랑하시고, 이 땅 가운데 크고 놀라운 일을 계획하고 이루실 것을 믿습니다. 하나님께서는 당신의 교회를 사랑하십니다. 교회를 통해 당신의 크고 놀라운 일들을 하실 겁니다. 하나님께서 먼저 관심 가지는 대상은 우리 한 사람 한 사람입니다. 하나님은 사람을 찾고 계십니다. 당신을 진실하게 예배하는 사람, 당신의 사명에 신실하게 붙들린 사람, 그 사람을 찾으십니다. 세상적으로는 그다지 자격이 없어 보일 수 있습니다. 많이들 그랬습니다. 다윗이 그랬고, 모세가 그랬습니다. 세상이 보기에는 흠모할 만한 어떤 모양도 없었습니다. 그러나 하나님께서 그들을 찾아내사 부르시고 사명을 주시고 하나님 나라의 일을 감당케 하셨습니다. 우리 또한 하나님의 부르심에 민감하게 반응할 수 있기를 바랍니다. 우리가 지금 여기에 살아 있다는 사실이 하나님께서 우리를 부르신다는 증거입니다. 여전히 하나님께서 우리를 통해 이 땅에서 하실 일이 있다는 뜻입니다. 계속해서 부르심이 무엇인지 찾으며, 이 믿음의 여행을 걸어가는 동안 내가 '부름 받은 사명자'임을 기억하기 바랍니다. 나를 통해 하나님이 일하신다는 믿음을 간직하기 바랍니다.

아브라함을 부르시는 하나님

본문의 아브라함 역시 하나님의 부르심을 받은 한 사람입니다. 하나님께서 아브라함을 부르시고 놀라운 약속을 주셨습니다. 하나님께서 그에게 두 가지 사명을 주시는데, 첫 번째 사명은 '떠남'입니다. 떠남은 하나님의 백성이 처음 부르심을 받았을 때 필요한 결단입니다. 1절을 문법적으로 구성해 보면 이러합니다.

> 여호와께서 아브람에게 이르시되
>> 너는 가라
>>> 너의 본토(로부터)
>>> (너의) 친척(으로부터)
>>> (너의) 아비 집(으로부터)
>> 내가 네게 지시할 땅으로

마치 명령어가 '떠나라'와 '가라'로 구성된 것 같지만, 실제 명령은 '떠나라' 한 가지입니다. 그 다음 '떠나라'는 명령을 듣고 순종한 아브라함에게 하나님께서 세 가지 약속을 주시는데, 그것은 '내가 ~할 것이다'로 표현되어 있습니다(2절).

> 내가 너로 큰 민족을 이루게 하리라
> 네게 복을 주리라
> 네 이름을 창대케 하리라

2절 후반부에 '너는 복이 될지라'는 두 번째 명령어입니다. 첫 번째 명령의 결과물이지만, 문법적으로 최종 목적에 해당하는 두 번째 주 명령어 동사입니다. 두 번째 명령 다음에도 동일하게 세 가지 약속의 말씀을 주십니다.

너는 복의 근원이 될지라(너는 복이 되어라, Be a blessing)
너를 축복하는 자를 축복하리라
너를 저주하는 자를 내가 저주하리라
땅의 모든 족속이 너를 인하여 복을 얻을 것이라

이런 의미에서 본문 1-3절 전체는 두 개의 명령과 여섯 개의 약속으로 나눌 수 있습니다. 여기서 두 가지 명령은 하나님께서 우리에게 주시는 사명에 해당하고, 여섯 가지 약속은 우리를 향한 하나님의 의지에 해당합니다.

첫 번째 명령- 떠남

본문의 두 가지 명령 자체에 좀 더 주목하고자 합니다. 본문에서 '너의 고향, 친척, 아버지의 집'을 '떠나라'고 하셨는데, 이제 하란에 정착해 나름 잘 살고 있는 아브라함을 다시 부르십니다.

하나님의 위대한 사명을 감당하기 위해 먼저 우리가 결단하고 순종할 일은 '떠나는 것'입니다. 다르게 표현하자면 '버려야 하는 것'입니다. 하나님이 나를 기억하셔서 불러주시고 사명 주신 것만 생각하면 참 감사하고 기쁘고 감격스러운 일입니다. 하지만 그 감사하고 기쁜 부르심이 때로는 너무나 고달프고 힘겨울 수 있음을 잊지 않아야 합니다. 그렇기에 시작 지점에서 해야 할 일이 '떠나는' 겁니다. 끊어 내고 버리는 것입니다. 과거의 죄악된 습관을 끊어 내고, 이전 것을 지나가게 해야 합니다. 그래야 새 것이 될 수 있습니다(고후5:17). 버리지 않고 포기하지 않고 비우지 않는다면, 하나님의 은혜를 채울 길이 없습니다. 과거의 익숙한 것들, 추구해 왔던 가치들, 원해서 가졌던 소유들로부터 자신을 돌이켜 하나님의 약속의 말씀으로 돌이켜야 합니다. 떠나는 작업이 먼저 필요합니다.

위기를 맞을 수 있습니다. 아브라함에게 떠나라고 했을 때 그는 많은 생각이 들었을 것입니다. '아니, 이 살기 좋은 땅을 떠나라고요? 고생해서 일군 내 산업이 여기 있는데 떠나라고요? 저 집을 짓느라 얼마나 고생했는데 떠나라니요?' 여러가지 생각이 들었을 겁니다. 비록 목적한 곳은 아니었지만, 하란에 도착해 오랫동안 정착하고 지내왔습니다. 산업도 가지게 되었고, 종들과 재산도 넉넉하게 확보했으며, 불안했던 안전도 담보할 수 있게 되었습니다. 어느덧 제2의 고향같이 여겨졌습니다. 그런데 하나님이 떠나라고 하십니다. "내려놓고 떠나라."고 말씀하십니다. 보이지 않는 미래를 위해 지금 소유하고 있는, 보이는 현재를 포기하기란 쉽지 않습니다.

많은 이들에게 미래는 두려움으로 다가옵니다. 현재의 소유와 상황이 앞으로의 삶을 만들어 가리라는 기대가 있기에, 보이지 않는 미래를 선택하려고 보이는 현재를 포기하기란 정말 힘든 일입니다. 바로 여기에 믿음이 필요합니다. 어떤 일에 투자해 열 배, 백 배의 성과를 낼 것이 확실하다면 추진하지 않을 사람이 어디 있겠습니까? 그런 것에 믿음이 필요한 것이 아닙니다. 복을 주리라 말씀하시지만 아무리 찾아봐도 보이지 않습니다. 많은 민족을 이뤄주겠다 하시지만 단 한 명의 아들도 없습니다. '네가 밟는 모든 땅을 주겠다'고 하시는데 한 평의 땅도 갖고 있지 않습니다.

척박한 땅으로 가야 합니다. 위기를 선택하는 것입니다. 여기에 믿음이 필요합니다. 사람들은 '하나님, 이 길이 맞다면 보여주십시오'라고 기도합니다. 확신을 주시면, 표징을 주시면, 증거 하나라도 주시면 순종하겠노라 기도합니다. 그런데 하나님은 잘 주시지 않습니다. 물론 그러한 것을 받아 간증하는 분들도 있겠지만, 하나님께서 개인의 마음에 특별한 확신을 주시기도 하지만, 많은 경우 하나님은 그렇지 않으십니다. 기도했는데 별로 응답해 주시지 않습니다. 대신 하나님께서 요구하시는 것은 '믿고 가보라. 나만 바라보고 인내하라'라는 말씀입니다. 저는 더 이상 확신 주시면, 표적 주시면, 음성 들려주시면 가겠노라 기도하지 않습니다. 하나님께서 원하시는 것은 반대인 것을 알게 되었기 때문입니다.

하나님께서 아브라함에게 크고 놀라운 계획이 있다고 말씀하셨지만, 그에게 오셨을 때 실제로 어떤 선물도 갖고 오지 않으셨습니다. 빈 손으로 오셔서 '내 말을 믿으라'고 하셨습니다. 미래를 보여주시면 과연 순종하며 가는 것이 쉬울까요? 그렇게 기도하지만 실제로 그럴까요? 그렇지 않다고 생각합니다. 우리가 그다지 믿음에 굳게 서 있는 사람들이 아니라고 생각합니다.

제가 유학을 떠나기 전 대략적인 학업 기간을 7년 정도로 계획했었습니다. 그 때 저는 아브라함을 부르신 이 장면을 묵상하면서 아브라함의 마음으로 유학길에 올랐었습니다. 7년이 지나가던 해 겨울 어느날, 눈덮힌 학교 교정을 보며 여전히 학업을 마치지 못하고 있던 제 자신을 보며 무척 슬펐습니다. 한 해만 더 주시면 마쳐보겠노라고 기도했었습니다. 그 일 년이 지났고 다시 일 년을 기대하며 또 기도했지만, 시간이 흘러도 여전히 끝이 보이지 않았습니다. 예상한 기간을 훌쩍 넘겨 졸업하게 됐습니다. 만약 하나님께서 그 긴 학업의 여정이 기다리고 있음을 미리 알려 주셨더라면 과연 유학길에 오를 수 있었을지 모르겠습니다. 어쩌면 그 겨울날, 일 년을 위해 기도하던 순간 앞으로 수 년이 더 걸릴 것을 알았더라면 가방을 쌌을지도 모르겠습니다.

알고 떠나는 게 아닙니다. 믿음의 길은 보여주셔야 가는 게 아니라 보여주실 것을 소망하며 가는 길입니다. 하나님께서는 '본토와 친척과 아버지의 집을 떠나 내가 네게 보여줄 땅으로'라고 말씀합니다. 이미 보여준 땅이 아니라 보여줄 땅으로 가라고 말씀하십니다. 어디로 가서 누구를 만나고 어떤 일을 겪을지 모르십니까? 괜찮습니다. 우리에게 필요한 것은 미리 보는 것이 아니라 하나님을 신뢰하는 일입니다. 하나님을 믿고 가는 일입니다. 그것이 믿음의 여정의 출발입니다.

하나님께서 출애굽한 이스라엘 백성들에게 광야 40년을 미리 보여주셨다면 과연 그들이 애굽을 떠났을까요? 보여주시면 가겠다고요? 확신 주시면 가겠다고요? 그렇다면 믿음이 필요 없지 않습니까? 알고 가는 것이, 계산해본 후 확신을 가지고 가는 것이 믿음입니까? 믿음의 여정에 필요한 것은 보는 것이나 승리를 확신하는 것이 아니라 하나님을 신뢰하고 떠나는 것입니다. 익숙하게 여기던 것에서 떠나는 것, 귀중하게 여기고 소유해 왔던 것을 포기하는 것입니다. 과거의 죄악된 습관들로부터 벗어나 하나님께서 이제 예비해 두신 그 성을 바라며 푯대를 향해 날마다 묵묵히 걸어가는 것입니다. 어디로 갈지 잘 모르지만 괜찮습니다. 모르더라도 하나님이 계시니 신뢰하며 걸어가는 것입니다. 그리스도를 아는 그 고상한 지식을 위해 세상의 것을 배설물로 여길 줄 아는 지혜와 그 믿음이 우리에게 필요한 것입니다. 쉽지 않을 겁니다. 익숙한 것을 버리는 게 어떻게 쉽겠습니까? 하다못해 평생 가져온 습관도 제대로 바꾸기 어려운 게 우리네 인생 아닙니까? 과거를 끊어내고 돌이키지 않고는 하나님의 은혜와 그분의 크신 능력을 경험할 수 있는 길은 없습니다.

모세의 떠남

히브리서 11장 24-27절은 이렇게 말씀합니다.

[24]믿음으로 모세는 장성하여 바로의 공주의 아들이라 칭함 받기를 거절하고 [25]도리어 하나님의 백성과 함께 고난 받기를 잠시 죄악의 낙을 누리는 것보다 더 좋아하고 [26]그리스도를 위하여 받는 수모를 애굽의 모든 보화보다 더 큰 재물로 여겼으니 이는 상 주심을 바라봄이라 [27]믿음으로 애굽을 떠나 왕의 노함을 무서워하지 아니하고 곧 보이지 아니하는 자를 보는 것 같이 하여 참았으며 (히 11:24-27)

모세는 상주심을 바라봄으로 애굽에서 누리는 보화보다 그리스도를 위한 수모를 더 큰 재물로 여겼습니다. 그 믿음으로 모세는 애굽을 떠났습니다. 왕의 노함을 무서워하지 아니하고 보이지 아니하는 자를 보는 것 같이 참았다고 말씀합니다. 모세는 애굽에서 잘 살았습니다. 왕자로 살며 많은 학문을 배웠고 부귀영화도 누렸습니다. 권세도 있었습니다. 그러나 보이지 않는 자를 보는 것 같이 하여 참았고 눈에 보이는 부귀영화가 아니라 눈에 보이지 않는 하나님의 말씀과 약속을 따라 참으며 믿음의 길을 갔다는 것입니다. 그러자 하나님께서 그를 통해 크고 놀라운 기적을 행하신 것입니다.

지금 우리에게 필요한 것이 바로 떠남의 은혜입니다. 옛것을 벗어버릴 수 있기를 바랍니다. 처절하게 싸우며 과거의 습관들, 죄악들을 끊어내려고 노력하시기를 바랍니다. 과거를 떠나보내야 새로운 피조물이 됩니다. "이전 것은 지나갔으니 보라 새 피조물이라"고 말씀하지 않습니까? 지나가게 해야 합니다. 떠나야 합니다. 익숙했던 것들로부터, 추구했던 가치들로부터 떠나 하나님의 말씀을 좇아, 그 말씀이 약속하고 있는 것을 향해, 보이지 않고 소유하고 있지 않지만 보이지 않는 분을 보는 것처럼 믿으며 인내해야 합니다.

그것이 우리 믿음의 여정입니다. 교회가 무엇입니까? 헬라어로 '교회(에클레시아)'는 '어디어디로부터 떠나온 백성'을 뜻합니다. 교회라는 용어 자체가 '떠난다'는 의미를 함축하고 있습니다. 그것이 바로 우리의 본질입니다. 우리는 세상으로부터 떠나온 존재들이고, 죄악된 습관으로부터 떠나야 하는 것이 우리 부르심의 첫 출발임을 기억하기를 바랍니다.

두 번째 명령- 열방의 복

하지만 떠나는 것에서 멈춰 서면 안 됩니다. 하나님의 부르심을 받아 떠나는 것으로 끝나는 게 아닙니다. 떠나서 무엇을 향해 가느냐가 중요한 것입니다. 다시 말해, 떠남에는 목적이 있다는 뜻입니다. '떠나라'라는 명령 후 2절 후반의 '너는 복이 될지라'는 말씀이 두 번째 명령입니다.

'복이 되어라'라는 말씀은 단순히 복 많이 받으라는 뜻이 아닙니다. 하나님의 부르심을 받아 복을 누리게 되겠지만 그것으로 만족하면 안 됩니다. 복 주시는 것이 우리를 부르신 목적이 아닙니다. 물론 중요한 일부일 수는 있습니다. 하지만 복을 받고 그 복을 나누어서 복이되는 것, 그것이 우리를 부르신 근본 목적입니다. 열방으로부터 아브라함을 불러 복이 되게 하시는 것! 누구를 향해서라고요? 누구를 위해서라고요? 열방을 위해서! 열방에서 불러내셔서 그 먼 길을 왔더니 '뒤돌아서서 네가 나온 세상을 바라보라. 세상이 너로 인해 복을 받을 것이다.'라고 말씀하시는 겁니다.

놀라운 사실 아닙니까? 하나님이 우리를 부르사 은혜를 주셔서 잘 먹고 잘 사는 것에 만족할 게 아니라 우리로 말미암아 우리가 만나는 사람들과 온 열방이 복을 누리도록 해야 합니다. 그것이 우리의 사명입니다. 우리는 복이 되어야 합니다. 축복의 통로가 되어야 합니다. 하나님의 복의 전달자가 되어야 합니다. 이제부터 기회가 되면 새해복 많이 받으라고 인사하지 말고 새해에는 복이 되라고 인사하면 좋겠습니다. 우리는 이미 복을 받을 만큼 받지 않았습니까? 예수 그리스도를 믿음으로 구원을 얻은 이 은혜가 최고의 은혜 아닙니까? 복 더많이 받으라고 할 것이 아니라 이제 받은 그 은혜, 그 복을 나누는 인생, 나누는 삶을 살기로 결단합시다.

복이 됩시다! 우리 가정의 복이 우리가 되기를 기대합니다. 우리가 속한 사회와 직장과 지역에 복이 되기를 기대합니다. 우리가 가면 기쁨이 넘쳐나고 우리가 그 자리에 있음으로 인해 사람들에게 주님의 은혜의 복음이 증거되는 역사가 일어나기를 소망합니다. 단지 우리 교회만 기뻐하는 예배 공동체에 머물지 말고 주변 지역과 세상에 복이 되기를 소망합니다. 지금껏 꿈꾸고 소망하고 감당해 왔듯이 이 땅의 소외된 사람들을 향해, 지역의 복음을 모르는 사람들을 향해, 세계 열방을 향해 우리로 말미암아, 교회로 말미암아 주님의 복음이 증거되는 축복의 통로로서의 사명을 끝까지 감당하기를 소망합니다.

성도로 부르심: 떠남과 열방의 복

이것이 우리의 부르심입니다. 떠나십시오! 그리고 복이 되십시오! 떠나는 것은 출발이고 복이 되는 것은 목표입니다. 둘 중 하나도 포기할 수 없습니다. 두 명령은 긴밀히 연결되어 있습니다. 떠났는데 사명에 붙들려있지 않는 건 온전한 순종이 아닙니다. 과거로부터, 습관으로부터, 죄악된 관계로부터 모든 것을 끊어 내고 새로운 피조물이 되고, 복이 되십시오.

고린도후서 5장 17절에서 우리는 새로운 피조물이라고 말씀합니다. 거기까지만 읽고 끝내면 안 됩니다. 5장 18-19절을 보십시오.

¹⁸모든 것이 하나님께로서 났으며 그가 그리스도로 말미암아 우리를 자기와 화목하게 하시고 또 우리에게 화목하게 하는 직분을 주셨으니 ¹⁹곧 하나님께서 그리스도 안에 계시사 세상을 자기와 화목하게 하시며 그들의 죄를 그들에게 돌리지 아니하고 화목하게 하는 말씀을 우리에게 부탁하셨느니라 (고후 5:18-19)

하나님은 새로운 피조물이 된 우리에게 단순히 하나님과 화목하는 것에 만족하지 말고, 하나님과 세상이 화목하게 하는 일을 감당해야 한다고 말씀합니다. 화목하게 하는 직분을 주셨고, 화목하게 하는 말씀을 주셨습니다. 이것이 우리의 사명입니다. 비록 우리가 연약하더라도 주님께서 주신 축복을 각자의 자리에서 전달하는 사명을 묵묵히 감당하기를 바랍니다. 다짐해 봅시다. '복이 되어라!' 가슴에 손을 올리고 "너는 복이 되어라"라고 여러분 자신에게 외쳐 봅시다. '너는 복이 되어라!' 이것이 우리의 사명입니다. 이 부르심을 끝까지 완성할 수 있기를 기대합니다.

2. 아브라함을 부르심
(QR코드를 클릭하시면 설교 영상을 시청하실 수 있습니다)

The Abraham Narrative

3

민음의 길을 걷다

(창세기 12:1-9)

3. 믿음의 길을 걷다

1. 여호와께서 아브람에게 이르시되 너는 너의 고향과 친척과 아버지의 집을 떠나 내가 네게 보여 줄 땅으로 가라
2. 내가 너로 큰 민족을 이루고 네게 복을 주어 네 이름을 창대하게 하리니 너는 복이 될지라
3. 너를 축복하는 자에게는 내가 복을 내리고 너를 저주하는 자에게는 내가 저주하리니 땅의 모든 족속이 너로 말미암아 복을 얻을 것이라 하신지라
4. 이에 아브람이 여호와의 말씀을 따라갔고 롯도 그와 함께 갔으며 아브람이 하란을 떠날 때에 칠십오 세였더라
5. 아브람이 그의 아내 사래와 조카 롯과 하란에서 모은 모든 소유와 얻은 사람들을 이끌고 가나안 땅으로 가려고 떠나서 마침내 가나안 땅에 들어갔더라
6. 아브람이 그 땅을 지나 세겜 땅 모레 상수리나무에 이르니 그 때에 가나안 사람이 그 땅에 거주하였더라
7. 여호와께서 아브람에게 나타나 이르시되 내가 이 땅을 네 자손에게 주리라 하신지라 자기에게 나타나신 여호와께 그가 그 곳에서 제단을 쌓고
8. 거기서 벧엘 동쪽 산으로 옮겨 장막을 치니 서쪽은 벧엘이요 동쪽은 아이라 그가 그 곳에서 여호와께 제단을 쌓고 여호와의 이름을 부르더니
9. 점점 남방으로 옮겨갔더라

(창세기 12장 1-9절)

이제 두 가지 명령 다음에 하나님께서 주신 약속에 대해 살펴보겠습니다. 떠나라는 첫 번째 명령에 떠나온 아브라함에게 하나님께서 세 가지 약속을 주셨고, 그 세 가지 약속의 결과로 복이 됨과 그로 말미암은 세 가지 약속이 다시 주어집니다.

크고 놀라우신 하나님의 약속

떠나라는 명령에 순종하는 것이 결코 쉽지 않았을 것입니다. 말씀에 순종하여 떠난 아브라함에게 하나님께서 약속을 주십니다. 비록 눈에 보이지 않았고, 손에 쥐어지는 것은 없었지만, 아브라함이 포기한 것에 비해 하나님이 주신 약속은 너무나 크고 놀라운 것이었습니다. 아마 아브라함은 상상조차 할 수 없었을 것입니다. 만약 아브라함에게 하나님께서 어떤 복을 줄까 물어보셨다면, 무엇을 요구했을까요? 지금까지 아이가 없었으니 자녀를 주셔서 다복한 가정을 이루고 그들이 자라 살아가는데 부족하지 않도록 산업이 안정되게 해 달라는 등의 요청을 할 수도 있겠지만, 하나님께서 아브라함이 무엇을 기대했든 훨씬 더 크고 놀라운 약속을 주실 것을 본문이 보여줍니다.

하나님이 우리를 부르셨기에 우리의 기도 제목이 무엇이든, 우리가 상상하고 기대하는 것보다 훨씬 더 위대한 은혜와 복을, 더 놀라운 장래를 약속하심을 믿기 바랍니다. 지금은 보이지 않고, 아직은 잡히지 않지만, 영원하신 하나님께서 세대를 넘어 믿음의 여정을 축복하시리라 믿습니다.

첫 번째 약속

하나님께서 아브라함에게 주신 첫 번째 큰 약속은 '내가 너로 큰 민족을 이루게 하겠다'라는 말씀입니다(2절). 깜짝 놀랄 일입니다. 아이도 하나 없는데, 아내는 불임이라 자녀를 낳을 수 없는데, 하나님은 아브라함에게 큰 민족을 이루게 하시겠다고 약속하십니다. 매우 많은 자녀를 주셔서 남들이 부러워할 가정을 이루시리라 약속하신 게 아닙니다. 큰 족속을 이루시리라는 약속도 아닙니다. "민족"이란 단어는 큰 집안이나 족속, 가문을 뜻하는 게 아니라 '나라'에 가까운 의미입니다. 하나님의 계획의 위대하심이 드러납니다.

두 번째 약속

두 번째 약속은 '네게 복을 주겠다'라는 말씀입니다. 이것 역시 대단한 말씀입니다. 이 확신을 가지면 삶의 방향이 크게 바뀝니다. 복을 싫어하는 사람이 있습니까? 모두가 복을 원하고, 복 받는 길이라면 열심히 좇아갈 겁니다. 하지만 세상은 우리에게 복을 약속하지 않습니다. 다만 복의 쟁취를 위해 치열하게 다투게 할 뿐입니다. 복을 원하고 추구하지만 얻게 될 거라는 장담도 못 하면서 이 땅을 살며 두려운 마음을 가집니다. 오히려 잘못되지는 않을지, 저주받지는 않을지, 실패하고 넘어져 일어날 수는 있을지, 복을 추구하지만 되려 미래에 대한 걱정과 두려움 속에 살아갑니다.

그런데 하나님은 '복을 주겠노라. 복은 나에게 있고 내가 주는 것이란다. 걱정하지 말고 복을 추구하며 살지 말아라. 복을 달라고 외칠 필요가 없단다. 복은 내가 주는 것이니 내가 너에게 큰 복을 주겠노라.'고 말씀하십니다. 그러니 우리는 두려움 없이 평안한 가운데 이 땅의 삶을 살아갈 수 있습니다. 복은 내가 쟁취해 내는 게 아니라 '주심'을 믿고 인정하며 누리면 되는 것입니다.

창세기 26장 26절 이하를 보면, 아비멜렉이 자신의 친구, 군대장관 등과 함께 이삭에게 와서 계약을 요구합니다. 사실 26장을 보면, 이삭은 블레셋 사람들에게 지속적으로 핍박을 받았습니다. 처음엔 별 탈 없이 지내다 이삭의 농사가 잘 되면 그 땅 사람들이 와서 우물을 빼앗고 이삭을 쫓아냈습니다. 이삭은 계속 이동하며 피해 다녔습니다. 그런데 이젠 아비멜렉이 먼저 찾아와 계약을 맺자고 합니다. 그의 제안에 이삭이 기분 좋을 리 없습니다. 쫓아내며 싫어할 때가 언젠데 이제 와 계약을 맺자 하는지 볼멘소리를 합니다. 그 때 28-29절에서 아비멜렉은 이렇게 말합니다.

> ²⁸여호와께서 너와 함께 계심을 우리가 분명히 보았으므로 우리의 사이 곧 우리와 너 사이에 맹세하여 너와 계약을 맺으리라 말하였노라 ²⁹우리를 해하지 말라 이는 우리가 너를 범하지 아니하고 선한 일만 네게 행하여 네가 평안히 가게 하였음이니라 이제 너는 여호와께 복을 받은 자니라 (창 26:28-29)

아비멜렉은 이삭이 하나님께 복을 받은 사람이라고 인정합니다. 여러분, 우리가 하나님께 복 받은 자임을 기억하길 바랍니다. 복을 얻기 위해 투쟁하거나 두려워하지 말고, 누리고 기뻐하며 평안 중에 거하면 됩니다. 우리 앞에 놓인 것이 저주가 아니라 복이라는 사실을 확신하며 살기 바랍니다.

세 번째 약속

세 번째는 '이름을 창대하게 하리라'라는 약속입니다. 이 또한 인생이 추구하는 중요한 가치입니다. '호랑이는 죽어서 가죽을 남기지만 사람은 죽어서 이름을 남긴다'라는 속담이 있듯이, 사람에게 자신의 이름이 평가받는 것은 매우 큰 의미가 있습니다. 어떤 이는 본인의 명예와 이름을 위해 목숨을 바치기도 합니다. 인류 역사는 자신의 이름을 내기 위해 치열하게 투쟁해온 것이라 할 수도 있습니다. 그런데 과연 이름을 내는 이는 누구일까요? 누구나 원하는 대로 이름을 냅니까? 그렇지 않습니다. 이름은 하나님이 내시는 겁니다. 우리가 의도하고 만들어 가는 것이 합당한 이름이 될 수 없습니다.

성경 역사에서도 마찬가지입니다. 자신의 이름을 내려는 무리가 있었습니다. '흩어져 생육하고 번성하고 땅에 충만하라'는 하나님의 명령을 거역하며, 시날 평지에서 바벨탑을 쌓고 자신들의 이름을 내고 흩어짐을 면하고자 시도했던 사람들입니다. 온 세상이 기억할 만한 이름을 내고자 했지만 실패한 이름이 되었습니다. 명예로운 이름으로 기억되지 않습니다. 스스로 이름을 내고자, 자신의 왕국을 세워가고자, 본인의 명예를 추구하고자 할 때 교만과 분열만 낳을 뿐입니다. 아브라함의 이름을 창대케 하리라고 하나님께서 약속하셨듯이 우리 또한 하나님 앞에 인정받는 이름을 얻어야 합니다. 우리를 인정하시고 이름 주는 분이 하나님이심을 기억하십시오. 자신의 이름을 내려고 수고할 것이 아니라 하나님께서 만들어 가실 이름, 하나님 나라에서 인정받을 이름을 소망하며 믿음의 길을 걷길 바랍니다.

복의 근원이 되리라

세 가지 약속을 주신 후 2절에서 그 결과로 복이 될 것을 말씀하십니다. 하나님께서 이름을 주시고, 복을 주시고, 민족으로 후손을 주실 때 3절의 "복의 근원"으로서의 사명을 드디어 감당하게 됩니다.

복이 될 것을 말씀하신 후 세 가지 약속을 주시는데, 첫째가 '너를 축복하는 자에게는 내가 복을 내리겠다'는 약속입니다. 누군가가 그를 축복하면 하나님께서 적극적으로 그에게 복을 쏟아주시겠다는 뜻입니다. 반대로 두 번째 약속은 '너를 저주하는 자에게는 내가 저주하리니'입니다. 놀랍지 않습니까? '저주하는 자'의 원문상 의미는 저주라는 강한 표현이 아니라, '하찮게 여기는 자, 무시하는 자'라는 뜻입니다. 하나님의 강한 의지가 들어 있습니다. 마지막 세 번째는 '땅의 모든 족속이 너를 인하여 복을 얻을 것'입니다. 결국 세상이 아브라함으로 인해 복을 받거나 저주를 받는다는 말씀입니다. 이 약속은 아브라함에게만 국한되지 않습니다. 복의 전달자로서의 사명이 우리에게도 역시 있기 때문입니다. 세상이 우리로 말미암아 복을 받거나 저주를 받을 수 있습니다.

복을 전달하는 사람으로서 주변을, 직장을, 세상을 바라보십시오. 우리로 인해 세상이 복 받음을 믿고 담대하십시오. 하나님께서 우리를 복의 근원으로 세우셨고 우리로 말미암아 세상에 복을 전달하리라 약속하셨습니다. 그러니 거룩한 책임감 또한 가지십시오. 복을 전달하는 존재로서 우리가 하나님 앞에 바르게 서지 못한다면 세상이 심판에 이를 수도 있음을 기억하고 책임 의식을 가져야겠습니다.

다음에 살펴볼 12장 10절 이하는 아브라함이 이집트로 내려가 이집트 왕과 만나는 장면입니다. 아브라함이 믿음에서 떠나 약속의 자리를 떠나는 순간 그가 만나는 이방인들에게 저주가 있고 심판이 이르렀습니다. 그 땅에 하나님의 큰 재앙이 내리는 것을 볼 수 있습니다. 그 사건에 대한 책임이 대부분 아브라함에게 있었는데도 말입니다. 하나님은 우리를 중심으로 세상을 보십니다. 가정과 이웃과 직장이 복을 받을지 심판을 받을지 우리에게 달려있습니다. 하나님 앞에 책임감을 갖고 결단하며 살아가길 바랍니다.

아브라함의 순종

본문은 아브라함이 하나님의 약속에 순종했음을 간단히 말씀합니다. 4절에 나온 그의 반응은 단순합니다. 하나님께서 말씀하셨고 아브라함은 여호와의 말씀을 좋아갔습니다. 질문하지 않고 주저하지 않았습니다. 계산하지 않았습니다. 말씀하셨으니 떠난 것입니다. 쉬운 결정이 아닙니다. 그의 나이 75세였습니다. 하란 땅에 정착해 그간 일군 재산과 얻은 사람들에 대해 언급하는 것으로 보아, 떠나는 것이 간단한 일이 아니었음을 짐작할 수 있습니다. 정착해서 안정되고 편안하게 지내는데, 떠나라고 하시니 그곳을 떠난 것입니다. 주께서 가라 하시니 뒤돌아보지 않은 것입니다.

5절을 보면 하나님께 순종하여 길을 떠날 때, 아내와 조카, 하란에서 얻은 소유와 사람들을 모두 데리고 떠납니다. 하나도 잃지 않기 위해 욕심을 내서 모두 챙겨갔다는 뜻이 아닙니다. 다시 돌아오지 않을 곳이니 남겨두지 않고 떠나는 아브라함의 적극적인 결단과 순종을 나타내는 것입니다. 믿음의 여정에 내적인 장애물이 있을지라도 하나님께서 부르시는 자리가 있다면 고민하지 않고 결단하고 순종해야 할 의무가 우리에게 있습니다.

아브라함은 마침내 가나안 땅에 들어갔습니다. 어려운 장애물을 넘어 결단하고 가나안 땅에 왔지만, 외부의 장애물에 직면합니다. 그가 세겜 땅 모레 상수리 나무에 이르렀을 때, 본문은 그곳에 가나안 사람들이 거주하고 있었다고 말씀합니다. 가나안 땅에 왔으니 가나안 사람들이 거주하는 것이 당연합니다. 하지만 그 당연한 것을 굳이 성경 내러티브에서 언급할 때는 의도가 있는 것입니다. 하나님이 떠나라고 하셔서 왔더니 그곳은 적대적인 가나안 문화가 있고 우상숭배가 가득한 곳이었습니다. 그 당시 모레 상수리나무는 우상숭배의 자리이기도 했습니다. 실제 히브리어 모레는 가르치는 자를 뜻합니다. 가르치는 자의 상수리나무라는 뜻으로 고대인들에게는 우상숭배의 자리였습니다. 신의 뜻을 묻고 신의 뜻을 가르치던 신성한 곳이었습니다.

제단을 쌓는 삶

아브라함은 모레 상수리나무에 단을 쌓았습니다. 하나님을 인정하지 않는 가나안 사람들이 가득하고 우상숭배로 넘쳐나던 가나안 땅, 함의 자손들로 가득한 그 세상 한가운데서 자기에게 나타나신 여호와를 위해 단을 쌓았습니다. 가나안은 우상을 숭배하고 거짓 신에게 묻고 거짓 신의 뜻을 찾지만, 자신은 살아계시고 약속하신 하나님만 믿고 섬기노라 고백하는 제단을 쌓았습니다. 아브라함이 자기 고향에서 본 적이 있는지 정확히 알 순 없지만, 갈대아 우르에 있는 그 거대한 지구라트 신전에 비하면 비교조차 할 수 없는 작고 초라한 제단이었을 것입니다. 그는 스스로 돌을 모으고 모아 단을 쌓아 올립니다. 적대적 기류가 가득한 낯선 환경에서 그들과는 다른 정체성을 가진 하나님의 복을 받은 사람으로서, 하나님의 복을 전달할 책임이 있는 사람으로서 하나님만을 인정하고 예배하며 고백하는 모습입니다.

이렇게 제단을 쌓는 아브라함의 우선순위는 한 번의 일이 아닙니다. 8절을 보면, 그가 세겜을 지난 벧엘 동쪽으로 내려가 벧엘과 아이 사이에 장막을 치고 다시 그곳에서 하나님을 위해 제단을 쌓습니다. 그리고 여호와의 이름을 불렀습니다. 창세기에 제단을 쌓고 여호와의 이름을 부른다는 표현은 전에도 나옵니다.

> ²⁶셋도 아들을 낳고 그의 이름을 에노스라 하였으며 그 때에 사람들이 비로소 여호와의 이름을 불렀더라 (창 4:26)

가인의 문화가 세상을 뒤덮을 때, 셋은 잠잠히 하나님께 제단을 쌓고 여호와 하나님의 이름을 부르며 예배자의 삶을 살았습니다. 믿음의 길을 걷는 자에게 그 길을 완주하기 위한 본질적 사명은 예배자로서의 삶에 있습니다. 예배자의 삶을 주일에 모여 예배드리는 것에만 국한해선 안 됩니다. 공동체가 '함께' 예배드리고 어떤 역경이나 두려움이 있더라도 공동체의 예배는 포기할 수 없는 신앙의 가치이지만, 본문에서는 그것 뿐 아니라 더 확장된 의미로서의 예배자의 삶을 말씀합니다.

아브라함이 제단을 어디에 쌓습니까? 본인이 살아가는 삶의 자리에 쌓습니다. 모레 상수리나무에 가면 그곳에 제단을 쌓고, 벧엘과 아이 사이에 가면 다시 그곳에 제단을 쌓습니다. 훗날 헤브론에 가서 그곳에도 제단을 쌓았습니다. 어디로 가든 자신의 삶의 현장에서 하나님을 인정하고 예배하는 모습입니다. 삶의 모든 자리가 예배 현장이 되는 모습입니다.

살아가는 삶의 순간순간이 하나님을 인정하는 고백이어야 합니다. 여러분 일주일에 한 번 교회에 와서 예배드리고 돌아가는 것으로 신자의 의무를 다했다고 오해하지 마십시오. 하나님은 주일에 교회로 와서 뵙는 분이 아닙니다. 삶의 모든 자리에서 하나님을 인정하고, 그분의 이름을 부르며, 오직 그분만을 의지하며 살아야 합니다. 그것이 일상 속에서 제단을 쌓는 삶을 사는 것입니다. 바벨탑같이 거대하지 않아도 괜찮습니다. 작고 초라해도, 때론 인도하심의 방향을 모르더라도, 마음과 믿음을 다해 우리 삶에 찾아오셔서 약속하신 주님을 인정하고 그분 앞에서 예배자의 삶을 살아야 합니다.

예배에 대해 예수님께서 하신 말씀을 기억하십니까? 사마리아의 수가성에 가셨을 때, 한 여인이 어디서 예배를 드려야 하느냐는 질문을 합니다. 예수께서 이 여인에게 참된 예배에 대해 다음과 같이 가르치셨습니다.

> [21]이 산에서도 말고 예루살렘에서도 말고 너희가 아버지께 예배할 때가 이르리라 [22]너희는 알지 못하는 것을 예배하고 우리는 아는 것을 예배하노니 이는 구원이 유대인에게서 남이라 [23]아버지께 참되게 예배하는 자들은 영과 진리로 예배할 때가 오나니 곧 이 때라 아버지께서는 자기에게 이렇게 예배하는 자들을 찾으시느니라 [24]하나님은 영이시니 예배하는 자가 영과 진리로 예배할지니라 (요 4:21-24)

하나님은 영과 진리로 예배하는 사람을 찾으십니다. 바로 우리 자신이 하나님께서 찾으시는 그 한 사람의 예배자가 되길 바랍니다. 어디에 서 있든 하나님을 인정하고 그분의 이름만 경배하는, 영과 성령과 진리로 주님과 동행하며 예배하는 삶을 살기를 바랍니다. 우리의 가정과 직장에서, 우리가 속한 공동체와 사회에서, 만나는 관계 속에서 복으로서의 정체성을 갖고 예배자로서의 삶을 통해 복을 전달하고 예배하며 하나님을 인정하는 삶을 살기를 바랍니다. 믿음의 길을 걷는 아브라함이 우리에게 보여주는 참된 모범입니다.

3. 믿음의 길을 걷다
(QR코드를 클릭하시면 설교 영상을 시청하실 수 있습니다)

아브라함의
출애굽

(창세기 12:10 - 13:1)

4. 아브라함의 출애굽

10. 그 땅에 기근이 들었으므로 아브람이 애굽에 거류하려고 그리로 내려갔으니 이는 그 땅에 기근이 심하였음이라
11. 그가 애굽에 가까이 이르렀을 때에 그의 아내 사래에게 말하되 내가 알기에 그대는 아리따운 여인이라
12. 애굽 사람이 그대를 볼 때에 이르기를 이는 그의 아내라 하여 나는 죽이고 그대는 살리리니
13. 원하건대 그대는 나의 누이라 하라 그러면 내가 그대로 말미암아 안전하고 내 목숨이 그대로 말미암아 보존되리라 하니라
14. 아브람이 애굽에 이르렀을 때에 애굽 사람들이 그 여인이 심히 아리따움을 보았고
15. 바로의 고관들도 그를 보고 바로 앞에서 칭찬하므로 그 여인을 바로의 궁으로 이끌어들인지라
16. 이에 바로가 그로 말미암아 아브람을 후대하므로 아브람이 양과 소와 노비와 암수 나귀와 낙타를 얻었더라
17. 여호와께서 아브람의 아내 사래의 일로 바로와 그 집에 큰 재앙을 내리신지라
18. 바로가 아브람을 불러서 이르되 네가 어찌하여 나에게 이렇게 행하였느냐 네가 어찌하여 그를 네 아내라고 내게 말하지 아니하였느냐
19. 네가 어찌 그를 누이라 하여 내가 그를 데려다가 아내를 삼게 하였느냐 네 아내가 여기 있으니 이제 데려가라 하고
20. 바로가 사람들에게 그의 일을 명하매 그들이 그와 함께 그의 아내와 그의 모든 소유를 보내었더라

1. 아브람이 애굽에서 그와 그의 아내와 모든 소유와 롯과 함께 네게브로 올라가니

(창세기 12:10-13:1)

때로는 믿음으로 하나님께 헌신하면 하나님께서 복 주셔서 형통한 삶을 살게 되리라 기대하기도 합니다. 예수 믿어 말씀에 순종하고 믿음을 결단해 산다면 인생의 고난과 역경, 실패를 피하게 될까요? 헌신과 결단이 있음에도 예상치 못한 시련을 겪는 순간이 있습니다. 오랜 기간 기도하며 준비한 사업이 허무하게 실패하기도 하고, 이제야 주님께 헌신하리라 결단하고 충성을 다짐했는데 갑작스런 질병이 찾아오기도 합니다. 믿음으로 헌신했는데도 고난과 역경을 만납니다.

과연 하나님은 어떤 분이신지 의문이 생기기도 합니다. 누구나 믿음이 흔들릴 때가 있습니다. 하나님의 선하심에 대해 의구심이 들기도 하고 진정 우릴 돌보기는 하시는지, 변함없이 신실하신지 질문이 생기기도 합니다. 본문의 아브라함 역시 같은 의문을 가진 것 같습니다.

약속의 땅에 있는 기근

창세기 12장 1-9절을 보면 아브라함의 보여준 믿음의 선택은 실로 놀라운 것이었습니다. 고향과 친척과 아버지의 집을 떠나 낯선 땅에 도착했습니다. 하나님께 순종했습니다. 그 땅을 그와 그의 후손에게 주겠노라 하나님께서 약속하셨습니다. 가는 곳마다 제단을 쌓고 하나님의 이름을 부르며 당신의 약속을 기억했습니다. 멀리 북쪽에서부터 내려와 가나안 땅 전체를 지나 최남단에 이르도록 땅을 밟으며 믿음으로 약속을 고백하고 제단을 쌓았을 겁니다.

이제 약속의 땅에 도착했으니 안정되고 평탄한 삶이 펼쳐지리라 기대했을지 모릅니다. 그런데 약속의 땅 가나안에서 그가 직면한 현실은 심각한 기근이었습니다. 10절을 보십시오.

10그 땅에 기근이 들었으므로 아브람이 애굽에 거류하려고 그리로 내려갔으니 이는 그 땅에 기근이 심하였음이라 (창 12:10)

아주 심각한 기근이 가나안 땅에 있었습니다. 아브라함이 기대했던 안정되고 평탄한 삶은 고사하고, 기근으로 인해 굶어 죽을 수 있다는 두려움이 생깁니다. 먼저 우리는 하나님께서 불러 주시고, 약속하신 그 땅에도 기근이 있음을 주목해야 합니다. 불러주신 축복의 자리에도 어려움은 존재합니다. 길을 잘못 들었기 때문이 아닙니다. 죄악된 세상을 살아가기에, 죄악된 본성을 가지고 살고 있기에 약속의 말씀을 믿고 하나님이 불러 주셔서 간 그 곳에서도 기근이라는 현실을 만나게 됩니다.

하나님은 우리에게 영생을 약속하셨습니다. 항해로 비유하자면 목적지까지 도착할 것을 약속하신 것입니다. 그러나 그 길에 풍랑이 없을 거라 말씀하진 않으셨습니다. 풍랑이 있고 너울이 있어도 목적지까지 인도하심을 믿고 지혜롭게 헤쳐 나가야 합니다.

문제는 기근이 아니다

사실 기근이 있느냐 없느냐가 본질이 아닙니다. 곤경에 처했을 때 어려움에만 집중하면 도저히 감당하지 못 할만큼 커 보입니다. 넓은 시야로 바라보면 우리의 인생길은 골짜기와 산등성이를 오르내리는 과정의 연속입니다. 등산을 가보면 시작부터 끝까지 올라만 가는 길은 없지 않습니까? 만일 계속해서 오르기만 한다면 얼마나 힘들고 낭만도 없을까요? 오르다가 평탄한 길도 만나고, 내려가기도 합니다. 오르고 내리기를 반복하다 보면 어느덧 정상에 오르는 것입니다. 하나님의 도성을 향하는 우리의 신앙 여정도 마찬가지입니다. 항상 은혜로 올라가기만을 바랄지라도, 하나님께 나아가는 길은 사망의 음침한 골짜기와 같은 곳도 지나야 하며, 심각한 기근도 만나야 합니다. 그런 순간마다 하나님을 향한 우리의 믿음을 새롭게 하는 것이 중요합니다.

문제는 기근이 아니라 우리의 태도입니다. 기근은 물론 힘겨운 일이지만, 우리를 더욱 고통스럽게 하는건 기근이 아닌 우리 마음입니다. 어려움이나 고난을 대하는 마음의 자세가 우리를 더욱 힘들게 할 때가 있습니다. 기근과 고난, 질병과 고통 등의 외부요인만 주목해 마음을 송두리째 뺏기지 말고, 여전히 우리 마음과 생각을 붙드시는 하나님을 향해 믿음의 시선을 드십시오.

문제가 있을 때 그것만 해결되면 평안할거라 기대하는 사람들이 있습니다. 그 일이 지나도록 간절히 바라고 노력합니다. 그럼 더 이상 인생에 어려움이 없을까요? 새로운 문제가 또 생기지 않겠습니까? 인생은 크고 작은 문제를 만나기 마련입니다. 어려움이 닥칠까 걱정하고 두려워하기보다 어떤 마음으로 대할지 예비하면 좋겠습니다. 문제를 보는 시선이 달라지면 그것을 통해 깨닫는 은혜도 누릴 수 있을 것입니다. 현실에서 만나는 고난 자체보다 우리 믿음의 눈이 흔들리기 때문에 더욱 힘든 것입니다. 기근 때문에 두려워하지 마십시오. 오면 안될 문제라 생각지 마십시오. 기근, 문제를 바라보는 시선을 믿음으로 새롭게 하는 기회로 삼으십시오.

기근보다 더 큰 위험

아브라함 역시 마찬가지입니다. 기근을 만났습니다. 마음에 두려움이 생겼습니다. 기근보다 더 위험한 것입니다. 하나님께서 약속하신 땅인데 더 이상 그곳에서 살 수 없을 것 같았습니다. 식솔들을 데리고 가나안을 떠나 애굽에 가기로 작정합니다.

애굽은 나일강으로 인해 기근의 영향을 받지 않는 풍요로운 땅이었습니다. 애굽을 향해 내려가는건 하나님께서 약속하신 땅을 버리고 떠났음을 의미합니다. 더 큰 위기가 여기 있는 것입니다. 어쩌면 당연한 일 아닙니까? 기근이 왔는데 풍요로운 땅을 찾지 않고 머물러 있는게 이상하지 않을까요? 합리적이고 상식적인 선택 한 것 아닙니까? 믿음의 시각으로 보면, 말씀하신 가나안을 떠난 것은 하나님의 약속에 대한 그의 믿음에 문제가 생겼음을 알 수 있습니다.

가나안을 떠나는 건 간단한 문제가 아닙니다. 창세기 26장에서 이삭도 똑같이 심각한 기근을 만납니다. 그도 아버지 아브라함처럼 애굽으로 가려 했습니다. 그런데 하나님께서 나타나셔서 약속의 땅에 머물라 말씀하셨습니다. 그리고는 약속을 주셨고 이삭은 애굽으로 내려가지 않고 경계지인 그랄 땅에 머물렀습니다.

반대로 창세기 46장을 보면 야곱이 요셉을 만나려고 애굽으로 향할 때 브엘세바에서 멈춥니다. 가나안을 떠날지 고민하는 모습입니다. 그때 하나님께서 이번에는 가라 말씀하시고 약속을 새롭게 해 주셨습니다. 약속의 말씀을 받고 비로소 야곱은 가나안을 떠났습니다.

아브라함에게 그런 고민은 없어 보입니다. 현실의 문제인 기근을 마주하고나니 하나님의 약속은 미뤄두고 애굽으로 향했습니다. 애굽의 풍요로움이 안전을 담보한다고 여겼습니다. 기근의 위험이 아니라 약속의 땅에 대한 믿음에 위기가 온 것입니다. 약속의 땅을 떠남으로써 흔들리는 믿음을 보여주고 있습니다.

아브라함의 거짓말

애굽으로 떠난 것이 뜻밖의 죄를 낳게 합니다. 인생이 그렇지 않습니까? 거짓말이 거짓말을 낳고, 한 번 죄의 길에 접어들면 다음 죄악의 자리로 가게 됩니다. 단추를 한 번 잘못 끼우니 계속 얽힌 삶을 살 수밖에 없습니다.

애굽에 내려가면 안전하게 지낼 수 있을 거라 기대했는데 11절 이하를 보니 새로운 두려움이 생겼습니다. 문제의 본질이 외부가 아닌 마음에 있음을 보여주는 대목입니다. 애굽이 가까워질수록 행여 아내의 미모가 자신을 위태롭게 만들까 두려워집니다. 아브라함은 아내에게 다음과 같이 요청합니다.

> "여보, 애굽에 있을 동안 우리의 결혼관계를 감추고 당신이 내 여동생이라 말해 주시오. 그럼 내가 안전할 것이오."

가나안에 머물면 죽을지 모른다는 두려움에 찾아간 애굽인데, 다시 그곳에서 죽음의 두려움을 경험합니다. 또 다른 두려움이 찾아올 뿐 두려움은 상존합니다.

애굽에 가까이 내려와 거짓말을 계획했고, 도착한 후에는 실행에 옮겼습니다. 고대 사회에서는 아름다운 아내로 인해 나그네가 죽임을 당하고 아내를 뺏기는 경우가 종종 있었습니다. 또한 남매 사이에 오빠가 가지는 특권들도 있었습니다. 당시 오빠는 아버지의 역할을 하곤 했습니다. 여동생의 결혼 결정 과정에 참여하기도 하고, 때론 결혼 예물을 직접 받기도 했습니다(창 24:53). 아브라함은 죽음에 대한 두려움도 극복하면서, 아내를 통해 얻을 수 있는 실질적인 유익과 사람들의 선대를 기대하고 있습니다. 아마도 아브라함은 이런 작전을 통해 오빠로서의 지위를 누리다가 기근이 끝나면 속히 돌아갈 심산이었을지도 모르겠습니다. 지극히 인간적인 방법입니다.

현실을 피하고 상황을 극복하려는 계략이 우리를 살리지 않습니다. 합리와 상식이라는 가면을 쓰고 믿음과 반대되는 행동을 세상이 요구할 때가 있습니다. 그럴 때 흔들리지 말고 믿음에 굳게 서기를 바랍니다. 더디더라도 믿음의 길에 서 있어야 합니다.

인간적 방법의 한계

인간적 계산과 합리적 해결책이 오히려 아브라함을 위기에 몰아넣습니다. 처음엔 사람들을 속이는 데 성공합니다. 계획했던 것처럼 모든 일이 순조로워 보입니다. 그런데 뜻밖에도 애굽의 왕이 사라를 아내로 삼고자 합니다. 자신의 계략이 오히려 덫이 되고 마는 순간입니다.

왕을 상대로 거절할 상황이 아니었습니다. 왕으로부터 누구보다 많은 재물을 예물로 받았습니다. 그 덕에 부자가 되었습니다. 하지만 자신의 거짓말로 꼼짝없이 아내를 뺏기게 생겼습니다. 실제로 사라는 애굽 왕과 결혼식을 했습니다. 사랑하는 아내를 결혼시키는 아브라함의 모습을 상상해 보십시오. 이제 와서 거짓말을 실토할 수도, 왕의 요구를 거절할 수도 없었습니다. 자기의 생명을 보존하기 위해 사랑하는 아내를 눈 앞에서 뺏앗기고 만 것입니다. 아무것도 하지 못한 채 인생의 바닥으로 내려간 순간이었습니다. 약속의 땅을 떠나 애굽으로 내려가더니, 하나님을 향한 믿음이 흔들림으로써 인간적인 방법을 선택함으로 결국 아래로 더 아래로 내려가는 인생을 겪게 됩니다.

역전의 하나님

아브라함은 인생의 밑바닥에서 스스로 아무것도 할 수 없는 순간에 하나님을 만납니다. 본문 17절은 중요한 주제가 담긴 본문인데, 하나님께서 등장하십니다. 본문에 주도적인 인물은 아브라함과 애굽의 바로(왕)입니다. 사라는 거의 모든 구절마다 등장하지만, 매우 수동적인 인물입니다. 가장 놀라운 등장은 본문 17절에 나타나는 하나님입니다. 단 한 번 암시적으로만 등장할 뿐이지만, 하나님의 등장은 모든 상황을 완벽하게 역전시킵니다. 하나님은 아브라함의 아내 사라의 일로 애굽과 그 백성들에게 큰 재앙을 내리셨습니다. 물론 성경은 어떤 재앙을 내리셨는지, 심지어 바로가 그 재앙이 하나님께로 왔다는 사실을 어떻게 알았는지 등에 대해서 전혀 기록하지 않습니다. 문학적인 관점으로 보자면, 그 내용을 아는 것이 본문의 흐름에 아무런 영향을 미치지 않는다는 뜻입니다(같은 맥락에서 사라의 결혼과 바로 왕의 궁전에서의 생활 등에 대해서도 아무런 관심을 보이지 않습니다).

　바로의 눈이 번쩍 띄었습니다. 부지불식간에 했던 행동이 하나님의 사람 아브라함을 괴롭혔음을 알게 됐습니다. 그로 인해 재앙이 왔음을 깨달았습니다. 다음 날 즉시 아브라함을 불렀습니다.

"네가 어찌하여 나에게 이렇게 행하였느냐?
네가 어찌하여 그를 네 아내라고 내게 말하지 아니하였느냐?
네가 어찌 그를 누이라 하여 내가 그를 데려다가 아내를 삼게 하였느냐?"

　무려 세 번에 걸쳐 따집니다. 단단히 화가 난 바로의 모습입니다. 비록 바로가 악한 왕이지만 이 결혼에 대해서는 잘못이 없었습니다. 속아서 했던 결혼이었고, 많은 재물과 예물도 건넸습니다. 그런데 재앙을 받았습니다. 아브라함에게 자신의 결백을 주장합니다.

유구무언! 아브라함은 입이 있으나 아무 변명도 할 수 없었습니다. 이에 바로가 19절에서 말합니다.

¹⁹네 아내가 여기 있으니 이제 데려가라 (창 12:19b)

바로의 악함이나 그 당시의 권력으로 보자면 당연히 자신을 곤경에 빠뜨린 아브라함을 죽여도 괜찮았으나, 하나님의 재앙을 경험했기 때문에 아브라함을 어쩌지 못하고 그냥 애굽에서 내쫓아 버리는 것입니다. 그런데 이 음성이 창세기 12장에서는 아주 익숙한 목소리처럼 느껴지지 않습니까? 아브라함은 애굽 땅에서 벼락같은 하나님의 음성을 들었을 것입니다. 19절에서 바로가 '가라'고 했던 이 말은 하나님이 아브라함을 부르실 때 처음 하셨던 명령과 동일하기 때문입니다(1절). 바로가 알고 한 말은 아니겠지만, 창세기의 저자는 하나님이 가라고 하신 곳을 떠나 애굽에 내려온 아브라함을 애굽 왕의 목소리를 빌어 다시 약속의 땅으로 부르시는 것입니다.

애굽의 바로는 아브라함의 하나님이 재앙을 내리시니 얼른 아브라함을 떠나보내고 싶었을 겁니다. 20절에선 바로의 의지가 드러납니다. 자신의 부하들에게 아브라함이 가나안을 향하도록 명령합니다. 가나안을 향하다 그가 다시 애굽에 주저앉을까 두려웠습니다. 애굽에 머물지 못하도록 가나안에 이르기까지 부하들을 통해 데리고 보낸 것입니다.

아브라함이 아무것도 할 수 없고 약속에 위기가 왔을 때 하나님께서 상상치도 못한 방법으로 역사하셨습니다. 하나님의 약속은 인간의 신실함이 아닌 하나님의 신실함으로 이루어진다는 게 본문의 핵심 주제입니다. 아브라함은 실패했습니다. 실패하고 넘어져 절망으로 무너진 순간에 하나님께서 일하셨습니다. 아브라함을 돌이켜 세우셨습니다. 연약하기 때문에 애굽의 군사까지 호위해서라도 약속하신 땅으로 되돌려 놓으시는 게 하나님의 신실하심입니다. 그렇듯 우리와 함께 계시고 일하심을 믿으시길 바랍니다.

애굽 왕은 억울하게 여겼을지 모릅니다. 그러나 하나님은 아브라함을 축복하는 자를 축복하시고 저주하는 자를 저주하시리라 약속하셨기에, 비록 아브라함의 실패에도 불구하고 그를 괴롭게 하던 애굽에 심판을 내리신 것입니다. 하나님의 신실하심입니다. 하나님은 당신의 자녀를 위해 일하십니다.

현실의 어려움을 마주할 때, 기근과도 같은 인생을 살아갈 때, 우리는 하나님의 선하심을 종종 의심합니다. 과연 하나님이 우리를 돌보시는지 질문합니다. 위기의 순간에 세상의 방법으로 계산하고 대처하기도 합니다. 믿음의 길에서 살짝 벗어나도 당면한 위기를 극복하고자 편법을 쓰기도 합니다. 그러나 잊지 마십시오. 하나님이 일하십니다. 하나님이 우리를 부르셨습니다. 하나님께서 먼저 사랑해 주셨고,

먼저 찾아와 불러주셨고, 먼저 우리 안에 착한 일을 시작하셨습니다.
주님 오시는 날까지 하나님께서 이루어 가실 겁니다.

아브라함의 출애굽

하나님은 우리가 연약하고 실패한 자리에서 소망을 발견하지 못하며
일어설 힘조차 없어 엎드려 울 때도 우리를 사랑하사 먼저 찾아오셔
서 일으켜 세워주십니다. 그렇게 아브라함도 애굽에서 주저앉았을 때
출애굽시키셨습니다. 구원의 역사가 그렇게 시작된 것입니다.

훗날 애굽을 탈출한 이스라엘 백성들은 아브라함 내러티브를 들
으면서 아브라함이 걸었던 길이 곧 광야를 지나고 있는 자신들의 삶임
을 고백합니다. 그들이 출애굽 할 때도 같은 일들이 벌어졌습니다. 황
급히 애굽을 탈출하려는 순간, 애굽 사람들로부터 많은 금은보화를
받았습니다. 애굽을 떠나 광야를 거쳐 가나안으로 향할 때, 아브라함
을 돕고 역사하사 약속의 땅으로 되돌리셨던 하나님께서 그들의 길
또한 지도하시리라 믿었을 겁니다. 바로 그 백성들을 위해 모세가 본
문을 기록한 것입니다.

바벨론에 끌려간 이스라엘 백성들은 창세기와 출애굽기의 약속
의 말씀을 보면서, 아브라함과 이스라엘 백성들의 출애굽을 기억했습

니다. 그리고 시간이 많이 흐르더라도 언젠가 하나님께서 포로된 자신들 또한 출바벨론시키셔서 약속의 땅으로 돌이키실 거라는 믿음을 가졌습니다. 그리고 그때가 이르면 하나님의 기뻐하시는 언약 공동체를 세우자 다짐했던 것입니다. 구원의 역사는 이어지는 것입니다.

출애굽의 절정의 순간은 바로 십자가입니다. 누가복음 9장의 변화산 사건에서 예수님께서 구약의 두 대표 선지자인 모세와 엘리야를 만나십니다.

율법과 선지자, 모세와 엘리야를 만나 예수님께서 나누신 대화는 누가복음 9장 31절에 나옵니다.

> 31영광중에 나타나서 장차 예수께서 예루살렘에서 별세하실 것을 말할 새 (눅 9:31)

구약을 대표하는 두 인물인 모세와 엘리야는 예수님을 만나 예수께서 예루살렘에서 별세하실 것에 대해 말씀을 나누었습니다. 별세라는 말은 기본적으로 죽음을 의미하지만, 더 정확한 표현은 '떠남 (exodus)'입니다. 예루살렘에서 별세하신다는 말씀은 예루살렘에서 떠난다는 말이므로, 성경을 해석할 때 '돌아가신다, 죽으신다'라는 표현보다 더 정확한 뜻은 '출애굽'입니다. 예수님이 예루살렘에서 출애굽하실 거라고 말씀합니다. 세상을 떠나는 십자가의 죽으심의 말씀입니다. 예수님의 출애굽 말씀은 거기 그치지 않고 당신 안에서 죄와 사탄의 속박 아래 죽었던 모든 영혼이 진정한 출애굽, 진정한 구원을 완성할 것임을 말씀하는 것입니다.

하나님의 신실하심은 아브라함 때로부터 예수님 때에 이르는 구원의 역사를 이루셨고 지금도 우리 삶을 지도하고 인도하는 근원입니다. 우리가 아닙니다. 우리 노력과 의가 아닙니다. 하나님의 의가, 그분의 신실하심이 우리를 이끄시리라 믿습니다. 기근은 있을 겁니다. 고난 또한 있을 겁니다. 고통도 찾아오고 질병도 만날 겁니다. 흔들리지 맙시다. 하나님께서 우리의 마지막 호흡까지 인도하시리라는 믿음으로, 흔들리지 말고 굳게 서 우리의 삶을 그분의 영광을 위해 드릴 수 있기를 바랍니다.

4. 아브라함의 출애굽
(QR코드를 클릭하시면 설교 영상을 시청하실 수 있습니다)

The Abraham Narrative

5

무엇을 볼 것인가?

(창세기 12:10 - 13:1)

5. 무엇을 볼 것인가?

14. 롯이 아브람을 떠난 후에 여호와께서 아브람에게 이르시되 너
는 눈을 들어 너 있는 곳에서 북쪽과 남쪽 그리고 동쪽과 서쪽
을 바라보라

15. 보이는 땅을 내가 너와 네 자손에게 주리니 영원히 이르리라

16. 내가 네 자손이 땅의 티끌 같게 하리니 사람이 땅의 티끌을 능
히 셀 수 있을진대 네 자손도 세리라

17. 너는 일어나 그 땅을 종과 횡으로 두루 다녀 보라 내가 그것을
네게 주리라

18. 이에 아브람이 장막을 옮겨 헤브론에 있는 마므레 상수리 수풀
에 이르러 거주하며 거기서 여호와를 위하여 제단을 쌓았더라

(창세기 13:14-18)

기근의 땅을 피해 풍요로워 보이던 애굽을 선택했던 아브라함은 그곳에서 처절한 실패를 경험했습니다. 누구도 의지할 수 없을 때 하나님께서 도와주셨고 가나안 땅으로 돌아오게 하셨습니다. 그런데 하나님께서 주신 부요함이 약속의 땅 가나안에 이르자 다툼을 일으키는 원인이 됩니다. 아브라함과 롯의 목자들이 다투고 그로 인해 아브라함과 롯이 더 이상 함께할 수 없는 지경에 이릅니다.

본문을 보며 아브라함처럼 자신의 것을 양보하는 사람이 되자고 적용하고 끝내면 상당히 아쉬운 접근입니다. 약속의 땅을 떠나 실패했던 자리에서 돌아온 아브라함과 롯이 각기 어떤 궤적의 삶을 선택했는지 주목해야 합니다. 애굽에 동행해 똑같은 경험을 했고 똑같은 어려움을 겪었지만 돌아와서는 전혀 다른 삶을 살아가는 모습입니다. 어떤 생각의 변화가 그들의 삶을 지배했을까요?

아브라함의 눈

먼저 아브라함을 살펴봅시다. 13장 1절은 아브라함이 애굽에서 아내와 모든 소유와 롯과 함께 나와 네게브로 올라갔다고 말씀합니다. 네게브는 이스라엘의 최남단 지역을 가리키는 고유명사입니다. 12장 9절에 나오듯 애굽 땅을 떠나기 전 머물렀던 장소입니다. 남방으로 표현돼 있지만 그 곳도 네게브입니다. 다시 말해 떠나기 전 장소로 돌아왔다는 뜻입니다.

이후 아브라함은 이사를 합니다. 3절을 보면 네게브에서 길을 떠나 전에 장막을 쳤던 벧엘(하나님의 집)과 아이 사이에 이릅니다. 처음 떠난 장소로 돌아왔는데 그곳에 머무르지 않고 예전에 장막 쳤던 벧엘로 올라갔습니다. 그곳에 이르러 여호와의 이름을 부릅니다. 18절을 보면 하나님의 말씀을 듣고 장막을 옮겨 헤브론에 있는 마므레 상수리나무 수풀 근처로 가서 다시 그곳에 제단을 쌓고 하나님을 예배합니다. 성경에는 아브라함의 생각과 말을 기록되지 않았지만, 그의 여정과 행동을 보면 그가 어떤 목적을 가졌는지 짐작할 수 있습니다.

애굽에 가서 실패한 후 무엇이 잘못되었는지 돌아보고, 자신이 잊지 않아야 할 자리에 왔을 때 어디로 가서 무엇을 시작할까 생각했습니다. 처음 가나안 땅에 도착 후 세겜 땅 모레 상수리나무에 이르러 하나님을 만나 예배했고, 벧엘과 아이 사이로 간 후 그곳에서도 예배했고 이후 네게브로 왔다가 이집트로 내려갔었습니다. 가나안으로 다시 돌아갈 때는 네게브를 거쳐 벧엘과 아이 사이를 지나 헤브론에 도착합니다. 세겜으로 올라가지 않고 헤브론에 도착하는데, 의미상으로는 비슷합니다. 세겜에 모레 상수리나무가 있다면 헤브론에는 마므레 상수리 수풀이 있습니다. 그곳에 그는 제단을 쌓았습니다. 풍요를 좇아 안전을 기대하며 애굽으로 향했었는데 오히려 하나님을 떠난 실패를 경험한 후 가나안에 돌아와 새롭게 시작하고자 했습니다. 처음 하나님을 만나 예배했던 곳, 그곳에서 믿음을 회복하고자 헤브론으로 간 것입니다.

애굽에 가서 보았던 애굽의 것을 버려야 할 것으로 이해하고, 하나님 앞에 나아와 자신의 믿음을 회복하고자 했습니다. 믿음의 회복을 위해 제단을 쌓아 하나님의 이름을 부르며 예배했었던 그 자리에 다시 서고자 한 것입니다. 누구나 실패하고 넘어집니다. 연약하기 때문에 넘어지기도 하고, 악한 본성 때문에 실패하기도 합니다. 하나님은 우리가 실패하지 않을 거라 기대하지 않으십니다. 실패의 순간에 우리가 돌아갈 곳이 어딘지 자각하는 것이 중요합니다. 믿음에서 멀어지고 여러 상황 탓에 해이해져 지내고 있다면 돌아갈 지점, 다시 시작해야 할 지점, 그 시간을 깨달아야 합니다. 실패했다고 좌절하지 마십시오. 해이해진 믿음을 탓하며 더 아래로 추락하지 않기 바랍니다. 이제 끝이라고 절망하지 마십시오. 하나님의 신실하심이 그보다 강하지 않습니까?

비록 실패해도 결코 넘어지지 않는 이유를 시편 기자는 37편에서 여호와의 손이 우리를 붙드시기 때문이라고 고백합니다(시 37:24). 하나님에게서 멀어져 실패하고 넘어진 상태라도 하나님의 신실하심을 기억하고 믿음의 자리를 회복하기 바랍니다. 신실하신 하나님께 돌아가야 합니다. 그분을 예배하는 자리에 서야 합니다. 처음 예배 때 가졌던 감격적인 첫 사랑을 떠올리며 하나님 앞에 설 수 있어야 합니다.

롯의 눈

롯은 아브라함과 똑같은 것을 보았고 경험했지만, 애굽에서 나온 후 전혀 다른 생각을 합니다. 본문에서 그가 무슨 생각을 하고 어떤 삶을 추구했는지 구체적으로 서술하진 않지만, 그가 이사하는 삶을 보여줌으로써 무엇을 찾고 사는지 알 수 있습니다.

롯 또한 부자가 되어 돌아왔습니다. 하나님께서 그들에게 재물을 허락해 주셨지만, 부요가 오히려 시험이 되고 있습니다. 배고파서 가난하고 목말라서 애굽에 갔었는데, 이제 원했던 부요를 누리지 않습니까?

우리는 우리를 가난하게도 하시고 부하게도 하는 분이 하나님이심을 잘 기억해야 됩니다. 가난하면 시험이 더 크고 부요하면 시험이 작을까요? 성경을 보면 가난한 자가 하나님을 찾는 모습을 많이 봅니다. 가난할 때 작은 것에도 감사를 깨닫기도 합니다.

부유해져서 스스로 교만하고 자족해 하나님을 떠나는 경우가 있습니다. 선지자 호세아는 "돌아오라 여호와께 돌아오라"고 수없이 외칩니다. 호세아서 13장 5절과 6절에는 출애굽한 이스라엘 백성을 하나님께서 먹여주시고 지켜주셨는데 그들이 배가 부르니 교만해져 하나님을 잊었다고 말씀합니다. 형편이 좋아지니 하나님을 떠났다는 것입니다. 스스로 교만해졌기 때문입니다. 가난도 시험일 수 있지만 풍요도 시험이 될 수 있습니다.

우리가 주목할 대상은 가난과 부요, 형통함이나 고난이 아닙니다. 어떤 상황에서든 누굴 바라보고 신뢰하며 살아가는지가 중요한데, 부요하든 가난하든 우리 시선이 하나님께 고정되어 바라보고 살지 않으면 삶은 언제나 시험으로만 가득할 것입니다. 가난이나 부가 문제가 아니라, 무엇을 보고 있는지 누굴 신뢰하며 사는지를 점검해야 합니다.

롯은 재물의 시험에 단단히 빠져있었습니다. 부자가 되어 더 이상 삼촌과 같이 있기 어려웠습니다. 아브라함이 롯에게 땅의 선택권을 양보하는 건 생각해 볼 일입니다. 집안의 가장으로서 아브라함이 소유권을 주장할 수 있었지만 롯에게 선택을 양보합니다. 반면 롯은 아브라함에게 양보하지 않았습니다. 세상의 풍요가 눈에 들어왔기 때문입니다. 한껏 눈을 들어 멀리 세상을 내다봤습니다. 요단 계곡이 보이기 시작했습니다. 물이 풍부한 땅이니 자신을 더욱 부요케 하리라 기대했습니다. 10절 이하에서 롯의 마음 속 생각이 보이는데 여호와의 동산 즉 에덴동산 같이, 애굽 같이 여겨졌습니다. 아브라함이 애굽을 하나님이 계시지 않는 곳이라 깨달았다면, 롯은 그곳을 에덴동산 같이 여겼던 것입니다. 요단 계곡을 바라보며 주저 없이 그곳을 선택합니다.

눈에는 풍요로웠겠지만 성경은 그곳을 멸망 받을 땅으로 표현합니다. 여호와께서 소돔과 고모라를 멸하시기 전이었음을 우리에게 알려줍니다.

13절은 그곳 사람들이 하나님 앞에 큰 죄인이라 말씀합니다. 롯이 주목하지 않은 부분입니다. 세상이 줄 부요와 가치를 추구하니 하나님 눈에 어떤지 하나님 마음에 어떤 곳인지 보이지 않았습니다. 영적인 시각이 죽어 있었던 겁니다.

세상과 사탄의 방식이 이렇습니다. 세상은 우리에게 성공을 주겠다고, 사탄은 우리에게 좋은 것만 주겠다고 속삭입니다. 세상의 방법을 따르면 얻는 것은 심판이고, 사탄의 속삭임을 좇으면 종착지는 지옥입니다. 보이는 것에 주목하지 말고 하나님의 관심에 주목할 수 있기 바랍니다. 하나님께 우리 시선을 고정해야 합니다. 풍요의 땅에 머무르지 말고 하나님이 예비해 두신 영원한 성을 바라봐야 합니다. 히브리서 11장 10절은 아브라함이 영원한 터, 하나님이 계획하시고 지으실 성을 바랐다고 고백합니다.

우리는 무엇을 보고 있습니까? 척박해 보이지만 약속의 땅을 바라보고 있습니까? 하나님의 약속을 신뢰하고 있습니까? 그분이 예비하신 영원한 성을 보고 있습니까? 우리가 추구하는 삶이 무엇인지 질문해보기 바랍니다.

하나님의 약속

두 사람의 선택에 대한 하나님의 평가는 달랐습니다. 14절에 하나님께서 찾아오십니다. 아마 아브라함은 상심에 빠져 있었을 겁니다. 창세기 12장부터 15장에 이르기까지 그가 간직한 질문은 하나님께서 약속하신 후손이 누구인가였습니다. 큰 민족을 이뤄주겠다고 하나님이 약속하셨는데, 자녀도 없었고 아내는 불임이었습니다. 가나안을 향해 길을 떠날 때부터 롯을 양자 삼아 후사로 여겨왔습니다. 그의 마음속엔 롯이 큰 비중을 차지했을 겁니다. 자신의 목숨을 위해 아내를 여동생이라 속이고 뺏겼을 때도 가만있던 그가 약속하신 땅이 어디든 롯에게는 원하는대로 주려고 했습니다. 창세기 14장의 전쟁에서도 처음엔 자신과 상관없이 지내다 롯이 잡혀갔다는 소식에 목숨을 돌보지 않고 전쟁에 끼어듭니다. 그의 마음에 약속의 후손이 롯이라는 믿음이 있었기 때문입니다.

우리는 훗날 이삭의 출생을 알지만, 당시의 아브라함은 그렇게 생각할 수밖에 없었습니다. 그래서 롯이 자신과 다른 삶을 선택하며 떠나는 모습에 낙심되었을 겁니다. 롯은 아브라함을 떠나야 하는 사람이었습니다. 다툼으로 돌아선 것이 아니라, 하나님의 계획 속에 있었던 일입니다. 온전한 순종에 이르지 못하고 마지막 육신의 소망을 붙들고 있던 아브라함에게 그것마저 내려놓으라고 말씀하시는 겁니다.

본토와 친척과 아버지의 집을 떠나 하나님이 지시할 땅으로 가라고 명령하셔서 아브라함은 본토를 떠났지만 아버지와 친척을 데리고 갔습니다. 하란 땅에 머물다 아버지의 죽음 이후 하나님의 말씀대로 다시 그곳을 떠납니다. 이때도 여전히 롯을 데리고 갑니다.

롯과의 헤어짐이 하나님께서 하셨던 처음 명령에 대한 온전한 순종이었던 것입니다. 다른 기대를 이제 내려놓고 하나님만 의지하라는 주님의 뜻입니다.

아브라함에게 나타나신 하나님은 말할 수 없는 복을 선포하십니다. 어쩌면 낙심하고 있을 그의 믿음을 새롭게 하시려 다시 약속을 주십니다. "눈을 들어 동서남북을 바라보라. 보이는 모든 땅을 너와 네 자손에게 주리라. 네 자손이 땅의 티끌처럼 많아지리라. 네가 밟는 모든 땅을 네게 주리라." 눈을 들어 보고 어디로 떠나는지가 13장의 중요한 주제인데, 온전한 순종의 자리에 서게 된 아브라함에게 하나님은 다시 한 번 놀라운 복을 쏟아 부어 주셨습니다.

소돔에 있는 계곡, 물이 풍부한 그 땅과 아브라함이 서 있던 땅은 차원이 달랐습니다. 헤브론은 좋은 땅이지만 살짝만 넘어가도 거주할 수 없는 유대 광야가 펼쳐집니다. 네게브로 갔다니 좋은 땅 같지만 살기 힘든 땅이었습니다. 일 년의 강수량이 200ml가 되지 않는 척박한 땅이었습니다. 사막입니다. 미래가 보이지 않는 땅으로 느껴질 수 있습니다.

그러나 그곳에 머물러 하나님이 약속하신 땅을 직접 밟아봅니다. 18절에 장막을 옮겨 헤브론에 있는 마므레 상수리 수풀 근처까지 가는 모습이 나옵니다. 보이는 땅과 밟는 땅을 하나님께서 약속하셨으니 그 땅을 밟습니다. "하나님께서 이 땅을 나에게 주시리라. 보이는 이 모두가 하나님이 약속하신 땅이구나. 이곳에 나의 자손들이 땅의 티끌처럼 많으리라. 신실하신 하나님의 약속이니 아멘!" 아마 땅을 밟으며 되뇌면서 헤브론으로 갔을 겁니다.

헤브론을 향하는 아브라함의 마음이 느껴지십니까? 경로를 살펴보면 북쪽 세겜으로 가는 길인데 그는 방향을 돌려 남쪽 헤브론으로 향했습니다. 왜 그랬을까요? 헤브론은 가나안 땅에서 가장 높은 지형입니다. 약 950미터 되는 산지입니다. 헤브론에서 보면 벧엘과 예루살렘이 내려다보이고 동쪽으로는 요단과 모압 평지까지 보입니다.

헤브론으로 간 아브라함의 가슴이 얼마나 벅찼을까요? 지금은 아무것도 가지지 않았지만, 산꼭대기에서 땅을 둘러보고 하나님의 약속을 상기하며 은혜에 감격하지 않았겠습니까? 그는 그곳에 다시 제단을 쌓고 하나님을 예배했습니다. 약속 붙들고 하나님만 바라보며 살리라 고백한 것입니다.

우리가 무엇을 보고 살지, 어떤 관심을 가지고 살지 본문이 명확하게 알려주고 있습니다. 세상과, 세상이 주는 가치를 추구하지 않기 바랍니다. 우리 시선이 주님께 고정되어 있기 바랍니다. 믿음에서 한 발

짝 물러나 있었다면 이제 하나님께로 돌아와 다시 예배자의 삶을 살아야겠습니다. 하나도 갖고 있지 않았지만 약속의 성취를 소망하며 믿음의 길을 걸었던 아브라함처럼, 이 죄악 많은 세상을 살아가는 동안 약속하신 천국을 바라며 믿음의 여정을 오늘도 걸어가십시오.

5. 무엇을 볼 것인가?
(QR코드를 클릭하시면 설교영상을 시청하실수 있습니다)

The Abraham Narrative

6

믿음의 선택

(창세기 14:17 - 24)

6. 믿음의 선택

17. 아브람이 그돌라오멜과 그와 함께 한 왕들을 쳐부수고 돌아올 때에 소돔 왕이 사웨 골짜기 곧 왕의 골짜기로 나와 그를 영접하였고

18. 살렘 왕 멜기세덱이 떡과 포도주를 가지고 나왔으니 그는 지극히 높으신 하나님의 제사장이었더라

19. 그가 아브람에게 축복하여 이르되 천지의 주재이시요 지극히 높으신 하나님이여 아브람에게 복을 주옵소서

20. 너희 대적을 네 손에 붙이신 지극히 높으신 하나님을 찬송할지로다 하매 아브람이 그 얻은 것에서 십분의 일을 멜기세덱에게 주었더라

21. 소돔 왕이 아브람에게 이르되 사람은 내게 보내고 물품은 네가 가지라

22. 아브람이 소돔 왕에게 이르되 천지의 주재이시요 지극히 높으신 하나님 여호와께 내가 손을 들어 맹세하노니

23. 네 말이 내가 아브람으로 치부하게 하였다 할까 하여 네게 속한 것은 실 한 오라기나 들메끈 한 가닥도 내가 가지지 아니하리라

24. 오직 젊은이들이 먹은 것과 나와 동행한 아넬과 에스골과 마므레의 분깃을 제할지니 그들이 그 분깃을 가질 것이니라

(창세기 14:17-24)

13장에서 아브라함과 롯이 선택한 길을 보았는데, 그 선택이 어떤 결과를 낳는지 14장에서 일부 볼 수 있습니다.

본문은 먼저 고대 사회에 있었던 국제적 전쟁을 다루고 있는데 시날 왕, 엘라살 왕, 엘람 왕, 고임 왕 등 동방의 왕들이 연합했습니다. 고대 사회에선 상상하기 어려운 장면이기도 합니다. 현재의 이라크와 이란에 해당하는 메소포타미아 지역은 수천 년이 넘도록 고대 바벨론과 앗시리아 등이 끊임없이 싸웠기 때문에 역사적으로 연합한 경우는 매우 드뭅니다. 그들이 연합해 사해 남쪽의 여러 도시 국가를 정복하고 조공을 받는데, 아마 첫 번째 전쟁은 아브라함과 롯이 땅을 선택하기 이전의 일인 듯합니다. 당시 동방의 왕들이 사해 지역의 몇몇 왕들을 정복하기 위해 먼 길을 온 것이 아니라 비옥한 초승달 지역인 메소포타미아에서 애굽까지 연결하는 무역로를 확보하기 위한 의도로 보입니다. 12년 동안 조공을 받았는데 13년 되던 해 남방 왕들이 배반하고 조공을 바치지 않자, 동방의 왕들이 일 년을 준비해 14년째에 전쟁하러 왔습니다. 어차피 무모한 전쟁이었습니다. 소돔 왕, 고모라 왕 등이라 해도 현대로 치면 도시국가 수준이었고, 그에 반해 동방 왕들은 제국을 일으켰던 사람들이었습니다. 그들을 상대로 승리를 기대할 수는 없었습니다.

두 번째 전쟁이 14장 전반부에 소개되지만, 본문은 전쟁 자체에 대해 자세히 기록하지 않습니다. 12절에서 보듯이 다만 그 전쟁으로 소돔에 거주하던 아브라함의 조카 롯이 사로잡혔음을 서술할 뿐입니다. 롯의 소식은 아브라함에게 전해집니다. 이미 전쟁이 끝나 군사들이 귀환하고 있었습니다. 두 번의 전쟁이 진행될 동안 관여하지 않던 아브라함은 롯이 잡혀갔다는 소식을 듣자마자 집에서 훈련시키던 318명의 병사와 주변의 동맹국들의 용병을 불러 모았습니다.

세 번째 전투가 시작된 것입니다. 왜 그랬을까 의문이 생길 수 있습니다. 자신을 버리고 간 조카이고 승리가 불가능해 보이는 전투인데 목숨을 걸면서까지 왜 무모한 전쟁을 하려는지 질문이 생깁니다. 본문에선 간략하게 표현되지만, 아브라함이 거주하던 헤브론에서 단까지의 추격노선은 이스라엘 지도를 보면 꽤 먼 거리임을 알 수 있습니다. 단은 가나안 땅의 최북단 지역으로 헤브론에서 직선거리로 약 200km나 됩니다. 그 먼 거리를 롯을 구하려는 일념으로 달려가고 있는 것입니다. 거기서 멈추지 않고 기습 작전을 통해 롯을 최종적으로 구출하는 곳은 다메섹 왼편의 호바인데, 다메섹은 다른 나라라고 해도 무방한 곳입니다. 가나안 땅을 넘어 메소포타미아 적진 한가운데까지 쫓아가 롯을 구출함을 알 수 있습니다.

아브라함이 인간성이 좋아 무모한 전쟁을 시작했을까요? 롯을 사랑해 삼촌으로서의 신의를 지키기 위해, 혹은 어떤 유익을 얻기 위해 전쟁을 시작했다고 말할 수 없습니다. 그의 의도를 해석하려면 창세기 12장에서 15장까지의 흐름을 이해해야 하는데, 아브라함에게 근본

적 질문은 '하나님의 약속이 누구를 통해 이루어질 것인가? 그 약속의 자녀는 도대체 누군가?'였습니다. 고향도 떠났고 아버지의 집도 떠났지만, 마지막까지 붙들고 있던 희망이 롯이었습니다. 단순한 조카가 아니라 어쩌면 하나님께서 자신에게 허락하신 약속의 후사였습니다. 조카인 롯을 사랑한 마음도 있었겠지만, 더 본질적으로는 하나님께서 주신 약속이 위기에 빠졌다고 느끼자 그 약속을 지켜내려는 믿음의 열정 때문이었습니다.

물론 롯은 약속하신 후손이 아닙니다. 13장에서 이미 암시해 주었음에도 여전히 붙들고 있습니다. 이로 인해 14장의 위대한 승리 후 다시 절망에 빠집니다. 기대와는 달리 롯이 소돔 왕을 따라 소돔으로 떠나버리자 조카의 뒷모습을 보며 깊은 낙심에 빠지게 됩니다.

여기서 우리가 기억해야 할 사실이 있습니다. 적어도 아브라함은 하나님께서 약속하신 것에 대한 굳은 믿음과 그 약속에 대한 변치 않은 열정으로 헌신했다는 사실입니다. 이 부분은 정말 중요합니다. 사람들은 미래를 모릅니다. 아브라함이 확신하며 목숨까지 걸었던 길은 하나님이 원하신 길은 아니었습니다. 그럼에도 불구하고 이 일이 그에게 복이 되도록 만드시는 하나님의 신실하심을 본문에서 깨달을 수 있어야 합니다. 신실하신 하나님에 대한 굳은 믿음으로 약속을 지키려는 아브라함의 순수한 열정도 볼 수 있어야 합니다. 은혜가 되지 않습니까?

아브라함이 걸어가는 모습에서 우리네 인생을 봅니다. 우리는 그의 인생을 알기에 약속의 자녀에 대해 쉽게 조언할 수 있지만, 당시의 아브라함은 하루하루를 묵묵히 걸어갈 뿐이었습니다. 미래를 몰랐습니다. 닥쳐온 현실 앞에 순간순간 믿음의 선택을 하며 살았을 뿐입니다. 우리는 어떻습니까? 매주 같은 자리, 같은 예배를 드린다고 생각하겠지만 우리의 오늘은 처음 만나는 하루입니다. 누구도 인생을 미리 보며 살지 않습니다. 늘 새로운 아침, 새로운 하루, 처음 접하는 시간을 살아갑니다. 불확실한 미래지만 현재에 충실하고자 주어진 순간을 선택하며 살아갑니다. 그래서 실수하기도 하고 잘못된 선택을 하기도 합니다. 실수할 수 있습니다. 실패할 수도 있습니다. 어떤 선택을 하든 매일매일 미지의 하루를 살아가는 우리 마음이 하나님을 향한 믿음에 근거해 있습니까? 말씀에 대한 신뢰와 열정에 근거해 순수한 마음으로 살고 있습니까? 진실한 마음으로 믿음만을 선택하며 걷고 있습니까? 그렇다면 실수해도 괜찮습니다. 실패해도 괜찮습니다. 결과가 아닌 하나님을 향한 진정한 마음을 지켜야 합니다. 아브라함이 헛된 노력을 한 것 같지만, 하나님께서는 그 마음의 믿음과 순수함을 보셨고 그의 길을 지도하사 합력하여 선을 이뤄주셨습니다.

그러니 자문해 봐야 합니다. 진실한 마음으로 하나님의 나라와 주님의 교회를 위해 섬김을 다하고 있는지, 순수한 열정으로 헌신하고 있는지 자문해야 합니다. 스스로의 점검이 우리를 세워 가고 하나님

나라의 확장에 귀하게 사용될 것입니다.

아브라함은 무엇이 맞는지 몰랐습니다. 자신의 목숨까지 걸고 있지만, 솔직히 무엇이 정답인지 알지 못한 채 그렇게 하고 있습니다. 다만 선택의 순간에 믿음으로 결단하고 약속을 선택했을 뿐입니다. 현실의 난관을 생각하면 피해야 했습니다. 전투에서 목숨을 잃을 수도 있었습니다. 실패할 가능성이 훨씬 높았습니다. 이미 2~300킬로를 앞서가고 있는 적군을 어떻게 따라잡겠습니까? 승리를 장담할 수 없었음에도 약속을 선택했던 것입니다.

순수한 믿음은 가능성이나 현실을 보거나 미래의 성공을 선택하는 데 있지 않고 하나님의 약속을 향해 열정으로 묵묵히 걷는 데 있습니다.

결과를 몰라도 괜찮습니다. 정답 없는 인생이지 않습니까? 우리의 선택과 결정이 믿음에 근거하는지, 하나님을 향한 열정과 순수함이 우리를 움직이는지가 중요합니다. 잊지 마십시오. 결과가 아니라 과정 가운데 주시는 하나님의 은혜가 있습니다. 걸어갈 은혜를 때마다 주시고 과정을 이끄셔서 마침내 당신의 뜻을 이루십니다. 하나님의 신실하심이 일을 이루십니다.

롯과 아브라함은 선택의 길에 섰습니다. 그들의 선택에 따라 전혀 다른 길을 만납니다. 롯은 눈에 보이는 풍요와 부요를 선택했지만, 소돔에서 풍요를 누리긴 커녕 전쟁을 겪고 재물마저 뺏겼습니다. 아브라함은 어떻습니까? 조카에게 땅의 선택권을 양보하며 자신의 권리를 포기한 듯 보였지만, 여전히 약속의 땅에 머물러 있었습니다. 재산을 늘리기엔 불리해 보이고, 잘 살기 힘든 환경이었습니다. 하지만 약속이 있는 곳에 머물렀습니다. 결과는 어땠습니까? 아브라함에게 군사 318명이 생겼습니다. 대단한 일입니다. 318명의 군사라면 거느리는 식솔까지 합해 최소 천 명은 족히 된다는 뜻입니다. 당시 개념으로 누구도 함부로 할 수 없을 만큼의 권세를 가졌다는 뜻입니다. 약속의 땅에 있는 것이 손해 같았지만, 하나님은 재물이 아니라 약속을 붙든 아브라함에게 약속의 축복과 재물까지 허락하셨습니다.

멜기세덱의 반응

믿음의 선택이 어떤 결과를 낳는지 한 가지 더 살펴보겠습니다. 아브라함이 전쟁에서 승리하고 돌아올 때 본문에 두 사람이 나와 그를 영접합니다. 18절의 살렘은 아마 예루살렘일 것입니다. 살렘 왕 멜기세덱의 멜기는 '나의 왕', 세덱은 '의롭다'는 뜻으로 '나의 왕은 의로우시다'라는 이름입니다. 멜기세덱이 나아와 떡과 포도주로 아브라함을 영접하고 그를 축복합니다. 하나님의 제사장으로서 축복하는 모습입니다. 그의 축복의 내용이 본문에 길게 언급됩니다. "천지의 주재이시요 지극히 높으신 하나님이여 아브람에게 복을 주옵소서." 그리고는 축복의 말을 계속 합니다. 살렘 왕은 이 전쟁과 상관없는 사람이었지만 음식을 챙겨와 전투에서 돌아오는 아브라함을 융숭하게 대접하고 축복합니다. 이 본문은 하나님의 약속의 관점에서 이해해야 합니다. 단순히 그가 풍족한 대접을 한 게 아니라 하나님의 약속, 즉 아브라함을 축복하는 자를 축복하시고 그를 저주하는 자를 저주하신다는 말씀의 성취와 연관해서 이해해야 합니다. 우리는 12장 이후 그 약속이 꾸준히 성취되고 있음을 볼 수 있습니다. 멜기세덱이 멀리 나아와 아브라함을 세 번이나 축복하는 말을 하고 먹을 것을 공급했을 때, 하나님께서 그를 세세에 기억되는 존재로 만드셨습니다. 시편 110편과 히브리서 7장은 멜기세덱이라는 신비로운 인물을 소개하며 예수 그리스도께서 대제사장 아론이 아닌 멜기세덱의 반차를 따르셨다고 말씀합니다. 얼마나 놀라운 축복입니까? 그가 아브라함을 축복했기 때문입니다.

소돔 왕의 반응

소돔 왕은 어떻습니까? 그는 아브라함에게, "사람은 내게 보내고 물품은 네가 가지라."고 겨우 여섯 마디를 했습니다. 히브리어 원문은 네 마디입니다. "사람은 주고 물건은 가지라." 멜기세덱이 19절에서 20절까지 아브라함을 축복한 것과 대조적으로, 굉장히 퉁명스런 반응입니다. 아브라함이 목숨 걸고 구해온 사람들과 재산은 소돔 왕의 가족과 백성과 재산인데 말입니다. 몇 번이고 절하며 감사를 표해야 하지 않겠습니까? 소돔의 죄악이 감사 대신 완악한 마음을 만든 것입니다.

14장 2절에서 소돔 왕 '베라'가 나오는데, 베라는 '나쁜 인간'이라는 뜻입니다. 진짜 이름은 아닌 것 같고, 본문이 그의 악함을 표현한 것으로 보입니다. 소돔 성의 악함이 소돔 왕으로 하여금 감사의 마음조차 가지지 못하게 된 것입니다. 아브라함을 선대하지 못합니다. 이 지점에서 우리는 하나님께서 아브라함에게 주셨던 약속의 말씀을 기억할 필요가 있습니다. 하나님께서 아브라함을 축복하는 자를 축복하시지만, 아브라함을 가볍게 여기는 자는 저주를 받을 것이라고 하셨습니다. 소돔이 하나님 앞에서 버림받을 수밖에 없는 이유가 여기에 있습니다. 멜기세덱이 아브라함을 축복했기 때문에 기억되는 이름을 가졌던 것과 정반대로, 소돔 왕은 아비멜렉을 가볍게 여겼기 때문에 그의 이름까지도 지워지고 '나쁜 사람'으로 불려질 뿐입니다. 하나님께서 신실하게 아브라함에 대한 당신의 약속을 지켜가고 계십니다.

믿음의 선택

아브라함의 믿음의 선택을 살펴봅시다. 소돔 왕이 전리품을 가지라 했지만, 아브라함은 취하지 않습니다. 모든 전리품은 전쟁에서 승리한 자의 것입니다. 아브라함이 전쟁에서 취한 물품이니 당연히 본인 소유인데도 가지지 않았습니다. 세상적으로 보면 어리석은 선택같이 보입니다. 소돔 왕이 가지라 마라 할 것도 없이 당연히 아브라함의 소유물인데도 아브라함은 그것을 소돔 왕에게 주었습니다. 재물에 관심이 없어서였을까요? 그의 대답을 보면 알 수 있습니다. "네 말이 내가 아브람으로 치부하게 하였다 할까 하여 네게 속한 것은 실 한 오라기나 들메끈 한 가닥도 내가 가지지 아니하리라." 부는 소돔 왕이 주는 것도, 아브라함 본인이 쟁취한 것도 아닌 하나님으로부터 말미암았음을 고백하고 있습니다. 부를 획득 할 수 있는 기회를 잡았지만, 하나님의 방법을 기다리는 것입니다.

전쟁에 이긴 여세를 몰아 그 지역의 맹주로 땅을 차지할 수도 있었지만 그러지 않았습니다. 땅을 차지하려는 어떤 행동도 하지 않았습니다. 자신의 방법이 아닌 하나님의 약속의 길에 서기 원했습니다. 아브라함의 순수함이 여기 있습니다.

현실을 따라 선택하지 말고, 두려움으로 조급하지 않기를 바랍니다. 지름길을 선택하지 않길 바랍니다. 세상에 지름길은 없습니다. 믿음에 지름길이 어디 있습니까? 하나님께서 갑자기 우리 인생을 송두리째 바꿔주시기를 기대합니까? 그것은 하나님께서 일반적으로 응답하시는 방법이 아닙니다. 어려움 없이 무조건 빨리 성공하고픈 욕심은 위험합니다. 지름길, 쉬운 길만 선택하지 말고, 때로는 돌아가더라도 약속의 말씀에 굳게 서 있는 길인지 질문하십시오. 은혜 받고 빠르게 믿음이 성장하기를 기대하지 말고, 어제의 말씀을 오늘 아침에도 묵상하는 지난한 과정을 감당해야 믿음 위에 굳게 세워질 수 있습니다. 우리의 실패에도 하나님은 신실하십니다. 그분을 신뢰하고 우리 마음을 주님께 온전히 그리고 지속적으로 드릴 수 있기를 축복합니다.

6. 믿음의 선택
(QR코드를 클릭하시면 설교영상을 시청하실 수 있습니다)

The Abraham Narrative

7

믿음과 의심

(창세기 15:1-6)

7. 믿음과 의심

1. 이 후에 여호와의 말씀이 환상 중에 아브람에게 임하여 이르시되 아브람아 두려워하지 말라 나는 네 방패요 너의 지극히 큰 상급이니라

2. 아브람이 이르되 주 여호와여 무엇을 내게 주시려 하나이까 나는 자식이 없사오니 나의 상속자는 이 다메섹 사람 엘리에셀이니이다

3. 아브람이 또 이르되 주께서 내게 씨를 주지 아니하셨으니 내 집에서 길린 자가 내 상속자가 될 것이니이다

4. 여호와의 말씀이 그에게 임하여 이르시되 그 사람이 네 상속자가 아니라 네 몸에서 날 자가 네 상속자가 되리라 하시고

5. 그를 이끌고 밖으로 나가 이르시되 하늘을 우러러 뭇별을 셀 수 있나 보라 또 그에게 이르시되 네 자손이 이와 같으리라

6. 아브람이 여호와를 믿으니 여호와께서 이를 그의 의로 여기시고

(창세기 15:1-6)

예수님을 믿고 신앙생활을 하면서도 믿음이 흔들릴 때가 있습니다. 의심에서 비롯된 위기입니다. 의심은 사탄이 오랫동안 즐겨 사용한, 성공률이 높은 공격 방법입니다. 첫 사람 아담과 하와의 실패와 범죄 이면에도 사탄이 심은 하나님의 선하심에 대한 의심이 있었습니다. 믿음을 지키기 위해서는 의심하지 않아야 하는데, 현실의 무게에 눌려 약속과 현실 사이의 괴리를 느끼는 순간이 있습니다. 그때마다 우리 마음속엔 의심이 퍼지게 됩니다. 의도하지 않았지만, 뜻밖의 순간과 장소에서도 의심이 불쑥 찾아옵니다. 어떤 이들은 예배드리는 중에, 기도하는 중에, 말씀을 묵상하는 중에도 하나님이 과연 계시는지 의심합니다. 과연 기도를 들으시는지 의심합니다. 우리의 의도나 의지와 상관없이 매순간 어디서든 사탄은 우리 마음에 의심을 불어넣으려 합니다. 어느새 의심이 자리 잡으면 우리 마음엔 걱정과 두려움이 생기기 시작합니다. 그리고 우리 마음을 지배하게 됩니다.

의심하는 아브라함

본문의 아브라함의 모습이 그와 같습니다. 하나님께서 갈대와 우르에서 그를 부르시고 크고 놀라운 약속을 주셨습니다. 큰 축복을 허락하셨습니다. 부와 권세도 함께 주셨습니다. 그런데 현실을 보니 하나님의 약속이 이뤄질 것 같지 않았습니다. 갖고 있던 부와 권력조차 의미 없어 보였습니다.

본문에서 아브라함의 마음이 무너지고 있음을 봅니다. 아마도 약속을 받았던 75세를 넘어 80-85세 사이 어느 시기로 보입니다. 나이가 꽤 들었습니다. 하나님께서 언제라도 불러 가실 수 있는 나이였습니다. 아브라함 당시 고대 근동의 평균 나이는 약 30세 정도였습니다. 유아 사망률이 매우 높았기에 대부분이 30세까지만 살고 죽었다는 뜻은 아니지만, 80세가 넘은 아브라함의 나이는 당시에도 꽤 많은 나이였습니다. 하나님께서 약속하신지 오랜 시간이 지났고 자신의 생명은 얼마 남지 않아 보이는데 여전히 손에 잡힌 것이 없었습니다.

창세기 14장의 전쟁을 떠올려봅시다. 국제적인 전쟁이었습니다. 동방의 연합국을 용맹하게 쳐서 기습 작전으로 롯을 구출했습니다. 아브라함의 갑작스런 기습 공격에 패배했지만, 사실 동방의 왕들이 다시 전력을 가다듬고 보복하러 온다면 아브라함은 다시 이기기 어려웠을 것입니다. 이젠 나이도 꽤 늙었고 다시 전쟁을 치르면 죽은 목숨이라 여겼을 것입니다.

그러니 마음에 조급함이 생겼습니다. 약속의 후손으로 굳게 믿던 롯은 전쟁 이후 목숨 걸고 구해준 자신을 떠나 버렸습니다. 창세기 14장에 조카 롯의 말이 나오진 않지만 이후 역사를 보면 소돔 왕을 따라 소돔 성으로 다시 돌아간 것 같습니다.

한 번 생각해 보십시오. 자신을 등지고 소돔 왕을 따라가는 조카 롯의 모습을 바라보는 아브라함의 마음을 상상해 보십시오. 허탈한 배신감과 희망의 끈이 사라지는 가슴 아픈 감정을 짐작할 수 있습니다. 이제 자신이 할 수 있는 모든 일은 끝나고 소망도 사라졌다고 생각했습니다. 하나님께서 함께 하시는지, 약속하신지 오 년, 십 년이 다 되어가도 여전히 이뤄진 게 없고 오히려 절망스런 상황이 전개되는데 돌봐 주시는 게 맞는지, 약속을 기억이나 하시는지 의심이 생기기 시작했습니다. 의심은 걱정으로 변했고 걱정은 두려움이 되었고 두려움이 자라 절망이 생겼습니다. 본문의 배경이 이와 같습니다.

의심은 두려움을 낳고

절망의 한 가운데서 더 이상 기다리지 못한 아브라함은 스스로 해결하고자 했습니다. 의심이 생길 때 우리는 조심해야 합니다. 불쑥불쑥 의심을 던지는 건 사탄이 하는 시험입니다. 의심이 오면 흘려보내는 지혜가 우리에게 필요합니다. 의심이 생겼을 때 마음에 붙들고 곱씹어보기 시작하면 걱정과 두려움이 생깁니다.

우리 삶이 지금 걱정과 두려움에 사로잡혀 있다면 하나님의 성실하심, 그분의 신실하심을 온전히 신뢰하지 못하기 때문이라는 것을 깨달아야 합니다. 의심이 오는 것을 막을 수는 없지만, 우리는 그것이 마음에 뿌리 내리지 못하도록 막아야 합니다. 의심이 생기려 할 때 말씀에 근거해 던져버리는 믿음이 있기를 바랍니다. 사탄은 늘 의심과 두려움을 주는데 특히 미래의 일로 줍니다.

유명한 기독교 작가인 C.S. 루이스는 우리가 생각하는 내일과 오늘에 대해 의미있는 가르침을 주었습니다. 그의 말을 요약하면 이렇습니다. "사탄은 항상 닥쳐올 미래에 대해 말하고, 하나님은 항상 오늘을 어떻게 살아야 할지 말씀하신다." 공감하지 않습니까? 우리가 갖는 의심과 걱정과 두려움은 대부분 미래에 관한 일입니다. 그런데 미래는 우리에게 속한 게 아닙니다. 하나님께 속한 것입니다. 애써 노력한다고 내 뜻대로 미래를 만들 수 없습니다. 현재를 살아가며 아직 닥치지도 않을 미래의 일을 미리 떠올리면 걱정과 두려움이 생기기 마련입니다. 그 걱정과 두려움이 하나님으로부터 오는 평안을 잃어버리게 만듭니다. 그러니 미래를 염려하지 마십시오. 다시 말씀드리지만, 미래는 하나님의 손에 달려 있습니다.

하나님께 맡겨버리고 다만 그분을 신뢰함으로 오늘을 어떻게 살아갈지, 어떻게 말씀에 순종하며 걸어갈지 묵상하는 믿음의 자세가 우리를 기쁨과 평안의 확신으로 이끌 것입니다.

양자 선택

의심에 사로잡힌 아브라함에게 미래에 대한 두려움과 좌절이 찾아왔습니다. 그는 이제 양자를 세우고자 합니다. 하나님께서 약속하신 후사에 대한 굳은 믿음이 무너졌습니다. 마지막 희망이었던 롯이 떠나는 모습을 지켜보며 약속을 부여잡을 믿음이 부족해졌습니다.

아브라함은 오랫동안 집에서 거느리던 종 다메섹 사람 엘리에셀을 양자로 삼으려 합니다. 하나님께서 그를 통해 역사하시리라는 믿음의 표현은 아니었습니다. 종을 양자로 삼는 건 고대 법률에 따른 행동이었습니다. 현대와 다르게, 당시엔 나이가 들었는데도 후사가 없을 경우 자신의 노년을 보살피다 장례 치러줄 사람을 양자로 세우는 법이 있었습니다. 오랫동안 집에서 거닐던 믿을만한 종을 양자로 세워 그에게 상속권을 주면, 그가 아들처럼 주인의 노년을 보살피고 죽음 이후에는 장례를 치러주고 남은 재산을 상속받습니다.

이런 관점에서 아브라함이 종을 양자로 삼으려 한 것은 미래에 대한 소망을 접었다는 뜻입니다. 더 이상 기다리지 못함을 뜻합니다. 하나님의 약속이 더디 이뤄지고 기대했던 방향과 다른 현실을 보며 믿음을 내려놓고 죽음을 예비하려 했습니다. 지금껏 가졌던 하나님을 향한 열망은 사라지고, 의심과 두려움이 가득한 채 하나님을 향한 원망과 분노를 본문이 기록합니다.

하나님의 위로

본문에는 두 가지 형태의 마음이 나옵니다. 하나님의 마음과 아브라함의 마음입니다. 1절에 여호와의 말씀이 환상 중에 아브라함에게 임하셨다는 구절은 매우 독특한 표현으로 '여호와의 말씀이 아밋대의 아들 요나에게 임하셨다'는 등 선지서에 자주 나옵니다. 모세 오경에서는 오직 이 본문에서만 나옵니다. 같은 표현이 4절에도 반복됩니다.

'여호와의 말씀이 그에게 임하여 이르시되'. 하나님께서 계시적 사건으로서 아브라함에게 나타나 말씀하시고 인도해 가시는 장면입니다.

걱정과 분노와 의심과 절망으로 가득한 아브라함에게 찾아오사 말씀을 건네시고 위로해 주십니다. 기다리지 못해 의심한다며 책망할 법도 한데 오히려 의심하지 말고 두려워 말 것을 말씀하며 다시 그를 세워주십니다. 하나님의 따뜻한 긍휼의 마음이 담겨있습니다.

먼저 찾아오셔서 하시는 말씀입니다. "아브람아 두려워하지 말라 나는 네 방패요 너의 지극히 큰 상급이니라." 적군이 쳐들어올 것을 겁내거나 두려워하지 말라 하십니다. 그의 방패가 되어 지켜주고 돌봐주시는 하나님을 믿으라 말씀하십니다. 하나님께서 그의 지극히 큰 상급이라 말씀하십니다. 목숨까지 걸고 전투해 롯을 구했지만, 전리품 하나도 취하지 않은 아브라함이었습니다. 그런 그에게 하나님께서 최고의 유산이 되심을 말씀하는 것입니다. 친히 그의 상급이시니 의심과 걱정을 버리라 말씀해 주십니다.

아브라함이 가진 의심과 두려움의 실체를 꿰뚫어 보시고 위로해 주셨습니다. 우리가 현실의 난제로 인해 품는 의심과 두려움, 염려를 하나님께서 아십니다. 그리고 말씀하십니다. '두려워 말라 염려하지 말라'. 두려워 말라는 표현이 구약 성경에 얼마나 많이 나오는지 모릅니다. 염려와 걱정에 사로잡힌 당신의 자녀들을 향해 '두려워 말라 내가 너를 돌보고 지키리라 내가 너의 상급이 되리라 왜 걱정하느냐?'라고 말씀하십니다. 하나님의 신실하심을 믿습니까? 그렇다면 두려워하

지 마십시오. 염려하지 마십시오. 오늘의 염려는 대부분 한 달만 지나
도 없어질 것입니다. 염려로 우리 영혼을 상하게 만들지 마십시오.

여호와의 말씀이 아브라함에게 임하였다는 구절이 얼마나 은혜
가 됩니까? 하나님께서 먼저 오셔서 마음을 만져주셨습니다. 찾아와
만지고 위로하시는 하나님의 긍휼하심을 볼 수 있습니다.

1절과 4절에선 여호와의 말씀이 임하는 것으로 시작하고, 2절과
3절은 아브라함의 응대로 시작합니다. 2절과 3절을 읽으니 아브라함
의 의심이 바로 사라진 것 같지 않습니다. 울분과 흥분이 가득해 분노
를 쏟아내고 있습니다.

²아브람이 이르되 주 여호와여 무엇을 내게 주시려 하나이까 나는 자식
이 없사오니 나의 상속자는 이 다메섹 사람 엘리에셀이니이다 ³아브람
이 또 이르되 주께서 내게 씨를 주지 아니하셨으니 내 집에서 길린 자가
내 상속자가 될 것이니이다 (창 15:2-3)

분노에 차 하나님께 쏘아붙이는 어조입니다. 아브라함의 조급한
마음을 표현하듯 2절과 3절에 주어가 반복되고 있습니다. 문법적으
로는 '아브라함이 이르되, 그가 또 이르되'가 자연스럽습니다. 아브라
함은 지금 거칠게 말을 쏟고 있습니다. 히브리어로 본문을 번역하면
아래와 같이 이해할 수 있습니다.

보소서! 나에게 당신이 주지 않았습니다.

보소서! 내 집의 사람이 나를 상속할 것입니다.

여기서 '보소서'라는 표현을 주의를 환기하는 감탄사로 문장마다 사용하고 있습니다. 불평하는 자신을 강조하려는 듯 '나'라는 표현이 제일 먼저 나옵니다. 자신의 참담한 마음과 분노와 좌절을 매우 강하게 표현하고 있는 것입니다. 하나님이 아무 것도 주지 않으셨으니 더 이상 자기가 할 수 있는 일이 없다는 뜻입니다. 고작 할 수 있는 게 장사 지내줄 사람을 세우는 일뿐이라 쏟아냅니다. 두려워하지 말라 하셨지만, 아브라함은 지금 말씀을 받을 준비가 되어 있지 않습니다.

하나님의 약속

이쯤 되면 하나님이 역정 내실 만도 한데 4절에서 다시 그를 부드럽게 부르십니다. 아브라함이 '보소서'라고 격정적으로 반응한 것과 대조적으로 하나님은 부드럽고 차분하게 말씀하시는 듯합니다. '보소서, 보소서'라는 아브라함의 외침에 하나님께선 다시 '보여' 주십니다. 그가 언급한 종이 상속자가 아니라 그의 몸에서 태어날 자가 상속자 될 것이라고 구체적으로 알려 주십니다. 상심으로 떠나보내야 했던 조카 롯도, 상속자로 세우려는 종도 아닌, 아브라함의 몸에서 태어날 자를 약속하십니다.

5절에서 눈에 보이는 확신을 주기 위해 아브라함을 불러내어 다시 하늘의 별을 '보게' 하십니다. 뭇별을 셀 수 있나 '보라'는 표현으로 하늘의 별들을 보여 주시는 것입니다. 아마 아브라함은 저 수많은 별을 어찌 셀 수 있을까 생각했을 것입니다. 오늘날이 아니라 4천 년 전의 하늘을 상상해야 합니다.

현대 도심에서는 하늘의 별을 찾아보기 어렵습니다. 세상이 밝은 불빛으로 가득해 어두운 하늘을 찾기 힘듭니다. 하지만 한적한 시골이나 해외의 넓은 초원을 지나면 도시와는 달리 별을 볼 기회가 있습니다. 유학 시절 어두운 밤하늘의 수없이 많은 별을 몇 차례 본 적 있습니다. 일례로 미국 그랜드 캐년을 여행하고 나오던 길에 밤하늘의 풍경을 맞이한 적이 있습니다. 쏟아지는 별을 몸소 체험했던 순간입니다. 별들이 하늘뿐 아니라 차량의 바로 옆 창가에서도 반짝이고 있었고 캄캄한 공간을 찾을 수 없을 만큼 하늘과 세상이 별들로 가득 차 있었습니다. 하나님의 창조의 아름다움과 경이로움에 빠져 말을 잃을 수밖에 없었습니다. 그때 문득 떠오른 말씀이 이 본문이었습니다. 4천여 년 전 하나님께서 아브라함에게 보여 주셨던 별들이 이러지 않았을까 하는 생각이었습니다. 별로 가득 찬 하늘을 보며 약속 앞에 그가 느꼈을 감격이 얼마나 깊었을지 깨닫게 됐습니다. 도심의 별을 보며 본문을 묵상하던 것과는 비교할 수 없는 차원의 감동과 은혜가 밀려왔습니다.

아브라함의 믿음과 의

압도적인 하나님의 권능과 능력을 경험한 아브라함의 반응이 6절에 나옵니다.

> [6]아브람이 여호와를 믿으니 여호와께서 이를 그의 의로 여기시고
> (창 15:6)

하나님께서는 불평하며 감정을 쏟아내던 아브라함을 묵묵히 참고 위로하십니다. 하늘의 무수한 별들을 보여주며 권능의 약속을 주십니다. 이제 다시 아브라함은 절망을 내려놓고 하나님을 신뢰합니다. 그런데 놀랍게도 하나님께서 그것을 그의 의로 여겨주십니다. '믿음'이라는 단어가 성경에 처음 등장하는 부분입니다. 하나님께서 사람에게 '믿음'이라는 단어를 처음 쓰시는 구절입니다. 아브라함의 인생에서 믿음이 바닥을 치던 순간이었습니다. 하나님을 신뢰하지 못했습니다. 의심했고, 절망했습니다. 하나님을 향해 분노 아닌 분노를 쏟아냈었습니다. 마치 하나님께 삿대질하듯 울분을 토했습니다. 바로 그 순간 뒤에 하나님께서 '믿음'을 말씀하십니다. 믿음이 우리의 행위에 있지 않음을 보여주는 장면입니다. 우리의 결단이 위대해서 얻는 것이 아님을 보여줍니다. 가장 낮은 바닥에 있던 아브라함을 찾아와 위로해 주셨던 하나님의 은혜였습니다. 우리의 결단과 노력이 하나님 앞에 믿음으로 받아들여지는 게 아니라, 아무것도 할 수 없을 때, 오히려 하나님 앞에 원수 된 자로 살고 있을 때 먼저 우리를 사랑해 주셨고, 찾아

오셨고, 설득해 주셨던 은혜라는 것입니다. 그래서 믿음이란 하나님을 향한 우리의 결단이 아니라 하나님께서 연약한 우리를 설득하신 결과물입니다. 믿음이야말로 진정한 하나님의 은혜입니다.

이 구절이 성경 전체에 얼마나 중요한 역할을 하는지 모릅니다. 선지자 하박국이 이를 그대로 인용했고, 로마서 3장과 4장에서 사도 바울은 믿음으로 얻는 의를 강조하며 이 구절을 설명합니다. 로마서 3장 28절은 사람이 의롭다 하심을 얻는 것이 율법의 행위가 아닌 믿음으로 되는 것이라 말씀합니다. 4장에서는 아브라함을 예로 들며 그가 하나님을 믿으매 의로 여겨졌다고 설명합니다. 그리고는 아브라함만 위한 것이 아니라 의로 여기심을 받은 우리, 예수를 죽은 자 가운데 살리심을 믿는 우리도 위함이라 말씀합니다.

믿음은 하나님의 설득이자 은혜

예수님을 믿는 믿음 안에서 우리를 의롭다 여기신 것은 율법의 행위, 즉 우리의 노력과 수고와 헌신과 결단 때문이 아니라 하나님의 은혜임을 말씀하는 것입니다. 아브라함은 이제 다시 시작할 힘을 얻었습니다. 하나님께서 설득해 다시 세워주셨기 때문에 가능했습니다.

하나님의 사랑을 쟁취하려는 착각에 빠지지 마십시오. 교회 봉사를 열심히 하면 하나님이 더 기뻐하시고 우리를 더 사랑해 주실 것 같습니까? 십일조를 많이 하면 하나님께 더 사랑받으리라 기대합니까?

착각입니다. 하나님의 사랑을 얻어내는 것으로 착각하는 것입니다. 대단히 위험한 생각이기도 합니다. 물론 헌신과 봉사로 섬기며 사는 것이 영적 성장을 위해 유익하고 필요한 일이지만, 하나님의 의를 얻어내거나 그분의 사랑을 쟁취하기 위한 조건일 수 없습니다. 그저 하나님의 사랑을 그냥 받고 누리면 됩니다. 하나님이 우리를 선택해 주셨습니다. 먼저 불러주셨습니다. 그러니 받으면 됩니다. 누리면 됩니다. 온전히 먼저 사랑해 주셨고 그 무엇보다 더 사랑해 주셨습니다. 이보다 더 사랑할 수 없을 만큼 우리를 사랑하고 계십니다. 그러니 그 사랑에 머물러 계십시오. 그 사랑을 신뢰하십시오. 두려움과 의심을 떨쳐버리십시오. 절망 가운데 빠져 있지 마십시오. 하나님의 사랑 가운데서 주님이 허락하신 오늘의 삶을 살아내기 바랍니다. 주님이 기뻐하시는 삶을 살아내기 바랍니다.

의심 가운데 있습니까? 두려움 가운데 있습니까? 걱정 가운데 있습니까? 그것이 하나님의 성실하심보다 크겠습니까? 하나님을 신뢰함으로 내 안의 의심과 두려움을 버리고 주님이 주시는 참된 평안과 위로를 누릴 수 있기를 축복합니다.

7.믿음과 의심
(QR코드를 클릭하시면 설교영상을 시청하실 수 있습니다)

The Abraham Narrative

8

아브라함과
맺으신 언약

(창세기 15:7 - 21)

8. 아브라함과 맺으신 언약

7. 또 그에게 이르시되 나는 이 땅을 네게 주어 소유를 삼게 하려
고 너를 갈대아인의 우르에서 이끌어 낸 여호와니라
8. 그가 이르되 주 여호와여 내가 이 땅을 소유로 받을 것을 무엇
으로 알리이까
9. 여호와께서 그에게 이르시되 나를 위하여 삼 년 된 암소와 삼
년 된 암염소와 삼 년 된 숫양과 산비둘기와 집비둘기 새끼를
가져올지니라
10. 아브람이 그 모든 것을 가져다가 그 중간을 쪼개고 그 쪼갠 것
을 마주 대하여 놓고 그 새는 쪼개지 아니하였으며
11. 솔개가 그 사체 위에 내릴 때에는 아브람이 쫓았더라
12. 해 질 때에 아브람에게 깊은 잠이 임하고 큰 흑암과 두려움이
그에게 임하였더니
13. 여호와께서 아브람에게 이르시되 너는 반드시 알라 네 자손이
이방에서 객이 되어 그들을 섬기겠고 그들은 사백 년 동안 네
자손을 괴롭히리니

14. 그들이 섬기는 나라를 내가 징벌할지며 그 후에 네 자손이 큰 재물을 이끌고 나오리라
15. 너는 장수하다가 평안히 조상에게로 돌아가 장사될 것이요
16. 네 자손은 사대 만에 이 땅으로 돌아오리니 이는 아모리 족속의 죄악이 아직 가득 차지 아니함이니라 하시더니
17. 해가 져서 어두울 때에 연기 나는 화로가 보이며 타는 횃불이 쪼갠 고기 사이로 지나더라
18. 그 날에 여호와께서 아브람과 더불어 언약을 세워 이르시되 내가 이 땅을 애굽 강에서부터 그 큰 강 유브라데까지 네 자손에게 주노니
19. 곧 겐 족속과 그니스 족속과 갓몬 족속과
20. 헷 족속과 브리스 족속과 르바 족속과
21. 아모리 족속과 가나안 족속과 기르가스 족속과 여부스 족속의 땅이니라 하셨더라

(창세기 15:7-21)

창세기 15장과 17장

창세기 15장은 하나님께서 아브라함과 맺으시는 언약에 대한 내용입니다.

17장에도 언약이 나오는데 두 이야기는 많이 닮아 있습니다. 15장에서 언약이 두 가지 형태로 나오는데 1절부터 6절은 자손에 대한 언약을 하나님이 새롭게 하시는 내용이고, 7절부터는 그들이 살아갈 땅에 대한 구체적인 약속이 나옵니다. 단순히 새로 말씀하는데 그치지 않고 좀 더 구체적으로 소개됩니다. 구약 계시가 진전, 혹은 발전되는 것으로 이해할 수 있습니다.

땅에 대해 12장 7절에서는 하나님께서 '이 땅을 네 자손에게 주리라'라고 말씀하셨고, 13장에서는 '동서남북으로 보이는 모든 땅을 주리라'라고 말씀하셨습니다(14-15절). 15장에선 주실 땅의 경계를 구체적으로 알려 주십니다. 애굽 강에서 유프라테스 강까지 모든 지경을 약속하시며 물리칠 열 개의 족속의 이름도 알려 주십니다. 구체적으로 땅에 대한 약속을 새롭게 해주시는 모습입니다. 하나님의 언약, 특별히 자손과 땅에 대한 언약을 다시 일깨워 주심을 볼 수 있습니다.

이 두 약속이 균형을 이루듯 본문도 대구를 맞춰 두었습니다. 1절에 하나님께서 먼저 오셔서 "나는 네 방패요 너의 지극히 큰 상급"이라고 말씀하시듯, 7절에서는 "나는 이 땅을 네게 주어 소유를 삼게 하려고 너를 갈대아인의 우르에서 이끌어 낸 여호와"라 말씀합니다. 특별한 표현입니다. '나는 여호와, 어떠한 일을 할'이라고 번역하는 것이 더 정확한 표현입니다. 성경에 자주 등장할 전형적인 표현이 처음 나오는 대목으로 하나님께서 약속을 이루시는 분임을 말씀하는 구절입니다.

언약의 하나님

언약이라는 문맥에서 7절의 표현과 상당히 닮아 있는 또 다른 성경 말씀이 있는데, 바로 십계명 서문입니다. 출애굽기 20장 2절은 "나는 너를 애굽 땅, 종 되었던 집에서 인도하여 낸 네 하나님 여호와"라 말씀합니다. 동일한 맥락입니다. 일치하는 문장 패턴입니다. 따라서 7절은 십계명을 염두에 두고 읽도록 의도했음을 알 수 있습니다. 언약의 말씀이 십계명의 패턴과 정확히 닮아있기 때문입니다. 읽으며 '아하! 하나님께서 언약을 주시려는구나'하고 기대할 수 있어야 합니다.

1절과 7절에 하나님께서 당신을 계시하셨다면, 2절과 8절에서는 아브라함이 질문합니다. 그의 질문에 9절부터 본문의 끝까지 하나님의 대답이 뒤따르는데, 이러한 흐름을 이해하며 읽으면 도움이 될 것입니다.

9절 이후 눈여겨볼 중요한 두 가지 사항이 있습니다. 하나님께서 어떤 내용을 약속하시는지, 그 약속을 위해 어떤 절차를 취하시는지입니다.

아브라함 언약

하나님께서 언약을 말씀하시기 전, 아브라함에게 한 가지 특별한 명령을 내리십니다. 다섯 종류의 짐승을 잡아와 놓게 하십니다. 아브라함이 명령을 받아 짐승들을 잡고 중간을 쪼갰습니다. 쪼갠 고기를 늘어놓고 가운데 사람이 지나다닐 일정한 공간을 만들어 두었습니다. 본문의 장면은 아브라함이 짐승들을 쪼개 늘어놓고 기다리는 모습입니다. 솔개가 사체 위에 내릴 때면 아브라함이 쫓아냅니다. 거룩하신 하나님과의 언약을 맺기 전 부정한 짐승이 오는 것을 막는 정도의 일입니다. 짐승을 쪼개어 마주 대해 놓는 모습은 현대 우리에게 낯설지만, 고대 사람들이 계약을 맺는 일반적인 형식이었습니다.

이제 하나님께서 약속의 내용을 말씀하시기에 앞서 낯선 장면이 나오는데, 12절에 하나님의 임재가 나타납니다. '해 질 때'로 시간이 지났음을 알려 주고, 아브라함에게 깊은 잠이 임하고 큰 흑암과 두려움이 임하였다고 말씀합니다. 하나님께서 임재하셨다는 표현입니다. 하나님의 임하심은 이렇게도 나타납니다. 출애굽기에서 빽빽한 구름 가운데, 천지가 진동하는 가운데, 또는 불 가운데 임하시는 등 매우 특징 있는 모습이듯 영이신 하나님께서 오시면 누구도 육안으로 볼 수 없습니다. 그래서 하나님의 임재하심을 어떤 형태를 통해 상징적으로 보여주는 것입니다.

하나님의 임하심이 17절에도 나오는데, 어두울 때 연기 나는 화로가 보이고 타는 횃불이 쪼갠 고기 사이로 지나가는 모습입니다. 타는 횃불이 상징하는 것이 바로 하나님의 임재입니다. 연기 나는 화로와 타는 횃불이 아브라함의 눈에 보였습니다. 반드시 약속을 지킬 것을 보여주시기 위해 하나님께서 친히 임재하셨습니다.

13절을 살펴보면 아브라함에게 "너는 반드시 알라"고 다짐하십니다. 의심하지 말고 믿을 것을 말씀하시는 것입니다. 8절에서 아브라함이 어떻게 알 수 있을지 묻자 하나님께서 오셔서 반드시 믿으라고 미리 말씀하시는 것입니다. 약속이 이루어질 것을 결코 의심하지 않을 것을 명하신 후 마침내 약속의 말씀을 주셨습니다.

언약의 내용

그런데 약속에 달갑지 않은 내용도 있었습니다. 많은 땅을 허락하는 약속만 주시면 좋을 텐데, 그의 자손들이 이방에서 객이 되어 사백 년 동안 괴롭힘을 당할 것이라 말씀하신 것입니다. 기대했던 말씀이 아니었습니다. 이 땅을 주겠다고 하나님께서 약속하셨는데, 후손들이 사백 년이라는 긴 시간 동안 이방 땅에서 괴롭힘을 당하다니요!

물론 아브라함은 장수하다 평안히 조상에게로 돌아갈 것입니다. '장사 지낸다'는 의미는 그에게 자손이 있을 것을 뜻합니다. 직접 아브라함의 눈으로 자손을 보리라는 말씀입니다. 고대 근동의 의미로 노인이 되어 죽고 평안히 장사된다는 말은 자손이 그 일을 한다는 뜻이므로 하나님께서 이루실 언약을 아브라함이 경험할 것을 말씀해 주는 것입니다.

그는 평안히 가겠지만 후손들이 이방에서 객이 되고 고통받을 거라는 계획을 왜 알려주셨을까요? 이를 아브라함의 탓으로 여기는 사람들이 있습니다. 심판에 가까운 말씀을 하시는 건 그가 잘못해서라고 생각하는 겁니다. 짐승을 쪼갤 때 새를 쪼개지 않아서, 하나님께서 임하실 때 잠자고 있어서라고 하는 주장은 잘못된 생각입니다. 하나님을 신실하지 못한 분으로 만드는 오해입니다. 우리는 하나님의 성품을 신뢰해야 합니다. 일이 꼬이거나 잘 풀리지 않으면 하나님의 징계로 생각하는 사람들이 있는데, 하나님의 성품을 심각하게 오해하는 모습입니다. 하나님은 선하십니다. 우리를 다함없이 사랑하는 분이십니다. 당신의 뜻을 숨겨두고 맞추지 못하면 벌하시는 완고한 분이 아닙니다. 하나님의 성품을 바르게 이해하면 신앙의 삶이 얼마나 평안한지 모릅니다. 그분의 성품을 오해하지 마십시오. 본문을 잘못 해석하지 않기를 바랍니다.

하나님께서 약속을 주시고 반드시 이루실 것이지만, 궁극적인 약속의 성취를 향하는 길에 고난도 존재함을 알려 주시는 겁니다. 고난도 하나님의 계획에 있다는 것입니다. 약속하신 복과 영광을 누리는 길에 영광과 함께 고난도 있을 것을 말씀하십니다. 고난을 악한 것으로, 피해야만 할 것으로 여기지 마십시오. 아브라함의 후손들이 경험할 미래는 고난도 있지만 영광도 있습니다. 성도들도 똑같습니다. 하나님이 성도에게 주시는 선물 중에 고난도 있습니다. 신앙의 연단과 성숙을 위해 필요한 과정입니다. 약속의 성취와 함께 고난도 경험할 것입니다. 원대한 하나님의 계획과 과정을 말씀하시며, 그들이 고난을 겪고 어려움도 맞겠지만 언약이 성취될 것이라고 약속하십니다. 인도하실 하나님의 신실하심을 믿고 그분을 더욱 알아갈 수 있다면 고난도 축복이 될 수 있습니다. 고난 또한 하나님의 계획에 있음을 깨달아야 하는 것입니다.

400년 후에

땅을 주리라는 하나님의 약속의 성취를 보려면 사백 년을 기다려야 했습니다. 너무 긴 게 아닙니까? 십 년을 기다리는 것도 지치는데 사백 년을 기다리라니요? 그러나 믿음의 여정에 필요한 또 다른 과제는 고난과 함께 기다림이라 할 수 있습니다. 믿음은 믿고 기다리는 것입니다. 기다림이라는 주제가 아브라함 내러티브의 핵심 내용입니다.

약속과 우리가 경험하는 현실 사이에는 분명히 간격이 존재합니다. 본문을 보면 하나님은 미래가 마치 이루어진 일인 것처럼 말씀하십니다. 지금 아브라함에겐 자식이 없습니다. 끝났다고 생각한 시점에 하나님께서 "네 자손이"라고 말씀하십니다. "네 자손, 네 민족"이라 언급하십니다. 마치 이루어진 것 마냥 말씀하십니다. 자녀를 하나도 얻지 못한 현실과 '네 민족'이라 일컬으며 약속의 말씀을 주시는 하나님 사이의 간격을 느낄 때 기다려야 합니다. 사백 년이라는 오랜 시간 후 땅으로 돌아오게 하실 하나님을 기다려야 합니다. 믿음은 그렇게 신뢰하고 기다리는 것입니다. 지금은 보이지 않고 만져지지 않아도, 신뢰하며 기다리는 것이 믿음의 본질입니다. 믿음의 여정을 걸으며 하나님을 신뢰하고 그분의 약속이 성취되길 기대하려면 현실에 닥친 어려움 앞에 좌절해선 안 됩니다. 성경은 믿음이 기다림이라고 말씀합니다. 하박국서 2장에서 선지자 하박국이 하나님께 질문했을 때, 하나님께서는 묵시가 반드시 이루어질 것이며 비록 더딜지라도 기다리라고 말씀하셨습니다. 하나님을 믿는다는 것은, 약속의 성취가 비록 더딜지라도 신뢰하는 마음으로 기다리는 것입니다. 우리를 향하신 하나님의 약속과 계획은 반드시 이루어질 것입니다. 그렇다면 믿고 기다려야 합니다. 그것이 믿음입니다.

언약체결 양식

본문에서 하나님께서 언약을 맺으시는 방식을 살펴봅시다. 아브라함이 짐승들을 잡아 중간을 쪼갠 후 기다리고 있었습니다. 17절은 타는 횃불로 나타나신 하나님께서 쪼갠 고기 사이를 지나더라고 표현하니다. 짐승을 잡아 반으로 쪼개고 그 중간에 길을 내어 지나가는 것은 고대 사람들이 조약을 맺는 방식이었습니다. 주로 상호간에 동등한 사람끼리 계약을 맺었는데, 쪼갠 고기 사이를 두 사람이 왔다갔다했습니다. 쪼갠 고기 사이로 지나는 게 무서운 법인데 저주로 맹세하는 것입니다. 본인의 약속을 말하며 지나가면서, 만약 어길 시 쪼갠 고기처럼 될 것을 맹세하는 것입니다.

예레미야 34장 18-20절을 보면 하나님께서 시드기야의 불순종을 책망하시며 심판을 선언하실 때, 그가 송아지를 쪼개 두고 맹세했던 것을 언급하십니다. 같은 방식입니다. 상호 간에 동등한 지위면 같이 걸으면 되지만, 만약 조약을 맺는 당사자가 왕과 신하라면 신하가 지나다녀야 했습니다. 왕은 높은 보좌에 앉아있고, 신하는 그 사이를 지나다녀야 했습니다. 십계명에 적용해보면, 하나님이 '나는 너를 애굽 땅 종 되었던 집에서 인도하여 낸 너의 하나님 여호와라. 내가 너를 구원했노라' 하시면 백성들이 첫 계명부터 열 개의 계명을 외쳐야 할 것입니다.

그것이 왕과 신하, 하나님과 백성 간의 계약 방식입니다. 그렇다면 이 쪼갠 고기 사이를 지나야 할 이가 누구입니까? 하나님과 아브라함이 계약을 맺는다면 누가 지나야 합니까? 아브라함이 지나야 합니다. 아브라함이 가운데 길을 걸으며 하나님께 이러이러한 순종을 하겠다고 맹세해야 했습니다. 그런데 본문에서는 대단히 특이하게도 쪼갠 고기 사이를 하나님께서 지나가십니다. 아브라함은 뒤따라 들어가지도 않습니다. 당신의 이름을 걸고, 하나님의 하나님 되심을 걸고 반드시 약속을 지키리라 말씀하시는 장면입니다. 아브라함에게 요구하지 않으십니다. 그의 실패조차 책임지시는 모습입니다. 하나님보다 더 큰 이가 없기에 당신 자신의 이름을 걸고 맹세하고 계시는 것입니다. 히브리서 6장 13절은 이렇게 말씀합니다.

> [13]하나님이 가리켜 맹세할 자가 자기보다 더 큰 이가 없으므로 자기를 가리켜 맹세하여 이르시되 내가 반드시 너에게 복 주고 복 주며 너를 번성하게 하고 번성하게 하리라 (히 6:13)

하나님의 이 약속은 반드시 이루어질 것입니다. 우리가 신실한 탓도 노력한 탓도 이룬 탓도 아니라, 하나님께서 당신의 이름을 걸고 약속하셨기 때문입니다.

언약의 절정

아브라함과 맺으신 언약이 이루어질까요? 네, 반드시 이루어집니다. 하나님께서 당신의 이름을 걸고 저주로 맹세하셨기 때문에 이 일은 반드시 이뤄지게 되어 있습니다. 아브라함과 후손들은 그 안식의 땅에 머물며 하나님의 은혜를 누리게 될 것입니다. 하나님께서는 저주로

하신 맹세를 실제 이루셨습니다. 예수 그리스도께서 십자가에서 언약적 저주를 받아 돌아가시고 다시 살아나셨습니다. 예수 그리스도의 십자가에서의 죽으심이 바로 하나님의 신실하심의 표현이고, 그 십자가로 말미암아 우리가 영원한 언약의 땅을 얻게 된 것입니다.

모세도 주지 못했고 여호수아도 주지 못했습니다. 히브리서 3장과 4장에서 그 말씀을 합니다. 여호수아가 가나안 땅으로 인도했지만, 영원한 안식을 주진 못했습니다. 히브리서 4장은 여호수아보다 더 크신 예수 그리스도께서 오셔서 영원한 안식의 땅을 우리에게 허락해 주셨다고 말씀합니다. 영원히 지으실 터가 있는 그 성을 이루셨고 우리에게 약속해 주셨습니다. 이 땅을 딛고 살아가지만, 주 예수 그리스도로 말미암아 안식하며 살아가도록 은혜를 베풀어 주셨습니다. 예수 그리스도 안에서 우리는 참된 평안과 안식을 누리게 되었습니다. 예수님의 살이 찢기고 저주로 인해 죽으심으로 우리가 치유 받고 회복되고 생명을 누리게 되었습니다. 이 예수 그리스도 안에서 참된 생명과 진정한 평안과 안식을 누릴 수 있기를 바랍니다. 세상이 줄 수 있는 것도, 세상에서 누릴 수 있는 것도, 세상에서 채울 수 있는 것도 아닙니다. 오직 그리스도 안에서 그리스도와 함께 살아갈 때 누리게 되는 은혜입니다. 히브리서 기자는 안식을 논한 다음 이렇게 말씀합니다.

[11]그러므로 우리가 저 안식에 들어가기를 힘쓸지니 이는 누구든지 저 순종하지 아니하는 본에 빠지지 않게 하려 함이라 (히 4:11)

우리에게 안식이 약속되었기에, 아니 누릴 수 있는 은혜를 이미 받았기에 또한 우리도 그 안식에 들어가기를 최선을 다해 힘쓰라고 말씀하십니다. 믿음을 다해 하나님을 신뢰함으로, 비록 고난이 있어도 비록 눈물이 있는 땅이라 할지라도 주님의 약속으로 말미암아 기쁨으로 안식하며 신앙의 경주를 감당하기를 바랍니다.

8.아브라함과 맺으신 언약
(QR코드를 클릭하시면 설교영상을 시청하실수 있습니다)

아브라함의
또다른 실패

(창세기 16:1 - 3, 15 - 16)

9. 아브라함의 또 다른 실패

1. 아브람의 아내 사래는 출산하지 못하였고 그에게 한 여종이 있으니 애굽 사람이요 이름은 하갈이라
2. 사래가 아브람에게 이르되 여호와께서 내 출산을 허락하지 아니하셨으니 원하건대 내 여종에게 들어가라 내가 혹 그로 말미암아 자녀를 얻을까 하노라 하매 아브람이 사래의 말을 들으니라
3. 아브람의 아내 사래가 그 여종 애굽 사람 하갈을 데려다가 그 남편 아브람에게 첩으로 준 때는 아브람이 가나안 땅에 거주한 지 십 년 후였더라

15. 하갈이 아브람의 아들을 낳으매 아브람이 하갈이 낳은 그 아들을 이름하여 이스마엘이라 하였더라
16. 하갈이 아브람에게 이스마엘을 낳았을 때에 아브람이 팔십육 세였더라

(창세기 16:1-3, 15-16)

창세기 16장의 위치

아브라함 내러티브는 11장 27절부터 시작해 25장 11절까지의 무척 긴 내용입니다. 모세는 아브라함의 삶에 있었던 여러 사건을 전략적으로 잘 배치했는데, 그중 한 가운데 있는 것이 본문의 사건입니다. 아브라함의 첫째 아들인 이스마엘의 출생이 전체 아브라함 내러티브의 구조적 중심에 있습니다.

16장을 가운데 두고 아브라함 내러티브를 전후로 연결하면 비슷한 이야기들이 데칼코마니처럼 반복됨을 알 수 있습니다. 15장과 17장에는엔 아브라함과 맺으신 하나님의 언약이 나오고, 13장과 14장은 롯과 관련한 내러티브, 18장과 19장 역시 소돔에 있는 롯에 관한 내용을 각각 다룹니다. 그리고 12장에서는 애굽에 내려간 아브라함이 아내를 여동생이라 속이는 장면이 나오고, 20장에서는 그랄로 내려가 동일한 잘못을 범합니다. 16장이 아브라함 내러티브의 구조적 중심에 있음을 쉽게 볼 수 있습니다.

아브라함 내러티브를 연구하며 하필이면 왜 한 가운데에 약속에서 멀어진 내용이 있는지 의문을 품은 적이 있습니다. 설교를 통해 모두 해설하기는 어렵지만 한 가지 주요 관점에서 살펴볼 필요를 느낍니다. 바로 아브라함의 시각에서 본문을 봐야 한다는 말씀입니다.

아브라함의 관점

이스마엘의 출생은 아브라함에게 어떤 생각이 들게 했을까요? 성경을 읽을 때 문맥을 살피기 위해 중요한 질문입니다. 우리는 본문을 읽으면서 십 년을 기다려도 약속이 이뤄지지 않자 아브라함이 불신앙적인 선택을 했다고 섣불리 판단하곤 합니다. 이스마엘의 출생은 아브라함의 믿음이 부족해 낳은 불신앙의 결과라는 것입니다. 개인적으로 이런 해석에 동의하지는 않습니다. 아브라함의 마음은 조급했겠지만, 하나님을 향한 불신의 마음으로 행한 것 같지 않습니다. 하나님께서 창세기 15장 4절에서 "여호와의 말씀이 그에게 임하여 이르시되 그 사람이 네 상속자가 아니라 네 몸에서 날 자가 네 상속자가 되리라"라고 말씀하셨습니다. 아브라함이 이 말씀을 듣기 전까지는 상상조차 하지 못했던 말씀입니다. 아내는 불임이었고, 두 사람 사이에는 아이가 없었습니다. 그래서 조카 롯을 자신의 상속자로 삼을 생각만 했었습니다. 그 일이 좌절되자 이번엔 집에서 데리고 있던 종을 양자 삼으려 했습니다. 자신의 몸에서 태어날 후손을 기대하지 않았던 모습입니다. 그러니 하나님께서 약속해 주셨을 때 상당히 놀랐을 것입니다. 자신을 통해 하나님의 뜻이 이뤄지리라는 생각에 하갈을 취해 이스마엘이 출생하게 된 것입니다. 이스마엘을 얻은 것은 약속의 성취를 위해 그가 노력한 것이라 이해할 수 있습니다.

사라의 관점

하갈을 취하도록 주도적 역할을 한 사람은 사라입니다. 21세기 현대에서는 낯선 풍경일 수 있지만, 고대 사회에서 결혼한 여인이 아이가 없을 경우 첩을 들여 아들을 얻는 것은 흔한 일이었습니다. 결혼한 여인이 아들을 낳는 것은 아내로서의 정체성은 물론이고 미래에 대한 보장이기도 했습니다. 아들을 낳는 것이 얼마나 중요했던지 당시 사회에서 결혼 지참금을 줄 때, 절반은 결혼할 때 주고 나머지 절반은 아들이 태어날 때 주던 풍습도 있었습니다. 그만큼 아들을 낳는 일은 여성에게 절대적인 일이었습니다. 그렇다면 사라는 너무 늦게 첩을 들인 것일 수도 있습니다. 가나안 땅에 들어온 후에도 무려 십 년이 지나도록 가만있었습니다. 그런데 뒤늦게 남편에게 준 애굽 여인 하갈이 곧바로 임신을 하고 맙니다.

약속의 성취인가?

아브라함이 이스마엘을 품에 안았을 때 어떤 마음이 들었겠습니까? 얼마나 기쁘고 감격스러웠을까요? 86세나 되어 불가능할 것 같았던 후손을 품에 안았을 때, 하늘을 날 듯 기뻤을 것입니다. 죽어도 여한이 없다고 생각했을지 모릅니다. 불면 날아갈까 손에 놓으면 다칠까

어쩔 줄 모르며 하루하루 지났을 것입니다. 지금껏 느끼지 못했던 행복한 순간이었을 것입니다.

그리고 깨달은 점이 있었습니다. 사라는 불임이지만 자신은 출산 능력이 있다는 사실이었습니다. 현대 사회에선 불임의 원인을 의학적으로 찾아내고 해결 방법을 강구하지만, 아브라함의 시대에는 달랐습니다. 이스마엘의 출생으로 그에게 여전히 출산 능력이 있음을 알게 된 것입니다. 이 관점에서 보면 창세기 25장 1절도 쉽게 이해할 수 있습니다. 아브라함이 그두라를 후처로 취해 여섯 아들을 더 얻는 내용입니다. 그두라가 이스마엘과 이삭의 출생 사이에 아들들을 더 낳아 준 것으로 이해됩니다. 어쩌면 첫아들 출생 후 13년의 기간은 아브라함 인생에서 가장 행복한 순간이었을지도 모릅니다. 영적인 의미로 봐도 자신의 몸을 통해 하나님께서 후손을 주셨으므로 하나님의 약속이 성취되었다는 확신이 있었을 것입니다. 평생 생기지 않던 후손이 생기니 '하나님이 이렇듯 순적하게 인도하시는구나'라고 여겼을지 모릅니다. 우리도 원하던 대로 일이 풀리면 하나님의 뜻이 이뤄진 것으로 생각할 때가 있습니다. 간절히 기도하고 눈을 떴는데 그 일이 펼쳐지면 하나님의 응답이라 섣부른 판단을 할 때가 있습니다.

아브라함은 아이를 안고 하나님께 감사했을 것입니다. 제단을 쌓고 예배를 드리며 영적인 기쁨을 누렸을 것입니다. 그의 기쁨과 만족감은 성경에서도 찾아볼 수 있습니다. 창세기 17장 17-18절은 다음과 같이 말씀합니다.

¹⁷아브라함이 엎드려 웃으며 마음속으로 이르되 백 세 된 사람이 어찌
자식을 낳을까 사라는 구십 세니 어찌 출산하리요 하고 ¹⁸아브라함이
이에 하나님께 아뢰되 이스마엘이나 하나님 앞에 살기를 원하나이다
(창 17:17-18)

아브라함이 구십구 세 되었을 때, 하나님께서 나타나셔서 약속하
신 자녀를 주겠노라 말씀하실 때 보인 아브라함의 반응입니다. 사라
를 통해 약속의 후손을 주겠다는 말씀에 그는 속으로 웃었습니다. 너
무 늦었다는 생각도 있었고 무엇보다 그에겐 이스마엘이 있었습니다.
다른 소망 없이 이스마엘이나 하나님 앞에서 잘 살 수 있길 바랐습니
다. 그는 더 이상 후손을 기다리지 않고 있었습니다. 불신앙이 아니라
이미 하나님께서 약속하신 후손을 주셨다고 확신하며 지냈기 때문입
니다. 하지만 이스마엘은 하나님께서 예정하신 약속의 자녀가 아니었
습니다.

거짓된 확신?

두려운 일 아닙니까? 아브라함은 언약의 자손을 얻었다는 확신으로
기뻐하며 살고 있었습니다. 그런데 하나님께서 아니라고 말씀하지 않
습니까? 우리 또한 고민해야 합니다. 열심히 예배드리고 봉사하며 헌
신하지만 어쩌면 하나님 뜻과는 다른 방향에 서 있을 수도 있다는 말

씀입니다. 두렵고도 뼈아픈 일입니다.

다시 아브라함을 살펴봅시다. 그의 행복에 하나님께서 침묵하고 계셨음을 본문이 강조하는 듯합니다. 이스마엘이 태어난 때가 86세였는데 바로 다음 절인 17장 1절을 읽으면 그의 나이 99세 때 하나님께서 나타나 말씀하십니다. 성경은 시간을 붙잡고 싶을 만큼 행복감에 젖어 있던 아브라함의 13년을 언급하지 않습니다. 비록 행복한 시간이었지만 스스로 영적인 만족에 빠져 하나님 앞에 서 있지 않았기에, 그시간이 하나님께는 의미가 없었던 셈입니다. 13년 만에 나타나신 하나님께서 "나는 전능한 하나님이라 너는 내 앞에서 행하여 완전하라"며 책망하십니다. 무엇이 문제였습니까?

영적으로 같은 상황을 겪는다면 대단히 불행한 일이며 우리가 경계해야 할 부분입니다. 신앙생활을 단순한 종교적 행위로 이해해서는 안 됩니다. 하나님에 관한 일을 하는 것이 하나님을 아는 것은 아니라는 뜻입니다.

미국의 영적 대각성 운동을 주도했던 인물로 조나단 에드워즈가 있습니다. 그의 설교와 사역을 통해 놀라운 역사가 나타나고 온 회중이 회개하고 변화했으며 그 영향은 지역을 넘어 전 세계로 퍼져나갔습니다. 기독교 역사에서 지울 수 없는 위대한 순간이었습니다. 그가 '하나님의 진노의 손 안에 잡힌 죄인'으로 설교했을 때, 회중이 두려움에 떨며 각자의 의자를 붙든 채 하나님 앞에 회개했다는 기록이 있습니다. 하나님의 진노로 심판을 받아 지옥에 떨어지는 듯한 두려움이었다고 합니다. 놀라운 회개의 역사였습니다. 방언과 함께 여러 영적 현상들이 동반됐습니다. 모두가 경험했고 모든 것이 하나님의 놀라운 은혜라 믿었습니다. 그런데 일 년이 채 되지 않아 그들의 마음이 차갑게 식어버렸습니다. 동일한 회개의 말씀을 전하는데, 이제 회중은 그 메시지를 불편하게 느끼기 시작했습니다. 그들은 자녀들의 영적인 양육과 성찬 참예 문제로 갈등을 겪다가 결국 조나단 에드워즈를 교회에서 쫓아내고 말았습니다.

은혜받는다는 것이 대체 무엇을 뜻합니까? 조나단 에드워즈가 쓴 『신앙 감정론』이라는 책이 있습니다. 가장 두드러지는 기독교 명작 중 하나입니다. 신앙생활을 하며 깊이 고민해야 할 주제들이 자세히 기록된 책입니다. 그가 경험했던 위대한 부흥이 전부 거짓은 아니겠지만, 드러난 현상에 매몰되어 거짓을 진짜 부흥으로 여기고 스스로 속아 넘어간 회중들도 있었음을 인정합니다. 어떤 현상이 일어나고 외적인 행동이 뒤따를 때 하나님께서 기뻐하시고 그분의 은혜가 임한 것으로 섣불리 단정해서는 안 됩니다. 영을 올바르게 판단할 수 있는 지혜와 분별력이 필요합니다.

아브라함이 스스로 속고 있는 것이 바로 이 지점입니다. 자신의 확신과 달리 하나님의 침묵을 깨닫지 못했습니다. 분별하지 못했습니다. 고린도전서 9장에서 사도 바울은 '내가 힘써서 복음을 다 전한 다음에 정작 내가 버림받을까 두려워하노라'라고 말합니다. 평생 설교자요 복음 전도자이자 선교사로 살았는데, 이런 두려움이 있었던 것입니다. 마태복음 7장 22-23절도 대단히 충격적인 말씀을 합니다.

22그날에 많은 사람이 나더러 이르되 주여 주여 우리가 주의 이름으로 선지자 노릇하며 주의 이름으로 귀신을 쫓아 내며 주의 이름으로 많은 권능을 행하지 아니하였나이까 하리니 23그 때에 내가 그들에게 밝히 말하되 내가 너희를 도무지 알지 못하니 불법을 행하는 자들아 내게서 떠나가라 하리라 (마 7:22-23)

마지막 순간 많은 무리가 담대히 주님께 나아와 주님을 위해 행한 일들을 열거합니다. 대단한 일들이었습니다. 선지자 노릇도 하고 귀신도 쫓아내고 권능도 행했습니다. 그런데 주님께서 도무지 그들을 알지 못하노라 하십니다. 우리가 제대로 영을 분별하지 못하고, 하나님 말씀 앞에 자신을 정직하게 세우지 않고, 하나님과의 교제 없이 현상적인 모습과 행위에 만족해 스스로를 속인다면 마지막 순간에 얼마나 큰 충격과 슬픔에 빠지겠습니까!

아브라함의 99세 때 하나님께서 나타나 책망하셨을 때 그는 얼마나 놀랐을까요? 설교자로서 전하기 두려운 메시지입니다. 교사와 선지자 노릇하고 하나님과의 교제 없이 겉으로 드러나는 모습에만 만족하다가 마지막 순간에 큰 낭패를 겪을지도 모른다는 생각 때문입니다. 영적으로 건강한 두려움을 우리가 갖길 바랍니다. 신앙생활은 매일을 하나님 앞에 두렵고 떨리는 마음으로 겸손히 서는 것입니다. 스스로 영적인 자만에 빠져 여러 해 쓸 물건을 쌓았으니 먹고 즐기자 하는 순간 멸망의 자리로 갈 수 있음을 항상 기억해야 합니다.

두려움을 넘어

그럼에도 불구하고 본문의 메시지를 전하는 것은 그 두려움을 극복하는 길이 있기 때문입니다. 먼저 이 두려움을 넘을 수 있는 길은 하나님의 성품에 있습니다. 하나님이 선하고 신실하신 우리의 아버지 되십니다. 13년 동안 스스로 만족하며 지내던 아브라함을 버리지 않고 다시 찾아와 말씀하시는 하나님이 정답입니다. 당신의 신실하심으로 그를 붙들고 이끌어 가시며 때로는 채찍질하고 당겨서라도 당신의 계획을 이루십니다. 우리는 당연히 실수할 수 있습니다. 죄악으로 실패하기도 합니다. 그러나 그것이 결론이 아닙니다. 살아계신 하나님의 선하심이 놓지 않으므로 우리가 안전합니다. 버림받을까 두려워할 필요 없이 묵묵히 하나님 앞에서 삶을 살아가면 됩니다. 분명하게 드러난 하나님의 말씀에 겸손히 순종하면 됩니다. "불법을 행하는 자들아 내게서 떠나가라"고 하시니 불법에서 떠나기 위해 내 몸을 쳐 복종하면 됩니다. 나머지는 선하신 하나님이 하실 것입니다.

아브라함 때와는 비교할 수 없이 확실한 하나님의 말씀이 우리에게 주어져 있습니다. 바로 성경 말씀입니다. 하나님께서 당신의 뜻을 숨겨두신 채 찾아서 순종하라고 하신 게 아닙니다. 하나님의 뜻을 알

아내려고 하늘 끝까지 올라갈 필요가 없습니다. 당신의 말씀을 우리에게 주셨습니다. 하나님의 뜻은 명확하게 주어져 있습니다. 그러니 말씀 안에서 우리의 편견과 욕심을 내려놓고 말씀 자체에 집중하면 하나님의 뜻을 분별하며 살아갈 길을 보게 될 것입니다.

전제했듯이 욕심과 기대를 제거하고 성경을 읽어야 합니다. 기대를 갖고 읽으면 자신이 보고 싶은 것만 보게 됩니다. 욕심을 내려놓고 말씀 자체에 더욱 집중하기 위해 한 자 한 자 깊이 묵상하다 보면 말씀이 인도해 가시는 진리를 깨닫게 될 것입니다.

하나님의 말씀에 붙들려 있길 바랍니다. 자신이 원하는 것만 듣고자 하지 말고 욕심대로만 일이 풀리길 기대하지 마십시오. 기도한 것이 이루어지고 길이 형통하게 될 때 영을 분별할 수 있어야 합니다. 선 줄로 생각할 때 넘어질까 조심해야 하는 원리입니다. 그 영적 분별력을 잃고 하나님의 말씀으로부터 떠나게 될 때, 자신만의 세계에 갇혀 영적인 자만에 빠진 채 하나님에게서 멀어지게 될 것입니다.

우리의 연약함과 죄악에도 불구하고 하나님의 선하심과 신실하심이 우리를 만들어 가실 줄 믿습니다. 그 확신으로 믿음의 길을 걸어갈 수 있길 바랍니다.

9. 아브라함의 또 다른 실패
(QR코드를 클릭하시면 설교영상을 시청하실수 있습니다)

The Abraham Narrative

10

들으시는 하나님

(창세기 16:4-14)

10. 들으시는 하나님

4. 아브람이 하갈과 동침하였더니 하갈이 임신하매 그가 자기의 임신함을 알고 그의 여주인을 멸시한지라

5. 사래가 아브람에게 이르되 내가 받는 모욕은 당신이 받아야 옳도다 내가 나의 여종을 당신의 품에 두었거늘 그가 자기의 임신함을 알고 나를 멸시하니 당신과 나 사이에 여호와께서 판단하시기를 원하노라

6. 아브람이 사래에게 이르되 당신의 여종은 당신의 수중에 있으니 당신의 눈에 좋을 대로 그에게 행하라 하매 사래가 하갈을 학대하였더니 하갈이 사래 앞에서 도망하였더라

7. 여호와의 사자가 광야의 샘물 곁 곧 술 길 샘 곁에서 그를 만나

8. 이르되 사래의 여종 하갈아 네가 어디서 왔으며 어디로 가느냐 그가 이르되 나는 내 여주인 사래를 피하여 도망하나이다

9. 여호와의 사자가 그에게 이르되 네 여주인에게로 돌아가서 그 수하에 복종하라

10. 여호와의 사자가 또 그에게 이르되 내가 네 씨를 크게 번성하여 그 수가 많아 셀 수 없게 하리라
11. 여호와의 사자가 또 그에게 이르되 네가 임신하였은즉 아들을 낳으리니 그 이름을 이스마엘이라 하라 이는 여호와께서 네 고통을 들으셨음이니라
12. 그가 사람 중에 들나귀 같이 되리니 그의 손이 모든 사람을 치겠고 모든 사람의 손이 그를 칠지며 그가 모든 형제와 대항해서 살리라 하니라
13. 하갈이 자기에게 이르신 여호와의 이름을 나를 살피시는 하나님이라 하였으니 이는 내가 어떻게 여기서 나를 살피시는 하나님을 뵈었는고 함이라
14. 이러므로 그 샘을 브엘라해로이라 불렀으며 그것은 가데스와 베렛 사이에 있더라

(창세기 16:4-14)

앞서 창세기 16장 전반부는 아브라함의 관점에서 살펴보았습니다. 아브라함 내러티브의 주인공은 당연히 아브라함이지만 또 다른 등장인물도 살펴보길 원합니다. 16장에 등장하는 한 여인 하갈을 통해서도 하나님이 당신의 이름을 계시하시는 장면이 나오는데 그런 의미에서 하갈 역시 본문의 주요 인물이라 할 수 있습니다.

여자, 종, 이집트인 하갈

성경 내러티브를 보며 하갈이라는 여인이 중심인물로 등장하는 것은 대단히 특이한 점입니다. 역사는 과거에 일어났던 모든 일에 대한 기록은 아니라는 사실을 쉽게 알 수 있습니다. 과거에 일어난 모든 일을 다 기록할 수도 없고 그럴 필요도 없습니다. 대개 학자들은 역사를 정의할 때 과거의 특별한 사람들에게 일어난 의미 있는 일에 대한 기록이라 봅니다. 역사책에서 우리가 읽는 사람들은 대부분이 위대한 왕이나 장군, 신분이 높은 사람, 혹은 대단한 업적을 이룬 사람들입니다. 그런 맥락에서 굳이 하갈이라는 이방 여인의 이야기가 여기 나오는 게 의아합니다. 하갈과 관련된 이야기는 16장 뿐 아니라 21장에도 비슷하게 등장합니다. 역사적으로 볼 때 특별한 관심의 대상이 되지 않던 한 여인의 이야기를 성경이 두 장에 걸쳐 풀어내는 것은 놀라운 일입니다.

하갈은 무시당하던 여인이었습니다. 사라가 애굽에서 나올 때 따라온 애굽 사람이었습니다. 종이었습니다. 1절은 하갈을 다음과 같이 소개합니다.

[1]아브람의 아내 사래는 출산하지 못하였고 그에게 한 여종이 있으니 애굽 사람이요 그 이름은 하갈이라 (창 16:1)

성경 내러티브에서 누군가를 언급할 때, 순서도 중요한 의미를 가집니다. 하갈은 가장 먼저 여종으로 소개되고, 다음이 애굽 사람, 그다음에서야 이름으로 소개됩니다. 모든 상황에서 무시당하고 무가치하게 여겨지던 존재였다는 뜻입니다. 창세기 12장에서 아브라함이 애굽에 내려가 사라를 여동생이라고 속이다가 그녀를 애굽 왕에게 빼앗겼던 전력이 있었습니다. 이후 애굽을 쫓겨나올 때 왕에게서 받았던 재산 중에 애굽 여종 하갈도 있었다고 추정합니다. 문학적 맥락으로 읽으면 16장에서 애굽 여인 하갈이 아브라함에게 주어지는 장면은 아이러니하게도 12장에서 사라를 애굽 왕 바로에게 보내야 했던 사건의 역전 같습니다.

하갈은 세상적으로나 인간적으로나 기대할 게 없는 사람이었습니다. 그냥 도구적 인간일 뿐이었습니다. 본문에서도 그녀의 역할은 그다지 존중받지 못합니다. 본문에 자주 등장하긴 하지만, 출산을 위한 도구로서 기능할 뿐입니다. 그런 탓인지 본문에서 누구도 그녀의 이름을 불러주지 않습니다. 오직 하나님만이 그녀의 이름을 부르셨습니다. 하갈 역시 그녀의 행동으로 해석될 뿐 목소리를 내지 못하던 사람입니다. 8절에서야 하나님을 향해 말을 시작합니다. 사람들과의 관계 속에서 인격적으로 대우받지 못했음을 뜻합니다. 그저 주인집의 출산을 도와주는 대리모의 역할만 했을 뿐입니다.

하갈의 임신

무시 받던 애굽 여종이었지만, 주인의 아이를 임신한 순간 많은 것이 뒤바뀌게 됩니다. 생전 경험하지 못했던 관심과 보살핌을 받았습니다. 그러나 그 순간 조심해야 했습니다. 비록 주인의 아이를 임신했지만, 자신의 신분에는 변화가 없기 때문입니다. 출산 때까지 많은 혜택을 누렸지만, 존재론적 가치 본질이 바뀐 게 아니고 여전히 여종일 뿐이었습니다. 안전하게 출산하고 아이가 주인의 아들로 자랄 수 있도록 도우면 그녀의 역할은 끝나고 그로 인해 나름 보장된 미래가 주어질 것입니다. 하지만 거기까지입니다. 자신의 신분을 망각하거나 본인이 주인이 된 것처럼 생각하는 순간 나락으로 떨어지게 됩니다.

　그런 면에서 4절을 보면 하갈은 잘못된 판단을 했습니다. 아브라함이 하갈과 동침하자 하갈이 곧 임신을 했습니다. 이어서 그녀의 태도가 묘사됩니다. 자신의 임신 사실을 알고는 여주인 사라를 멸시한 것입니다. '멸시했다'는 표현이 구체적으로 어떤 행동을 한 것인지 나오지는 않지만 한 가지 힌트를 찾아볼 수 있습니다. 창세기 12장에 동일한 표현이 나오는데, 하나님께서 아브라함에게 '너를 축복하는 자에게 내가 축복하고 너를 저주하는 자에게 내가 저주하겠다'고 약속하셨습니다. 한글 성경은 '너를 저주하는 자에게 내가 저주하겠다'고 표현하지만, 정확한 히브리어 표현은 '너를 멸시하는 자에게 내가 저주하겠다'라는 뜻입니다. 여기서 '멸시한다'는 단어는 '가볍게 여긴다, 혹은 무시한다'는 의미입니다. 그렇게 보면 하갈은 아마도 자신의 임신 소식을 깨닫고 여주인을 가볍게 여기거나 무시한 태도를 보인 것으로 추측할 수 있겠습니다. 임신하지 못하는 아내와 첩 사이의 갈등 구조는 오래되고 진부한 패턴의 이야기입니다. 사무엘상 1장에서도 비슷한 내용이 있습니다. 엘가나의 집안에 두 여인이 있었는데, 사랑받는 아내 한나는 임신하지 못했고 첩으로 들인 브닌나는 아들들, 딸들을 낳았으며, 이 둘 사이에 대적 관계가 있었습니다.

하갈의 도망

하갈은 사라를 멸시하다가 그녀의 핍박을 받게 됩니다. 하갈도 잘못했지만, 사라의 잘못도 큽니다. 사라는 16장 전체에 부정적 이미지로 가득합니다. 그녀가 처음 내는 목소리는 하나님을 향한 불평이었습니다. 5절에서 하나님께서 자신에게 출산을 허락하지 아니하셨다는 말로 시작합니다. 두 번째 목소리에서는 남편 아브라함을 비난하고 있습니다. 창세기 16장 5절입니다.

> [5]내가 받는 모욕은 당신이 받아야 옳도다 내가 나의 여종을 당신의 품에 두었거늘 그가 자기의 임신함을 알고 나를 멸시하니 당신과 나 사이에 여호와께서 판단하시기를 원하노라 (창 16:5)

사라의 모습은 부정적으로 나오지만, 그럼에도 여주인으로서의 권한을 갖고 있습니다. 사라는 하갈을 핍박하기 시작합니다. 이 구절의 '핍박한다'는 아주 강한 표현으로 폭력적인 박해로 해석할 수도 있습니다. 얼마나 핍박이 심했던지 임신한 하갈이 광야 길로 도망치고 말았습니다. 매우 심한 방법으로 집요하게 하갈을 괴롭혔던 것 같습니다.

들으시는 하나님

하갈은 광야 길로 도망쳤습니다. 그녀가 술 길로 내려가고 있는 건 아마도 고향인 애굽을 향했던 것으로 보입니다. 광야에서 거의 죽음을 경험했습니다. 임신한 여인이 홀로 도망치듯 광야 길을 걷는 것은 죽음을 선택한 것과 다름없습니다. 광야에서 죽을 운명이었습니다. 메마르고 뜨거운 광야에서 누구의 도움도 없이 그늘도 찾지 못한 채 물을 구해야 했던 그녀의 상황을 생각해 보십시오. 어쩌면 죽음을 직감했을지 모릅니다.

터벅터벅 뜨거운 햇살 아래를 걸으며 많은 생각을 했을 것입니다. 어디서부터 잘못되었는지, 과연 자신이 살 수 있을지 후회와 두려움에 휘말렸을 것입니다. 불러오는 배를 만지며, 자신의 죽음보다 빛도 한번 보지 못하고 죽을 아이를 생각하며 가슴이 미어졌을 것입니다. 모든 것이 절망으로 가득한 순간, 한 우물가를 찾아 그 곁에 털썩 주저앉았습니다. 여기까지인가 생각했을 것입니다.

우리가 기억해야 할 것이 있습니다. 가장 절망적인 순간, 인생의 밑바닥, 사람의 끝이 곧 하나님의 시작이라는 점입니다. 막다른 골목에 도달했다 생각할 때, 이제 끝이라고 생각할 때가 사실은 하나님께서 일하시는 자리입니다. 하나님을 만나는 자리입니다. 절망 가운데 있는 이 불쌍한 여인을 하나님께서 찾아오셨습니다. 그녀를 만나주시고 그녀의 고통과 부르짖음을 들으셨다고 말씀합니다. 그리고는 태어날 아들의 이름을 이스마엘, '여호와께서 들으셨다'로 지어주십니다. 아마도 하갈이 고통의 순간에 하나님의 이름을 불렀을 것으로 추측해 볼 수 있습니다. 그럼에도 불구하고 본문이 강조하는 것은 하갈의 부르짖음이 아니라 하나님께서 고통 중에 있는 여인을 찾아오셨다는 점입니다. 7절의 '만났다'라는 단어는 '찾아냈다'는 표현으로 읽을 수 있습니다. 하갈이 광야 길에서 방황하고 있을 때 하나님께서 그녀를 찾아내셨습니다. 그리고 누구도 불러주지 않던 그녀의 이름을 먼저 불러 주셨습니다. 누구도 자신을 인격체로 불러주지 않았는데, 하나님께서 그녀의 이름을 불러 주신 것입니다. 그녀는 이름이 필요 없는 종이었습니다. 이방 땅 애굽에서 온 여종이었을 뿐입니다. 그런데 하나님께서 그녀의 이름을 불러주셨습니다.

직장에서 존중받는 인격체가 아니라 그저 월급 받고 기능하는 존재로만 인식될 수도 있습니다. 기계 부품처럼 세상을 살아가는 사람도 있습니다. 세상은 우리가 가진 직함으로, 재물이나 권세로 우리의 경중을 판단할지 모르지만, 하나님은 조건이나 자격으로 판단하지 않으십니다. 세상에서 나를 보면 별 볼 일 없는 존재같은데, 주님 앞에 서서 나를 보면 주님의 사랑받는 자녀가 되어 있습니다. 하나님께서 우리의 이름을 불러주시며 당신의 형상대로 지은 존귀한 존재라 말씀해 주십니다. 세상에서 경험하지 못한 대우입니다. 우리가 얼마나 대단한 사람인지, 하나님께서 당신의 독생자 예수 그리스도를 십자가에 내어 주기까지 사랑하신 존재임을 깨닫게 됩니다.

이 사실을 깨달을 때 우리가 교회로서, 하나님 앞에서 살아가는 존재일 뿐 아니라 세상의 상태와 형편이 어떠하든지 흔들리지 않는 자존감을 가진 존재임을 알게 됩니다. 지금은 고통스런 현실을 피해 도망쳐 온 여종이지만 자신이 누구인지, 그를 향한 하나님의 계획이 무엇인지 깨닫는 순간 고통의 자리가 감사의 자리로 변할 수 있는 것입니다.

본문을 보면 하나님께서 얼마나 극진히 하갈을 살피시는지 모릅니다. 보잘것 없는 여인을 만나주신 것 자체가 성경에선 대단히 특별한 경우인데, 하나님께서는 그녀에게 약속의 말씀까지 주십니다. 성경 전체를 통틀어 하나님의 약속을 받는 여인은 드뭅니다. 창세기 18장에 이르러서야 하나님께서 사라를 만나주시니, 여주인 사라보다 더 빨리 하나님을 대면함을 볼 수 있습니다. 사라를 만나셔서 하나님께서 먼저 하시는 말씀은 그녀의 불신앙을 책망하는 말씀입니다. 그러니 하갈을 만나주시고 약속을 주시는 것은 정말 큰 은혜입니다. 더 놀랍게도 13절에서 하나님을 만난 이후 하갈은 하나님의 이름을 짓는데, '나를 살피시는 하나님'이라 지었습니다. 하나님을 대면하여 만났던 장소의 이름을 '브엘라해로이', 즉 나를 살피시는 살아계신 하나님의 우물이라 지었습니다. 그곳은 후일 아브라함과 이삭에게 중요한 삶의 터전이 됩니다.

보시는 하나님

하나님께서 하갈이 낳을 이스마엘을 크게 번성케 하사 그 수를 셀 수 없게 하리라 약속하셨습니다. 이스마엘의 장래 삶에 대해서도 그가 들나귀 같이 되어 형제들 앞에 살 것이라 말씀하십니다. 또한 하갈에게 여주인 사라에게로 다시 돌아가 복종할 것을 명령하십니다. 괴롭고 힘들어도 그곳이 그녀가 있어야 할 자리라고 말씀하십니다. 하나님의 부르심을 확인하기 전까지 그곳은 고통의 자리, 피하고 도망할 자리였습니다. 그러나 하나님의 사자가 다시 그곳으로 돌아가라 명하십니다. 놀라운 약속이 있기에 이제는 견딜 수 있습니다. 하나님께서 보여주신 미래가 있었기 때문입니다.

하갈은 하나님을 '살피시는 하나님', 즉 '보시는 하나님'이라 부릅니다. 광야에서 외롭게 죽어간다고 느꼈는데 하나님이 보고 계셨음을 알게 된 것입니다. 혼자가 아니었다는 사실을 깨달았던 것입니다.

약속을 듣고 돌아갈 수 있었던 또 하나의 이유는 하나님은 보는 분이기도 하지만 보여주는 분이기도 하기 때문입니다. 하나님의 사자가 하갈에게 먼저 질문한 내용이 그것입니다. 8절을 읽어보면 '네가 어디서 왔으며 어디로 가느냐?'고 묻습니다. 하갈은 여주인의 핍박을 피해 도망 중이라고만 말합니다. 반쪽짜리 대답입니다. 어디서 왔는지는 알지만 어디로 가는지는 정확히 대답할 수 없었기 때문입니다. 그런데 하나님께서 그것을 보여준 것입니다.

현재 일어나고 있는 일과 과거에 있었던 일만으로 우리 삶을 판단하고 예측하면 소망이 없을지 모릅니다. 마주한 고통과 어려움을 극복해 낼 희망도 없을지 모릅니다. 그런데 하나님의 사자가 '네가 어디로 가느냐?' 물으십니다. 고통스러운 현실 너머 하나님께서 계획하신 것이 반드시 있음을 말씀해 주시는 것입니다. 현실과 과거에 묻혀 지내고 있을 때 하나님께서 "너의 갈 길이 어디냐? 네 사명의 자리가 어디냐? 너를 통해 내가 이룰 일을 아느냐? 그것을 깨달아야 한다."고 말씀하시는 겁니다. 하나님께서 우리를 통해서 이루고자 하시는 일이 있습니다. 그게 없다면 지금 우리가 이 땅을 사는 이유가 없습니다. 하나님께서 보여주실 약속의 미래를 사모함으로 기대해야 합니다. 약속의 미래에 대한 확신, 하나님의 인도하심에 대한 확신이 오늘의 눈물과 어려움, 갈등과 아픔을 극복할 힘이 되는 것입니다.

이제 약속의 말씀을 들은 하갈은 사라의 집으로 돌아갑니다. 복종했습니다. 환대받았을까요? 아마 핍박은 계속됐을 겁니다. 21장을 보면 십수 년이 지난 후에도 같은 일을 겪습니다. 어쩌면 줄곧 고통스러운 시간을 보냈을 것입니다. 하지만 견디고 이겨내어 아이를 키웠습니다. 하나님이 찾아주시고 만나주시고 이름을 불러주셨으니, 자신을 통해 이루실 일이 있으시다는 그 믿음과 확신으로 참아낸 것입니다.

고통의 시간 한 가운데서 눈물이 흐를 때, 우리는 여전히 하나님께서 보시고 지켜주시며 나를 통해 일하시리라는 믿음을 가져야 합니다.

우리는 어디서 와서 어디로 가고 있습니까? 아픈 현실의 어려움에 함몰되어 앉아 있는 것은 아닙니까? 우리의 대제사장 되신 예수께서 우리의 모든 고통과 눈물을 아십니다. 그분께서 친히 우리의 모든 고통과 질고를 감당하셨기 때문입니다. 우리를 위로하고 이끌어 가십니다. 하나님의 은혜를 경험한 사람이라면 주저앉아 있을 수 없습니다. 하나님의 약속을 가진 사람이라면 사명의 자리를 떠날 수 없습니다.

힘들다고 포기하지 않습니다. 주님께서 그만하라 말씀하실 때까지 결코 중단할 수 없습니다. 은혜를 알기 때문입니다.

하나님께서 우리를 위해 하신 일을 매순간 기억하고 십자가의 은혜를 잊지 않는다면, 마땅히 자기 십자가를 지고 주님을 따라 삶을 살아내야 합니다. 형통의 길, 부요케 되는 길이라 말하고 싶지 않습니다. 받은 사랑으로 하는 것입니다. 그것이 우리 사명입니다. 현실이 아니라 현실 너머에 있는, 우리를 향하신 하나님의 계획에 마음을 집중하기 바랍니다. 소망을 가지십시오. 더 나은 미래가 아니라 하나님께서 뜻하신 미래를 소망하며 걸으십시오. 그 비전을 품고 오늘을 살아내기를 바랍니다.

10. 들으시는 하나님
(QR코드를 클릭하시면 설교 영상을 시청하실 수 있습니다)

The Abraham Narrative

11

다시 새겨주시는 언약

(창세기 17:1 - 14)

11. 다시 새겨주시는 언약

1. 아브람이 구십구 세 때에 여호와께서 아브람에게 나타나서 그에게 이르시되 나는 전능한 하나님이라 너는 내 앞에서 행하여 완전하라

2. 내가 내 언약을 나와 너 사이에 두어 너를 크게 번성하게 하리라 하시니

3. 아브람이 엎드렸더니 하나님이 또 그에게 말씀하여 이르시되

4. 보라 내 언약이 너와 함께 있으니 너는 여러 민족의 아버지가 될지라

5. 이제 후로는 네 이름을 아브람이라 하지 아니하고 아브라함이라 하리니 이는 내가 너를 여러 민족의 아버지가 되게 함이니라

6. 내가 너로 심히 번성하게 하리니 내가 네게서 민족들이 나게 하며 왕들이 네게로부터 나오리라

7. 내가 내 언약을 나와 너 및 네 대대 후손 사이에 세워서 영원한 언약을 삼고 너와 네 후손의 하나님이 되리라

8. 내가 너와 네 후손에게 네가 거류하는 이 땅 곧 가나안 온 땅을 주어 영원한 기업이 되게 하고 나는 그들의 하나님이 되리라

9. 하나님이 또 아브라함에게 이르시되 그런즉 너는 내 언약을 지
키고 네 후손도 대대로 지키라

10. 너희 중 남자는 다 할례를 받으라 이것이 나와 너희와 너희 후
손 사이에 지킬 내 언약이니라

11. 너희는 포피를 베어라 이것이 나와 너희 사이의 언약의 표징이
니라

12. 너희의 대대로 모든 남자는 집에서 난 자나 또는 너희 자손이
아니라 이방 사람에게서 돈으로 산 자를 막론하고 난 지 팔 일
만에 할례를 받을 것이라

13. 너희 집에서 난 자든지 너희 돈으로 산 자든지 할례를 받아야
하리니 이에 내 언약이 너희 살에 있어 영원한 언약이 되려니와

14. 할례를 받지 아니한 남자 곧 그 포피를 베지 아니한 자는 백성
중에서 끊어지리니 그가 내 언약을 배반하였음이니라

(창세기 17:1-14)

수 년 전 일입니다. 인도에서 팔십 세 할아버지와 칠십사 세 할머니 사이에 쌍둥이가 태어나 기네스북에 올랐습니다. 놀라운 일이긴 하지만 실은 현대 의학의 승리라 할 수 있습니다. 자연적으로는 출산할 수 없는 나이였기 때문에 다른 사람의 정자와 난자를 기증받아 시험관 체외 수정을 했고 착상 후 출산할 때는 제왕절개를 했습니다. 아이를 낳고 회복에 이르기까지 의학의 도움을 많이 받은 것입니다. 21세기 현대 의학의 도움이 아니라면 불가능했을 겁니다.

불가능한 일이 일어나다

본문은 아브라함의 나이가 구십구 세였다는 말로 시작합니다. 사라는 팔십구 세였습니다. 평생 불임으로 살아왔기 때문에 이제 와서 아이를 가질 수 있을 거라고는 상상조차 하기 힘든 일이었습니다. 1절에서 아브라함의 나이가 구십구 세라는 언급이 그런 느낌입니다. 하나님이 후손을 주리라 약속하셨는데, 더 이상 인간적인 방법과 노력으로는 할 수 없는 시간이 되었음을 의미합니다. 실제 누구도 기대하지 않았습니다. 창세기 17장 17절에서는 아브라함조차 하나님의 아들을 주시겠다는 말씀을 믿지 못합니다.

> 17아브라함이 엎드려 웃으며 마음속으로 이르되 백 세 된 사람이 어찌 자식을 낳을까 사라는 구십 세니 어찌 출산하리요 하고 (창 17:17)

사라 또한 같은 반응을 보였습니다. 창세기 18장 12절입니다.

¹²사라가 속으로 웃고 이르되 내가 노쇠하였고 내 주인도 늙었으니 내게 무슨 즐거움이 있으리요 (창 18:12)

그들의 웃음은 불신앙의 웃음이었습니다. 이해할 수 있습니다. 인간적으로는 말도 안 되는 말씀이었으니 말입니다. 요즘으로 치면 해외토픽감입니다. 그래서 실제로 이삭이 태어났을 때 온 동네 사람들이 찾아와서 서로 보고 웃으면서 얘기를 나누는 모습이 창세기 21장에 나옵니다. 반갑고도 황당한 웃음이었을 것입니다.

하나님의 때

그런데 하나님께서 바로 이 순간을 기다리셨다고 생각합니다. 그래서 본문은 아브라함이 '구십구 세 때'라는 말로 시작하는 것 같습니다. 무려 13년의 세월을 기다리셨고 인간적인 가능성을 그 누구도 기대하지 않을 시점에 이르러서야 비로소 하나님이 행동을 시작하시는 것입니다. 아브라함의 나이가 구십구 세라고 말씀한 다음, 본문은 곧장 '나는 전능한 하나님'이라며 하나님의 이름을 소개합니다. 인간적으로는 가능성 제로의 순간이지만, 그 때가 바로 전능하신 하나님이 일하실 때라는 것입니다. 성경에서 하나님이 처음으로 당신의 이름을 계시해 주신 장면입니다. '전능한 하나님, 엘 샤다이'라는 이름은 이제부터 하나님을 지칭하는 대표 이름으로 사용될 것입니다. 출애굽기 6장 3절에서도 하나님께서 모세에게 말씀하실 때, 조상들에게는 전능한 하나님으로 나타났다고 하십니다. 당신의 능력과 역사를 그 이름에 담아 두신 것입니다.

타락한 본성을 가진 사람이라는 존재가 참 신기할 때가 있습니다. 나의 것, 내가 할 수 있는 뭔가가 조금이라도 남아 있으면 그걸 붙들고 자기의 이름을 내세우고 싶어 하는 게 사람입니다. 무슨 일을 하든지 조금이라도 내가 기여하고 잘했다고 판단받길 원합니다. 이것이 타락한 본성입니다.

사사시대에 미디안의 군사 십삼만 오천 명이 쳐들어 왔을 때, 기드온은 겨우 삼백 명의 군사를 이끌고 전쟁에 임했습니다. 처음에는 삼만 이천 명의 군사가 모였는데, 하나님은 군사들의 숫자를 삼백 명까지 줄이십니다. 극단적으로 적은 숫자로 줄이신 하나님의 의도가 사사기 7장에 분명히 나와 있습니다.

> [2]여호와께서 기드온에게 이르시되 너를 따르는 백성이 너무 많은즉 내가 그들의 손에 미디안 사람을 넘겨 주지 아니하리니 이는 이스라엘이 나를 거슬러 스스로 자랑하기를 내 손이 나를 구원하였다 할까 함이니라 (삿 7:2)

누가 봐도 이길 수 없는 전쟁을 요구하십니다. 더구나 전쟁에 들고 간 무기라고는 타는 횃불과 항아리가 전부였습니다. 도대체 전쟁을 하자는 뜻인지 알 수가 없습니다. 이렇게까지 하시는 이유는 이스라엘 백성들이 전쟁에서 이긴 후, 하나님을 거슬러 스스로 구원하였다고 말하지 못하도록 하시기 위함이었습니다. 이것이 인간의 악한 본성을 잘 나타낸다고 봅니다. 실제로 기드온과 이스라엘 백성들은 이 전쟁에서 기적 같은 승리를 한 후 하나님께 영광을 돌리지 않았습니다. 백성들은 오히려 기드온에게 찾아와서 이렇게 말합니다.

> [22]당신이 우리를 미디안의 손에서 구원하셨으니 당신과 당신의 아들과 당신의 손자가 우리를 다스리소서 (삿 8:22)

교회에서든 바깥에서든 어디서나 본인이 여태껏 한 일과 과거에 이룬 성과에 대해 말하는 사람들을 만납니다. 겉으로는 모든 것이 하나님의 은혜였노라고 하지만, 자신의 수고도 드러내어 인정받고 칭찬받기 원합니다. '하나님의 은혜'라는 교회의 신앙 용어 뒤에 자신의 수고와 노력, 본인의 이름을 내고자 하는 타락한 본성이 언제나 자리하고 있는 셈입니다.

아브라함의 구십구 세는 바로 이러한 가능성을 없애는 하나님의 시간이었습니다. 모두가 안 된다고 하고 불가능하다고 할 때, 하나님이 당신의 이름을 '전능한 하나님'으로 알리시며 구체적인 당신의 뜻을 말씀하십니다.

전능한 하나님

하나님께서 전능하심을 굳게 믿습니까? 성도들은 이 질문에 당연히 '아멘'으로 응답할 것입니다. '전능하신 하나님, 무소부재하신 하나님'으로 우리는 하나님을 고백합니다. 그러나 우리 삶 가운데 하나님이 전능하시다는 사실을 자주 확인합니까? 전능하신 하나님이라 고백하고 기도하지만 왠지 하나님께서 침묵하고 계실 때가 더 많지 않습니까? 당장 너무나 절박하고 필요하다고 간구하지만 하나님께서 들어주시지 않을 때가 많지 않습니까? 그래서인지 전능하신 하나님과 우리 현실 사이의 상당한 간격을 언제나 느낍니다.

전능하신 하나님을 경험하는 일에 우리가 자주 놓치는 부분은 '시간'에 대한 고려입니다. 전능한 하나님을 잘 못 느끼는 경우는 대부분 시간의 간격 때문입니다. 우리가 하는 기도는 자주 내 시간표에 따라, 내가 원하는 방식으로, 내가 원하는 자리에서 하나님의 전능하심이 일어나기를 소원합니다. 언제나 우린 '지금, 여기'를 외칩니다. 그러나 '지금, 여기'를 외치는 주권이 우리에게 있지 않음을 인정해야 합니다. 내가 전능한 것이 아니라, 하나님이 전능하십니다. 그러니 내가 아니라 하나님이 정한 시간과 방법과 장소가 최고의 시간, 최고의 방법, 최고의 장소인 것입니다. 엉뚱한 시간과 장소에서 하나님의 일하심을 기다리기 때문에 하나님의 전능하심을 우리의 삶 속에서 체험하지 못하는 것입니다. 그러므로 우리 기도가 늘 자기중심이 되어서는 안 됩니다. '하나님이 기뻐하시는 시간에 하나님이 원하시는 방식대로 우리를 사용하소서'라고 기도해야 합니다. 그럴 때 우리 삶에서 일하시는 하나님의 전능하심을 목도하게 될 것입니다. 우리 뜻이 아니라 하나님의 뜻이 이뤄지기를 기도해야 합니다. 우리의 기도에 따라 하나님이 움직이실 게 아니라 하나님의 손에 우리가 사용될 때 우리가 기대한 것보다 훨씬 더 큰 일을 하시는 하나님을 보게 될 것입니다. '지금 여기에, 이렇게'라는 기도 습관을 내려놓길 바랍니다. 주님의 시간에 주 뜻이 이뤄지도록 기도해야 합니다.

학자들마다 분류하는 방식에 따라 다소 차이는 있겠지만, 시편 총 150편 중에 74편 정도가 탄식 시로 분류됩니다. 힘들고 어려워서 하나님 앞에 도우심을 간구하며 탄식하고 불평하는 시입니다. "왜 이런 어려움이 닥쳤습니까? 몸이 이렇듯 아픈데 왜 고쳐주지 않으십니까? 하늘을 아무리 기다려도 비가 내리지 않아 모두가 굶어 죽게 됐습니다! 친구들이 이제는 조롱하는데 어떻게 해야 합니까?" 갖가지 이유를 들며 하나님의 도우심을 의뢰합니다. 그런데 놀랍게도 탄식과 불평의 시가 대부분 탄식으로만 끝나지가 않습니다. 신뢰의 확신과 찬양으로 끝납니다. 상황이 바뀌어서가 아닙니다. 하나님께서 일하실 것을 기대하는 것입니다. 지금은 사방으로 우겨쌈을 당했지만 살아계신 하나님이 당신의 일을 하실 것을 신뢰하기 시작하며 기쁨이 생기고 찬양이 회복된 것입니다. 하나님께서 시간의 주인이시고 역사의 주권자이심을 고백하는 데서부터 전능하신 하나님을 만날 수 있습니다.

현재 우리 필요를 채워주는 하나님만 기대한다면 그분을 인격적으로 따르고 섬기는 게 아닙니다. 성경에서 말씀하는 하나님도 아닙니다. '금 나와라, 뚝딱'하면 나오게 만드는 도깨비 방망이처럼, 램프에서 나와 '원하는 것을 말하라'하는 심부름꾼처럼 우리 필요와 욕구를 채워주는 정도로만 하나님을 오해하는 것입니다. 하나님이 우리 삶의 주인이라는 고백은 전능하신 하나님께서 당신의 시간에, 당신의 방법대로, 당신의 자리에서 역사하시도록 맡겨드리는 것입니다. 우리에게는 다만 신뢰하고 인내하며 소망을 품고 찬양하는 믿음만이 필요합니다.

이름에 새겨두신 하나님의 언약

전능하신 하나님께서 이루어 가실 언약을 아브라함도 사라도 잊은 채 살고 있었습니다. 그때 오셔서 언약을 새겨 주십니다. 하나님의 뜻을 '언약'이라는 도구를 통해 다시 보이십니다. 창세기 15장에서 쪼갠 고기 사이를 지나며 언약을 맺으셨는데, 지금 본문에서 그때 그 언약을 떠올리게 하시고 할례 언약을 통해 새롭게 하십니다. 그리고 아브라함의 이름을 아브람에서 아브라함으로, 사라를 사래에서 사라로 바꿔 주십니다. 아브라함은 이제 여러 민족의 아버지가 됨을 말씀하십니다. 6절은 아브라함의 후손을 통해 여러 왕이 나오게 될 것이라 말씀합니다.

또한 놀랍고도 새로운 약속을 주십니다. 사라를 통해 하나님께서 약속의 자녀를 주시겠다고 16절에서 말씀합니다. 하나님의 모든 계획이 마침내 명확하게 드러나는 구절입니다.

전능하신 하나님께서 이 일을 하실 것이기에 절대 언약을 잊지 말도록 하십니다. 먼저 하나님께서 이름에 당신의 전능하심을 새겨두셨음을 봅니다. 이제부터 아브람이 아니라 아브라함이라는 새 이름으로 부르십니다. 아브람이라는 이름도 '존귀한 아버지'라는 뜻으로 나쁜 이름이 아닙니다. 그러나 이제는 단순히 대접받는 존귀한 아버지가 아니라 '열국의 아버지'로 삼으시겠노라 약속하십니다. 이름은 단순하게 불리는 기능만 하진 않습니다. 구약성경에서 누군가의 삶을 규정하고 정체성을 밝히는 방식으로 종종 사용됩니다.

놀라운 일 아닙니까! 자식이 많지도 않은 아브라함에게 너무 거창한 이름 아닙니까? 사람들이 아브라함이라는 새 이름을 들었을 때 얼마나 비웃었겠습니까? 그런데도 그 이름을 듣고 부를 때, 자신에게는 불가능하지만 전능하신 하나님의 일이므로 이루시리라고 고백하게 되는 것입니다. 그 일을 신실하게 이루겠노라고 하나님께서 당신의 의지를 이름에 새겨 두신 것입니다. 사람들이 자신을 부를 때마다, 본인을 아브라함이라 밝힐 때마다, 전능하신 하나님을 고백하고 신뢰하라는 뜻입니다. 믿음의 고백이 되는 셈입니다.

우리 이름은 무엇입니까? 사도행전 11장을 보면, 예수님을 믿는 새로운 부류의 사람들이 나타났을 때 주변에서 그들을 그리스도인이라

칭합니다. 예수 그리스도를 믿는 사람들이라는 뜻입니다. 그렇습니다. 우리의 또 하나의 이름은 그리스도인입니다. 놀랍게도 우리 같은 사람들의 이름에 예수 그리스도를 담아두신 것입니다. 그것이 우리의 정체성입니다. 우리의 부르심입니다. 사람들이 우리를 볼 때 우리 모습만 보는 게 아닙니다. 그리스도를 봅니다. 말씀대로 정직하고 선하게 살면 그들이 예수 그리스도를 느낍니다. 말씀에서 떠나 세상의 가르침과 소욕을 따라 살면 우리만 손가락질 받는 게 아니라 예수 그리스도를 욕되게 합니다. 그게 우리 이름이기 때문입니다. 누군가 우리를 크리스찬이라 부르는 순간마다 우리 정체성을 그리스도의 이름에 합당한 삶을 살아야 할 존재들로 되새겨야 합니다. 그리스도의 부르심에 합당하게 살고 고난도 달게 받는 존재임을 고백하며 그 이름에 믿음을 담아내야 합니다. 그 이름에 합당한 삶을 주님 앞에서 살아내기 바랍니다.

몸에 새겨 두신 하나님의 언약

하나님께서 또한 당신의 언약을 아브라함의 몸에 새겨주심을 9절 이하에서 볼 수 있습니다. 육체에 언약을 기억하는 장치를 마련한 것입니다. 13절에서 말씀합니다.

¹³너희 집에서 난 자든지 너희 돈으로 산 자든지 할례를 받아야 하리니
이에 내 언약이 너희 살에 있어 영원한 언약이 되려니와 (창 17:13)

하나님의 언약이 육체에 있어 영원한 언약이 될 것을 말씀하십니
다. 남자의 포피를 자르는 행위로, 자신의 몸을 볼 때마다 하나님께서
당신의 영원한 언약을 새겨 주셨음을 기억하고 고백하게 하는 것입니
다. 결코 잊을 수 없도록 당신의 언약을, 하나님의 전능하심을 고백하
게 하는 것입니다.

겉으로 드러나는 몸에 행하는 할례 의식에 앞서, 전제되어야 할
게 있습니다. 바로 마음의 할례입니다. 신명기에서 모세는 마음의 할
례에 대해 언급합니다. 신명기 10장 16절은 마음의 할례를 '목을 곧게
하지 않는 것'으로 설명합니다. 로마서 2장에서도 표면적 유대인과 이
면적 유대인에 대해 말씀하며, 겉으로 나타난 할례 의식보다 마음의
할례를 더욱 강조합니다.

신약 시대에 이르러서는 겉으로 드러나는 의식을 할례가 아닌 세
례의 방식으로 하여 하나님과의 언약을 기억합니다. 따라서 교회는
오고 오는 세대 동안 세례를 행하고 성찬을 행하며 예수 그리스도께
서 이루신 구원을 기억하고 믿음을 고백합니다. 언약에 대한 믿음의
기억 장치인 셈입니다.

할례가 구속받았음을 인정하는 것뿐 아니라 더 나아가 언약 공동
체와 긴밀히 연관된 것임을 본문이 말씀합니다. 14절은 포피를 베지

아니한 자는 백성 중에서 끊어지리라 말씀하고 있습니다. 언약 믿음을 고백하고 믿음의 공동체 안에 하나됨을 이루는 것이 하나님의 언약을 온전히 지켜가는 길임을 뜻하는 것입니다. "일생동안 세례 한 번 받는 것으로 무엇을 기억하겠습니까?" 질문할 수 있습니다. 하지만 교회는 매번 세례를 행합니다. 지속적으로 세례를 선포하고 실행함으로써 하나님의 언약에 기초한 언약적 부르심을 공동체 안에 계속 선포하는 것입니다. 부르심에 순종하고 세례에 참예하는 성도들의 모습을 보며, 앞서 세례받은 자들이 자신의 세례를 기억하고 은혜의 방편으로 구원의 기쁨에 동참하는 것입니다.

전능하신 하나님을 신뢰하십시오. 지금의 현실이 때론 어렵고 고달파도 하나님의 언약을 기억하십시오. 하나님이 우리와 교회와 열방 가운데 전능하게 역사하실 것을 기도하고 순복하십시오. 우리 자신과 교회 안에 새겨주신 언약의 기억장치들을 쉼없이 이행하며, 전능하신 하나님만 소망하고 그분의 시간과 방법을 기대하십시오.

11.다시 새겨주시는 언약
(QR코드를 클릭하시면 설교 영상을 시청하실수 있습니다)

믿음과 환대

(창세기 18:1-8)

12. 믿음과 환대

1. 여호와께서 마므레의 상수리나무들이 있는 곳에서 아브라함에게 나타나시니라 날이 뜨거울 때에 그가 장막 문에 앉아 있다가
2. 눈을 들어 본즉 사람 셋이 맞은편에 서 있는지라 그가 그들을 보자 곧 장막 문에서 달려나가 영접하며 몸을 땅에 굽혀
3. 이르되 내 주여 내가 주께 은혜를 입었사오면 원하건대 종을 떠나 지나가지 마시옵고
4. 물을 조금 가져오게 하사 당신들의 발을 씻으시고 나무 아래에서 쉬소서
5. 내가 떡을 조금 가져오리니 당신들의 마음을 상쾌하게 하신 후에 지나가소서 당신들이 종에게 오셨음이니이다 그들이 이르되 네 말대로 그리하라
6. 아브라함이 급히 장막으로 가서 사라에게 이르되 속히 고운 가루 세 스아를 가져다가 반죽하여 떡을 만들라 하고
7. 아브라함이 또 가축 떼 있는 곳으로 달려가서 기름지고 좋은 송아지를 잡아 하인에게 주니 그가 급히 요리한지라
8. 아브라함이 엉긴 젖과 우유와 하인이 요리한 송아지를 가져다가 그들 앞에 차려 놓고 나무 아래에 모셔 서매 그들이 먹으니라

(창세기 18:1-8)

마므레 상수리 나무 아래

특별한 일이 없던 무료한 낮 시간이었습니다. 팔레스틴 지역은 무척 더운 곳이라 많은 도시가 약 6-700미터 정도의 산지에 형성되었습니다. 대개 점심 때가 이르고 오후가 되면 사람이나 짐승이 돌아다니지 않습니다. 나무 그늘 아래 쉬거나 장막에 걸터앉아 졸거나 쉬면서 시간을 보내는 게 일반적입니다. 현대도 마찬가지로, 여행객들도 이때는 돌아다니지 않습니다. 워낙 덥기 때문에 다니는 게 고달프고 행여 누구 집을 방문하는 것 또한 실례입니다.

그런 날이었습니다. 1절에 시간적 배경이 나옵니다. 아브라함도 날이 뜨거울 때 장막 문에 앉아 무료한 오후를 보내고 있었습니다. 여느 때와 같이 꾸벅꾸벅 졸고 있었을지도 모르겠습니다.

본문의 공간적 배경은 마므레의 상수리나무들이 있는 곳입니다. 상수리나무는 그 지역에서 흔히 볼 수 있는 나무였습니다. 아주 오래된 것으로 지금도 유적지를 가면 아브라함의 상수리나무라는 이름을 가진 나무가 있습니다. 이제는 더 이상 생명 활동을 하기 어려운 상태인데 주변에 많은 상수리나무가 서 있습니다. B.C. 4천여 년 전에 아브라함이 살던 곳이니 어쩌면 그 나무가 다른 나무들처럼 크게 자라던 시절, 아브라함이 그 나무 그늘 아래 머물렀을 수도 있겠습니다. 러시아 정교회의 한 교회 내에 있는 오래된 상수리나무는 나이가 무려 4,750살 정도라는 연구도 있으니 놀라운 일입니다.

상수리나무들이 있는 곳에 하나님께서 나타나셨습니다. 무척 날이 뜨거운 오후였습니다. 아브라함이 그때 자신에게 나타난 분이 하나님이심을 알았는지, 알았다면 언제부터 알게 됐는지 질문들이 있습니다. 적어도 대화를 나눌 때는 알고 있었던 것 같습니다. 어쩌면 상수리나무에 나타난 첫 순간부터 알았는지도 모르겠습니다.

히브리어 13장 2절은 말씀합니다.

> ²손님 대접하기를 잊지 말라 이로써 부지중에 천사들을 대접한 이들이
> 있었느니라 (히 13:2)

아브라함이 부지중에 천사를 대접한 것을 말하는 것 같습니다. 이 구절을 전제로 그가 세 천사를 만나 식사를 대접할 때까지 그들의 정체를 몰랐으리라 생각하는 경향이 있습니다. 교의학적인 질문도 있습니다. 하나님께서 우리와 똑같은 육신을 입고 앉아 식사하시는 것은 일반적인 일이 아닙니다. 이 부분도 어떻게 이해할지 과제입니다.

찾아온 이의 신분이나 아브라함의 예측을 구체적으로 나누기 전 주목해야 할 대목이 있습니다. 본문 1절에서 바로 '여호와께서 아브라함에게 나타나시니라'라고 말씀하는 장면입니다. 여호와 하나님이심을 내러티브에서 전제하고 있기 때문에 이 구절을 읽을 때 아브라함이 세 천사의 정체를 언제 알게 되었는지에 대한 질문과는 별개로 최

소한 독자들은 세 천사의 정체를 의심의 여지없이 밝히고 있음을 전제해야 합니다.

찾아오시는 하나님

아브라함이 하나님과 천사들을 어떻게 영접했는지보다 더 중요한 문제는 하나님께서 아브라함을 찾아오셨다는 사실입니다. 하나님께서 당신의 백성을 만나기 위해 찾아오셨다는 사실입니다. 지금도 마찬가지입니다. 하나님께서는 우리를 만나기 위해 찾아오시는 분입니다. 우리가 연약하여 넘어져 낙심해 있을 때, 죄악 가운데 허덕이고 하나님을 몰라 원수 된 상태로 살고 있을 때도 먼저 우리를 찾아오십니다. 우리를 찾아내시고 나타나 주시는 하나님입니다. 얼마나 큰 은혜이고 위로입니까? 이것이 복음입니다.

우리 중에 누군가 하나님을 찾아야 한다면, 우리가 섬길 신적 존재를 만나고 찾아내야 한다면, 누가 하나님을 알 수 있고 누가 하나님을 만날 수 있겠습니까? 하나님은 보이지 않는 분이십니다. 어디 계신지조차 알 수 없는 분입니다. 당신 스스로 우리에게 보여주지 않으셨더라면, 예수 그리스도의 모습으로 보이시고 예수 그리스도의 아버지 하나님으로 나타나지 않으셨더라면, 우리 중에 누가 예수님을 발견해 냈겠습니까? 그렇기 때문에 참 복음입니다. 예배의 자리에 나오는 것은 주님께서 나를 찾아내셨음을 뜻합니다. 그 자체로 은혜요 복음입니다. 찾아오시는 하나님! 그 분은 단 한 순간도 우리와의 만남을 머뭇거린 적이 없으십니다. 언제나 먼저 찾아주시고 들으시는 분입니다. 우리에게 지금 필요한 것은 그분과의 깊고 친밀한 교제를 회복하는 것 뿐입니다.

아브라함을 찾아오신 하나님께서 장막 문에 앉아 있던 그를 만나주셨고 대화와 식탁의 교제를 나누셨습니다. 동서고금을 막론하고 식사를 함께 하는 것은 의미가 있습니다. 특히 유대인들에게 식탁의 교제는 중요한 신앙적 고백이 담겨 있습니다.

문맥을 따지자면 창세기 17장에서 하나님은 아브라함과 언약을 맺으셨습니다. 할례를 명하고 언약을 맺으셨고, 아브라함과 이삭과 사라에 대한 당신의 크고 놀라운 약속을 주셨습니다. 그 후 18장에서 교제를 위해 찾아오신 것입니다. 그런 의미에서 18장의 식탁의 교제는 하나님께서 주셨던 언약을 완성하는, 언약적 의미의 식탁 공동체를 뜻하기도 합니다. 성경에 나타난 최초의 성찬식 같은 의미도 있다고 봅니다.

출애굽기 24장에 동일한 문맥의 말씀이 있습니다. 십계명과 언약의 책을 주시고 언약을 맺으신 이후, 하나님께서 이스라엘 지도자들과 장로들을 산꼭대기로 불러 그들이 식사를 합니다. 식탁을 함께 하는 것, 하나님 앞에서 식탁의 교제를 나누는 것은 그분과 더 깊은 관계와 교제의 자리로 나아감을 뜻합니다. 주님과의 친밀한 교제와 신비로운 연합을 사모하며 누리고 회복해야 하겠습니다.

²⁰볼지어다 내가 문 밖에 서서 두드리노니 누구든지 내 음성을 듣고 문
을 열면 내가 그에게로 들어가 그와 더불어 먹고 그는 나와 더불어 먹
으리라 (계 3:20)

이 구절은 예수님을 영접하라고 요청하는 사영리 복음전도에서
종종 사용됐었는데, 실은 예수님을 영접하는 것과 관련한 말씀이 아
닙니다. 라오디게아 교회 교인들에게 주신 말씀으로 세상의 부요함에
물들어 하나님과의 친밀한 교제를 망각한 채 살아가는 성도들을 향
해 주님과의 사랑과 깊은 교제를 회복하라 명하시는 말씀입니다. 처
음 사랑을 잃어버린 성도들을 향해 주님과 먹고 마시는 관계를 다시
회복하자는 말씀입니다. 낙심하여 물러나 있는 성도들에게 주님과의
깊은 교제를 회복하자는 말씀입니다. 주님과의 관계에서 멀어진 상태
라면 예전의 그 뜨거웠던 기도, 말씀에 대한 순수한 열정을 회복하고,
차갑게 식은 상태라면 주님께서 우리를 찾고 계심을 기억하십시오.
말씀과 기도 가운데 주님과의 친밀함을, 주님을 향한 열정을 회복하
기를 바랍니다.

아브라함의 영접

찾아오신 주님께 아브라함이 취한 행동을 자세히 살펴봅시다. 창세기 본문은 소위 내러티브 문체입니다. 내러티브는 법정 언어처럼 이것이 옳고 저것이 틀렸음을 단정하는 문체가 아닙니다. 넌지시 분위기를 띄워 깨닫도록 만드는 것이 내러티브 문체의 기본입니다. 아브라함이 하나님을 언제부터 알아봤는지 본문에 분명히 드러나진 않지만, 그의 행동을 보며 처음부터 매우 귀한 분으로 인지했음을 알 수 있습니다. 세 분을 보자마자 아브라함은 각별하게 신경 씁니다. 우선 장막 문에서 달려 나가 영접하고 몸을 땅에 굽혔습니다. 땅바닥에 완전히 엎드렸다는 뜻입니다. 그리고는 '내 주여 내가 주께 은혜를 입었사오면 원하건대 종을 떠나 지나가지 마소서(3절)'라고 간청합니다. 여기서 사용된 '내 주여'는 특별한 용어입니다. 존경할 만한 어떤 대상을 향해서도 '내 주여'라 지칭하는 경우도 있지만, 그때의 표현과 지금 본문의 히브리어 원문은 차이가 있습니다. 아브라함이 그분을 남다르게 지칭하고 있음을 느낄 수 있습니다.

그리고는 음식을 준비할테니 쉬다 갈 것을 권유합니다. 6절에선 급히 장막으로 가서 사라에게 고운 가루 세 스아로 반죽해 떡을 만들도록 지시합니다. 최고의 식재료를 세 스아나 사용하라는 것은 아무리 생각해도 세 사람을 위한 대접으로 보기 어렵습니다. 세 스아는 밀가루 약 20kg 정도에 해당하는 엄청난 양입니다. 여기에 그치지 않고 가축 떼가 있는 곳으로 달려갑니다. 구십구 세의 아브라함이 손님 대접을 위해 서둘러 움직이는 모습을 본문이 반복적으로 묘사함을 눈여겨봐야 합니다.

기름지고 좋은 송아지를 잡았습니다. 세 사람이 왔는데 송아지를 잡다니 훨씬 더 많은 사람이 먹고도 남을 만큼의 음식을 준비하고 있습니다. 그들을 위한 특별한 양식을 준비하는 것으로 그가 세 사람을 어떻게 여기는지를 알 수 있습니다. 고운 가루 세 스아로 빵을 만들고 엉긴 젖 즉 버터와 우유를 준비하고 송아지를 잡았습니다. 상당한 시간이 흘렀을 것입니다. 그런데 이 많은 음식을 모두 차린 후 나무 아래에서 그들이 먹을 동안 아브라함은 곁에 서서 수종들고 있습니다(8절). 아브라함이 어떤 마음으로 그들을 대하는지 느껴집니까? 찾아오신 하나님을 최선을 다해 성심성의껏 영접하고 섬기는 마음입니다. 하나님과 아브라함이 언약적 관계 안에 긴밀히 연결되어 교제 나누고 있음을 본문이 시사해 줍니다.

믿음과 환대

내러티브는 아브라함의 믿음의 위대함을 명시하지 않습니다. 다만 그의 믿음이 어떠한지 넌지시 보여 줄 뿐입니다. 본문에 나타난 아브라함의 환대가 바로 그의 믿음을 보여주는 장치입니다.

우리는 어떻게 믿음을 나타냅니까? 예배드리는 것으로, 기도회 참석으로, 주기적인 성경읽기로 믿음을 모두 표현할 수 있겠습니까? 물론 그런 외적 요소를 보며 믿음의 사람이라 여길 수도 있지만, 본문에서는 믿음을 입증하는 또 다른 중요한 모습이 바로 '환대'임을 알려 줍니다.

아브라함은 하나님을 향한 믿음과 마음을 환대를 통해 드러내고 있습니다. 이것은 롯 또한 마찬가지입니다. 창세기 19장에서 롯은 소돔성에서 의롭다 함을 인정받고 구원 받습니다. 지금까지 봐왔던 모습과는 달라 보이겠지만 신약 성경은 롯을 의로운 사람으로 인정합니다. 베드로후서 2장은 소돔 성의 불의한 사람들 속에서 롯의 의로운 심령이 상했다고 말씀합니다.

> [7]무법한 자들의 음란한 행실로 말미암아 고통 당하는 의로운 롯을 건지셨으니 [8]이는 이 의인이 그들 중에 기하여 날마다 서 불법한 행실을 보고 들음으로 그 의로운 심령이 상함이라 (벧후 2:7-8)

창세기 19장에서는 롯의 믿음을 명시적으로 알 수 있는 장치가 거의 보이지 않습니다. 그의 의로움은 18장에 나오는 아브라함의 믿음과 환대의 모습과 비춰볼 때 보입니다. 소돔 성은 나그네를 향해 환대할 마음이 전혀 없이 오히려 적대적이었습니다. 그러나 롯은 두 사람에게 나아가 엎드리고 집으로 초대했습니다. 아브라함과 비교한다면 부족함도 많았습니다. 송아지를 잡거나 최고급 식재료로 빵을 굽지도 않았고 집에 있던 무교병으로 대접할 뿐이었습니다. 그럼에도 불구하고 그가 환대를 보임으로써 구원에 이를 믿음을 입증하고 있습니다. 아브라함도 롯도 환대를 통해 자신의 믿음을 표현한 것입니다.

우리 또한 마찬가지입니다. 믿음을 세상 가운데 드러내고 입증해야 할 모습이 있다면, 그 중 하나가 환대여야 합니다. 주님을 향해 최선의 환대를 하는 것이 우리의 믿음 아니겠습니까?

우리의 이웃은 누구인가?

그런데 예수님을 영접하고 대접하는 데 큰 문제가 있습니다. 언제 올지 미리 말씀해 주지 않는 것입니다. 예수님만 아십니다. 어떤 모습으로 오실지도 당신이 정하십니다. 불쑥불쑥 찾아오시는데 모르고 넘어갈 때가 많습니다.

마태복음 25장을 보면 이렇게 낭패를 겪은 사람들이 나옵니다. 마지막 날 예수님께서 두 그룹의 사람들 중 한쪽 편을 향해 '내 아버지께 복 받을 자들이여 나아와 창세로부터 너희를 위하여 예비된 나라를 상속받으라'고 말씀하십니다. 그들이 예수님이 주릴 때 마시게 했고 나그네 되었을 때 영접했기 때문이라 말씀하십니다. 사람들이 놀라며 그들이 언제 예수님을 영접했는지 묻자, '여기 내 형제 중에 지극히 작은 자 하나에게 한 것이 곧 내게 한 것이니라'고 말씀하셨습니다 (40절). 정작 그들은 예수님이 언제 찾아왔었는지조차 알지 못하고 있었는데 말입니다. 그리고는 심판받을 사람들을 향해 주님은 동일한 말씀을 하십니다.

작은 자에게 행한 것이 곧 주님께 한 것이라 성경은 말씀합니다. 환대를 뜻합니다. 주님이 오늘도 찾아오실 때 당신의 모습으로 오지 않습니다. 가난한 모습으로, 병든 모습으로, 굶주린 모습으로, 때론 외국인 노동자나 난민의 모습으로 볼품없고 연약한 모습으로 오십니다. 하늘의 존귀하신 예수님 모습만 상상하고 있다가 마지막 날 자칫 큰 낭패를 볼 수도 있습니다. 어떤 모습으로 오시든 내가 섬김을 받고자하는 대로 남을 섬긴다면, 그렇게 한결같이 준비하고 있다면 마지막 날에 주님과의 아름다운 연합의 교제를 누릴 것입니다.

아브라함에게 낯선 이의 모습으로 나타나셨듯 예수님께서 우리에게도 여러 모습으로 나타날 것입니다. 누구일지 모릅니다. 어떤 모습일지도 모릅니다. 그러므로 이웃을 향해 세상을 향해 가져야 할 원칙이 있습니다. 골로새서 3장 23절입니다.

> 23무슨 일을 하든지 마음을 다하여 주께 하듯 하고 사람에게 하듯 하지 말라 (골 3:23)

믿는 사람들에게 인간관계의 원칙이 되는 말씀입니다. 직장 생활을 할 때 상사를 대할 때나 아래 지위의 사람을 대할 때나 함께 일하는 동료를 대할 때나 주님을 대하듯 하라는 말씀입니다. 가정에서 남편을 대하고 아내를 대할 때, 자녀를 대하고 부모를 대할 때 주님께 하듯 하라는 겁니다. 주님께서 그 모습으로 찾아오시기 때문입니다.

생각해 보십시오. 우리야말로 잃어버렸던 자가 아닙니까? 예수님이 환대해 주지 않으시고 하나님 나라로 영접해주지 않으셨다면 어떻게 우리가 구원의 소망을 가졌겠습니까? 우리는 주님의 사랑과 환대를 이미 받은 사람입니다. 그렇다면 이제 그 주님의 마음과 주께서 하셨던 그 삶의 모습으로 우리 이웃을 환대하고 섬겨야 합니다.

우리가 그 일을 해야 할 때입니다. 우리나라는 우수한 의료 시스템을 갖췄고 많은 인적, 물적 자원을 갖게 되었습니다. 질병은 가난한 나라, 가난한 사람에게 공평하지 않습니다. 여전히 제3세계와 아프리카 등에서는 많은 사람이 질병과 기근에 노출된 채 치료조차 받을 수 없는 상황입니다. 나라를 잃고 텐트촌에서 지내는 수천만 명이나 되는 난민이 있습니다. 가족과 터전을 잃고 구호품에 의지하며 사는 사람들이 여전히 많습니다. 자신의 평안과 안전을 그저 감사하는데만 그치지 말고, 우리 이웃의 아픔과 눈물에 공감하며 선한 사마리아인이 되어야 하지 않겠습니까? 주님의 사랑을 먼저 받았다면 이제 그 사랑을 드러내는 일을 감당해야 합니다. 환대를 통해 자신의 믿음을 입증해야 합니다. 남보다 부자거나 능력이 많거나 여유가 있어야 하는 게 아닙니다. 우리의 탐욕은 아무리 많이 가지고 높이 올라가도 만족하지 않을 것입니다. 그러니 재물과 여유가 아니라 관심과 사랑이 환대를 가능케 합니다. 우리의 욕망의 무게를 내려놓고 사랑을 키워간다면, 이 환대를 통해 연약한 이웃을 품고 사랑하고 섬기는 일을 계속한다면, 믿음을 세상에 나타내게 될 것입니다. 그리스도의 사랑을 나누게 될 것입니다. 환대를 통해 우리 믿음이 세상 가운데 찬란히 입증되기를 소망합니다.

12. 믿음과 환대
(QR코드를 클릭하시면 설교 영상을 시청하실 수 있습니다)

The Abraham Narrative

13

아브라함의 기도

(창세기 18:16 - 33)

13. 아브라함의 기도

16. 그 사람들이 거기서 일어나서 소돔으로 향하고 아브라함은 그들을 전송하러 함께 나가니라
17. 여호와께서 이르시되 내가 하려는 것을 아브라함에게 숨기겠느냐
18. 아브라함은 강대한 나라가 되고 천하 만민은 그로 말미암아 복을 받게 될 것이 아니냐
19. 내가 그로 그 자식과 권속에게 명하여 여호와의 도를 지켜 의와 공도를 행하게 하려고 그를 택하였나니 이는 나 여호와가 아브라함에게 대하여 말한 일을 이루려 함이니라
20. 여호와께서 또 이르시되 소돔과 고모라에 대한 부르짖음이 크고 그 죄악이 심히 무거우니
21. 내가 이제 내려가서 그 모든 행한 것이 과연 내게 들린 부르짖음과 같은지 그렇지 않은지 내가 보고 알려 하노라
22. 그 사람들이 거기서 떠나 소돔으로 향하여 가고 아브라함은 여호와 앞에 그대로 섰더니
23. 아브라함이 가까이 나아가 이르되 주께서 의인을 악인과 함께 멸하려 하시나이까
24. 그 성 중에 의인 오십 명이 있을지라도 주께서 그 곳을 멸하시고 그 오십 의인을 위하여 용서하지 아니하시리이까
25. 주께서 이같이 하사 의인을 악인과 함께 죽이심은 부당하오며 의인과 악인을 같이 하심도 부당하니이다 세상을 심판하시는 이가 정의를 행하실 것이 아니니이까

26. 아브라함이 대답하여 이르되 나는 티끌이나 재와 같사오나 감히 주께 아뢰나이다

27. 아브라함이 대답하여 이르되 나는 티끌이나 재와 같사오나 감히 주께 아뢰나이다

28. 오십 의인 중에 오 명이 부족하다면 그 오 명이 부족함으로 말미암아 온 성읍을 멸하시리이까 이르시되 내가 거기서 사십오 명을 찾으면 멸하지 아니하리라

29. 아브라함이 또 아뢰어 이르되 거기서 사십 명을 찾으시면 어찌 하려 하시나이까 이르시되 사십 명으로 말미암아 멸하지 아니하리라

30. 아브라함이 이르되 내 주여 노하지 마시옵고 말씀하게 하옵소서 거기서 삼십 명을 찾으시면 어찌 하려 하시나이까 이르시되 내가 거기서 삼십 명을 찾으면 그리하지 아니하리라

31. 아브라함이 또 이르되 내가 감히 내 주께 아뢰나이다 거기서 이십 명을 찾으시면 어찌 하려 하시나이까 이르시되 내가 이십 명으로 말미암아 그리하지 아니하리라

32. 아브라함이 또 이르되 주는 노하지 마옵소서 내가 이번만 더 아뢰리이다 거기서 십 명을 찾으시면 어찌 하려 하시나이까 이르시되 내가 십 명으로 말미암아 멸하지 아니하리라

33. 여호와께서 아브라함과 말씀을 마치시고 가시니 아브라함도 자기 곳으로 돌아갔더라

(창세기 18:16-33)

갑작스럽게 이루어졌던 하나님과의 언약의 식탁 공동체는 참 귀하고 아름다운 경험이었습니다. 아브라함은 최선을 다해 음식을 준비했고, 주님은 그 식사를 기쁘게 받으셨습니다. 식사를 마친 후 이제 주님이 의도했던 길로 떠나려 하십니다. 16절은 '거기서 일어나서 소돔으로 향하고'라 말씀합니다. '향한다'는 용어는 '실제로 내려간다'는 뜻입니다. 헤브론에서 만남을 가진 후 이제 소돔을 향해 내려가는 길입니다. 아브라함이 멀리까지 동행하며 소돔이 내려다보이는 곳까지 배웅한 것으로 보입니다. 꽤 먼 거리를 하나님과 아브라함이 함께 걷고 있었습니다. 마지막까지 최선을 다해 하나님을 모시려는 아브라함의 마음이 느껴집니다.

소돔을 향한 하나님의 계획

배웅하는 자리에서 하나님께서 뜻밖의 사실을 아브라함에게 알려주십니다. 크게 두 가지를 말씀하셨는데, 넓은 관점으로 보면 한 가지입니다.

20절에서 소돔과 고모라에 대한 부르짖음이 크고 그 죄악이 심히 무겁다고 말씀하는데, 그 부르짖음이 너무 커 하나님께 상달된 것입니다. 이에 하나님께서 심판을 내리시기 전에 직접 가서 그 성의 실태를 파악하려 하십니다. 아브라함과 함께 나눴던 언약의 식탁과 저녁 시간의 여유로운 배웅 길 이면에 매우 긴박한 심판이 예정되어 있었음을 뒤늦게 알게 됩니다.

소돔 성의 사람들이 도대체 어떤 죄를 지었는지 단순하게 대답할 수는 없습니다. 많은 사람이 소돔의 동성애가 멸망의 단초를 제공했다고 주장하는데, 일부는 맞지만 동성애가 심판의 모든 이유는 아닙니다. 소돔 성에 동성애가 있었던 것은 분명해 보입니다. 하지만 본문 자체는 소돔 성의 동성애보다 소돔과 고모라에 대한 부르짖음이 큰 것을 강조합니다. 여기서 말하는 '부르짖음'은 사회적인 고통에 따른 부르짖음을 뜻할 때가 더 많습니다. 성경 전체 맥락에서 보면 '부르짖음'은 약자가 핍박과 고통을 받을 때 도와달라고 부르짖는 소리입니다. 소돔과 고모라 성 안에 가진 자와 없는 자의 간격과 그로 인한 사회적, 물리적 폭력과 여러 죄악된 모습이 난무해 연약한 사람들의 고통과 신음이 깊어졌고, 그들이 더 이상 견디지 못해 부르짖을 수밖에 없는 사회가 된 것입니다.

의와 공도의 나라

하나님께서 당신의 심판 계획을 아브라함에게 미리 알려주십니다. 여기에 매우 중요한 이유가 내포되어 있습니다. 18-19절입니다.

18아브라함은 강대한 나라가 되고 천하 만민은 그로 말미암아 복을 받게 될 것이 아니냐 19내가 그로 그 자식과 권속에게 명하여 여호와의 도를 지켜 의와 공도를 행하게 하려고 그를 택하였나니 이는 나 여호와가 아브라함에게 대하여 말한 일을 이루려 함이니라 (창 18:18-19)

이 구절에 핵심 주제가 나옵니다. 18장과 19장의 중요한 주제이자 단어는 바로 '의와 공도'라 할 수 있습니다. 하나님께서 아브라함을 부르시고 그와 그의 자손을 통해 영원한 복을 주실 것입니다. 그런데 아브라함을 부르신 이유는 그와 그의 후손들이 의와 공도의 나라를 만들고, 그 의와 공도를 행하는 세상을 이루라고 부르신 것입니다.

본문의 '의'는 '의로움', '공도'는 '정의'를 뜻합니다. 소돔과 고모라성에서는 결코 찾을 수 없던 것들입니다. 소돔과 고모라에 절망적인 부르짖음이 가득했던 이유는 의로움과 정의가 없었기 때문입니다.

하나님의 백성들이 이 땅을 살아갈 동안 어떤 나라와 세상을 꿈꾸며 만들어 갈지 하나님께서 비전을 보여주시는 것입니다. 의로움과 정의를 실천하는 세상, 의로움과 정의가 통용되는 세상을 꿈꾸며 기도해야 합니다.

세상 가운데, 하나님의 백성들이 서는 자리에 불의가 없도록, 홀로서 있는 자리뿐 아니라 공적으로 드러난 자리에서도 불의가 자행되지 않도록 관리하는 역할을 우리가 해야 합니다. 성경에서 '공의'는 다양하게 표현되지만 가장 많이 언급되는 방식이 법적 정의입니다. 법이 무너지지 않고 공정한 재판이 이뤄지고 무사 공평하도록, 성도가 감시하고 그 가치를 지켜가야 합니다.

본문의 비전이 얼마나 위대한지 우리는 깨달아야 합니다. 예수님을 믿음이 그저 우리가 구원받고 신앙생활에 불편함없이 예배 참석을 자유롭게 보장받고 건강하게 인생을 살다 가는 것으로 생각하면 큰 착각입니다. 크신 하나님을 알고, 하나님의 위대하심을 깨달아야 합니다. 온 세상을 창조하시고 당신의 법도대로 만물이 움직이기를 원하시는 그분의 뜻을 깨달아야 합니다. 교회뿐 아니라 우리가 속한 사회와 나라와 세계가 하나님의 의와 정의가 선포되고 실현되는 공간이어야 합니다. 교회가 하나님의 나라가 되듯 이 사회 또한 그분의 주권이 선포되고 그분의 통치가 이루어지는 나라로 확장되어야 합니다.

그것이 바로 일주일 내내 세상 속 삶의 터전에서 우리가 꿈꾸며 기도하고 추구해야 할 가치입니다. 하나님께서 원하시는 것은 멋진 교회 건물을 지어올리고 역동적이고 뜨거운 예배를 드리는데 그치지 않습니다. 주님이 진정 원하시는 것은 의로움과 공의입니다. 공의를 행하며 인자를 사랑하며 겸손하게 하나님과 동행하는 것(미 6:8)! 이것을 단순히 예배 처소에 국한하지 않고 삶의 자리에서 실천해야 합니다. 천천의 숫양과 만만의 강물 같은 기름을 드린다고, 번제와 예배를 드린다고 하나님을 만족시키는게 아니라, 살아가는 삶의 자리에서 그분의 말씀을 따라 정의를 행하고 인자를 사랑하며 겸손히 그분과 동행하는 삶을 살아내야 하는 것입니다.

그것이 우리의 기도 제목이어야 하고 삶의 방향이어야 합니다. 하나님을 사랑하고 섬기는 것을 단순히 예배 참여와 기도로만 국한시키지 않기 바랍니다.

하나님께서 아브라함에게 말씀하셨습니다. "먼저 네가 의와 공도를 행하고 너의 자녀에게 의와 공도를 가르쳐 세상이 의와 공도의 나라가 되도록 하라" 이를 위해 아브라함을 불러 세우신 것입니다.

아브라함에게 알려주신 이유

다음으로 하나님께서 아브라함에게 알려주신 당신의 계획은 소돔 성과 관련한 내용입니다. 의와 정의의 나라를 세우기 원하시지만 하나님께서 원하시는 의와 공의가 존재하지 않는 세상이 바로 소돔과 고모라인 셈입니다. 소돔과 고모라 성 안에 있던 온갖 폭력과 불의와 죄악된 습관이 하나님께서 원하신 의와 공의의 나라가 아님을 본문이 명백하게 보여주고 있습니다.

여기서 한 가지 의문이 생깁니다. 하나님은 왜 아브라함에게 당신의 계획을 말씀하시는 걸까요? 말씀 없이 가셔서 심판하면 그만인데, 더구나 아브라함이 먼저 여쭌 것도 아닌데 말입니다. 군이 당신의 계획을 알려 주시는 대목을 보며 하나님께서 아브라함을 어떻게 여기고 대우하시는지를 보게 됩니다. 그를 부르신 부르심의 목적이 바로 거기 있음을 되새겨 주시는 것입니다. 천하 만민이 그로 말미암아 복을 얻으리라 말씀하셨으니, 천하 만민의 운명이 그에게 달렸음을 상기시켜 주시는 것입니다. 아브라함이 세상을 위해 기도하게 만드시고 악한 세상 또한 가슴에 품도록 훈련하시는 것입니다.

본문을 포함해 창세기 19장과 20장에서도 아브라함이 이방인들을 대하며 자신의 부르심을 확인하게 됩니다. 이전엔 그가 준비되지 못해 그를 만나는 이방인들이 복이 아닌 심판을 받는 불상사도 있었으나 시간이 흐르며 자신의 문제를 넘어 세상과 열방을 품는 사람으로 자라가는 모습을 보여줍니다. 믿음이 성장한 것입니다. 뚜렷하게 사명을 확인한 것입니다. 예수님을 믿은 초기에는 본인 문제에 집중해 기도했다면, 믿음이 자라나는 과정에서 세상과 이웃을 향해 우리의 관심이 뻗어가 기도의 지경이 넓어지는 것입니다. 자신과 가정의 문제를 넘어 세상과 열방을 향하신 하나님의 마음을 가지고 기도하는 것입니다.

아브라함의 부르심의 방향이자 목적이 그러합니다. 굳이 소돔에서 행하실 계획을 먼저 말씀해 주신 후 아브라함의 기도를 가만히 듣고 계시는 이유는 그가 세상을 향해 선지자로서 중보하며 기도하는 사람으로 세워지길 원하셨기 때문입니다. 이것이 믿음이 성숙해 갈 방향이고 하나님께서 훈련해 가시는 방향임을 기억하기 바랍니다.

이로 말미암아 믿음이 성장하고 있는지 쉽게 판단하는 방법은 하나님 앞에 드리는 우리의 기도 내용을 보면 알 수 있습니다. 자신의 문제에만 관심갖고 기도한다면 여전히 어린 상태의 믿음입니다. 이웃과 세계가 어찌 되든 우리 가정과 생업이 평안해 감사하는 태도는 이기적인 모습입니다. 하나님께서는 자신의 문제에 머물러 눈물 흘리기보다는 이웃과 세상 때문에, 하나님의 정의가 이루어지지 않는 현실 때문에, 아파하고 눈물 흘리는 기도를 원하십니다. 믿음이 자라가기를 기대하십니다.

우리의 기도 내용에 변화가 있기를 바랍니다. 하나님의 목적을 위한 헌신과 기도와 열망이 포함되길 바랍니다. 우리 기도에 이웃과 믿지 않는 영혼들, 세상을 향해 기도하는 내용이 더욱 많아지길 기대합니다.

비록 가보거나 만나지 못했겠지만, 북한에서 어려움을 겪는 형제자매들을 위해 기도해야 합니다. 또 세계 곳곳에서 자유를 뺏기고 정치적으로 억압받는 사람들을 위해 기도해야 합니다. 떠도는 난민들과 지독한 기근과 질병으로 고통받는 사람들을 위해 기도해야 합니다. 여전히 수억 명의 믿음의 형제자매들이 예수를 믿는다는 이유로 핍박받고 죽음의 위협에 처해 있습니다. 그들을 위해 기도해야 합니다.

기도에 더해 우리가 할 수 있는 일이 무엇인지 고민해야 합니다. 그 세상 또한 하나님께서 의와 공도로 세우기 원하는 나라이기 때문입니다. 어쩌면 그 세상이 우리가 받은 부르심의 현장이고, 부르심 받은 목적일 것입니다.

아브라함의 중보기도

본문에서 이제 아브라함은 그 부르심을 따라 기도하고 있습니다. 심판 계획을 들은 아브라함은 다급한 마음에 하나님 앞으로 불쑥 다가갔습니다. 시간이 없습니다. 매우 촉박합니다. 천사들은 이미 소돔과 고모라로 내려갔습니다. 실제로 창세기 18-19장은 하나님이 오후에 방문하시고, 다음 날 아침 소돔 성이 멸망하므로 24시간도 채 되지 않는 짧은 시간입니다.

아브라함은 지금 하나님 앞에 서 있습니다. 하나님 앞에 서 있다는 말은 선지자적 용어입니다. 이 표현은 아브라함이 하나님의 종이라는 뜻입니다. 그가 선지자로서 역할한다는 뜻이기도 합니다. 23절을 보면 아브라함이 하나님께 가까이 나아가 간구하기 시작합니다. 그의 적극적인 마음이 표현된 것입니다.

그렇다면 아브라함은 무엇을 위해 기도했을까요? 아브라함의 마음이 남달랐을 것입니다. 소돔과 고모라 성도 그렇지만, 그곳엔 사랑하는 조카 롯이 있지 않습니까? 미우나 고우나 조카이고 한때 후사로 여겼던 인물 아닙니까? 그러니 매우 간절하고 긴박한 마음으로 기도했을 것입니다. 여기서 오해하지 말아야 할 것이 아브라함이 소돔과 고모라 성 자체만 위해 기도했다고 보기는 어렵습니다. 그가 오십 명이 있으면 어떻게 하실지부터 시작해 사십오 명, 사십 명, 삼십 명, 이십 명, 열 명에 이르기까지 계속 간구하는데, 그의 관심이 좀 더 원리에 입각했음을 알 수 있습니다. 비록 소돔과 고모라의 구원에 관심이 있었고 조카 롯을 구원해 주실 것을 간구하려 했더라도 직접적인 언급을 하지 않습니다. 대신 하나님의 말씀을 인용해 기도하고 있습니다. 19절에서 하나님은 아브라함을 통해 의와 공도의 나라를 이루겠노라 말씀하셨습니다.

> [19]내가 그로 그 자식과 권속에게 명하여 여호와의 도를 지켜 의와 공도를 행하게 하려고 그를 택하였나니 (창 18:19)

그 말씀을 받은 아브라함이 하나님께 기도한 내용은 23-25절까지 나옵니다.

> [23]아브라함이 가까이 나아가 이르되 주께서 의인을 악인과 함께 멸하려 하시나이까 [24]그 성 중에 의인 오십 명이 있을지라도 주께서 그 곳을 멸하시고 그 오십 의인을 위하여 용서하지 아니하시리이까 [25]주께서 이같이 하사 의인을 악인과 함께 죽이심은 부당하오며 의인과 악인을 같이 하심도 부당하니이다 세상을 심판하시는 이가 정의를 행하실 것이 아니니이까 (창 18:23-25)

하나님께서 의와 공도의 나라를 원하시면서 의인과 악인을 함께 멸하시는 것이 하나님이 말씀하시는 정의에 부합되는 것인지 묻습니다. 위대한 기도입니다. 아브라함은 지금 그 땅에 의인도 있고 죄인도 있을 텐데 정말 같이 멸망하실 것인지, 그것이 하나님의 정의가 맞는지 확인하는 것입니다.

거기에 몇 명의 의인이 있을까를 두고 하나님과 거래를 하는 것이 아니라 그곳에 한 명이든 열 명이든 백 명이든 의인이 있다면 그 의인을 하나님께서 죄인들과 똑같이 취급하실 것인지 묻습니다. 다시 말해 정의를 행하실 것인지, 하나님의 정의가 이루어질 것인지 확인하고 있습니다.

어떤 이들은 아브라함이 열 명에서 그친 게 아쉽다고 합니다. 그의 기도의 초점이 어디 있었는지를 오해한 데서 비롯된 생각입니다. 본문은 아브라함이 포기하지 않고 끝까지 기도해야 한다고 강조하지 않습니다. 그가 기도를 반복하며 마음에 확신하고 싶었던 한 가지는 '과연 하나님께서 의인과 악인을 함께 멸하실 것인가?'였습니다. 기도를 계속하는 동안 그는 확신을 얻었고, 따라서 기도를 멈출 수 있었던 것입니다. 더 이상 기도할 필요도 없었을 것입니다. 조카 롯은 하나님 앞에서 의롭다 인정을 받았기 때문에 소돔성이 멸망하는 그 순간 구원받을 수 있었습니다. 하나님의 심판은 정해진 일입니다. 하나님의 계획을 돌이키려는 것은 올바른 기도의 정의라 보기 어렵습니다.

기도는 하나님의 뜻에 복종하는 것

기도가 내가 원하는 것, 내가 소원하고 있는 것을 하나님 앞에 간절히 구해 당신의 뜻이 아님에도 불구하고 뜻을 돌이키사 내 소원을 들어주시길 바라는 것이 아닙니다. 내 소원을 이루고자 기도할 게 아니라 하나님의 뜻을 분별하고 나 자신을 주님의 뜻에 맞춰가야 합니다. 나의 뜻을 관철하고자 하나님을 바꾸려 들지 마십시오. 기도를 통해 하나님을 알아가고 그분의 뜻을 분별하고 내 뜻을 접고 그분 뜻을 따라야 합니다. 그런 기도를 해야 합니다. '지성이면 감천'이고 '우리 정성에 감읍하고 감동하여 기도에 응답해 주셨다'고 말하는 것은 기도를 기복적으로 이해하는 것입니다. 물을 떠 놓고 비는 무속신앙과 다르지 않습니다. 열심히 부르짖고 고집하는 것이 기도가 아니라, 주님의 음성을 듣기 위해 잠잠히 마음을 열고 그분의 뜻에 순복하는 것이 기도입니다. 그런 기도가 필요합니다.

아브라함이 바로 그렇게 기도하고 있습니다. 하나님의 뜻이 무엇인지 알고 싶었고, 그것을 알았을 때 미련 없이 일어섰던 것입니다. 하나님께서 행하실 계획에 복종하는 모습입니다.

우리 기도의 목적은 어디를 향합니까? 자신을 향합니까, 아니면 하나님을 향합니까? 기도의 중심에 하나님의 뜻을 두고 있습니까? 혹은 기도를 통해 자신의 소원을 이루고자 합니까? 기도를 통해 하나님의 뜻이 이루어지길 진정으로 원하는 것, 이 중요한 방향 전환이 우리에게 필요합니다.

그럴 때 기도를 통해 우리가 하나님과 동역하게 됩니다. 그럴 때 기도를 통해 하나님의 뜻을 분별하고 나 자신을 복종시킴으로써 그분의

사역에 동참하게 되고 신실한 벗이 되는 것입니다. 에스겔 36장 37절
은 이렇게 말씀합니다.

36주 여호와께서 이같이 말씀하셨느니라 그래도 이스라엘 족속이 이같
이 자기들에게 이루어 주시기를 내게 구하여야 할지니라 (겔 36:37)

이 구절의 문맥은 이렇습니다. 하나님께서 포로로 잡혀간 이스라
엘 백성을 구원하고 회복시켜 포로에서 돌이키실 것을 확정해 주셨습
니다. 회복을 선포하신 후에 이 말씀을 하십니다. 회복을 약속받았다
하더라도 이스라엘 백성이 하나님께 기도하기를 원하셨습니다. 의와
공의를 이루어 가도록 당신의 백성 삼으신 그들을 통해서도 일하기를
원하셨던 것입니다. 기도하지 않아도 하나님께서 계획하신 일은 당연
히 이루어질 것입니다. 그런데 기도하지 않았는데도 성취되는 것을 보
면 우리는 아마 그것이 하나님의 손길이 아닌 우연으로 생각할지도
모릅니다. 그래서 하나님께서는 일을 행하심에 있어 당신의 자녀들이
기도하기를 원하십니다. '그래도 그들이 이같이 이루어 주시기를 내게
구하여야 할지라.' 말씀하십니다. 기도로 주님과 동역하길 바랍니다.
하나님의 선하심을 신뢰한다면, 그분의 신실하심을 믿는다면 더욱 간
절히 기도로 나아가야 합니다. 기도의 불길이 꺼지지 않도록 최선을
다해야 합니다.

세상이 참 어지럽지 않습니까? 의와 공의의 세계가 이뤄지고 있다

고 누가 생각합니까? 재판은 과연 공정하게 행해지고 있습니까? 여러 이념 논리, 소득계층, 세대, 인종, 정치색 등으로 양보와 존중 없이 양분되어 있지 않습니까? 지금이야말로 우리가 기도해야 할 때입니다. 하나님의 의와 공의가 이루어지는 세상을 꿈꾸며 기도해야 할 때입니다.

우리의 그 기도를 통해 하나님께서 계획하신대로 당신의 역사를 이루어 가시리라 믿습니다. 기도의 자리에 서십시오. 힘을 합해 함께 기도하십시오. 기도의 동역을 통해 하나님의 능력을 경험하고 그 분을 깊이 알아가는 은혜를 누리길 간절히 바랍니다.

13. 아브라함의 기도
(QR코드를 클릭하시면 설교영상을 시청하실 수 있습니다)

The Abraham Narrative

14

소돔 성의 멸망

(창세기 19:17 - 22)

14. 소돔 성의 멸망

17. 그 사람들이 그들을 밖으로 이끌어 낸 후에 이르되 도망하여 생명을 보존하라 돌아보거나 들에 머물지 말고 산으로 도망하여 멸망함을 면하라
18. 롯이 그들에게 이르되 내 주여 그리 마옵소서
19. 주의 종이 주께 은혜를 입었고 주께서 큰 인자를 내게 베푸사 내 생명을 구원하시오나 내가 도망하여 산에까지 갈 수 없나이다 두렵건대 재앙을 만나 죽을까 하나이다
20. 보소서 저 성읍은 도망하기에 가깝고 작기도 하오니 나를 그곳으로 도망하게 하소서 이는 작은 성읍이 아니니이까 내 생명이 보존되리이다
21. 그가 그에게 이르되 내가 이 일에도 네 소원을 들었은즉 네가 말하는 그 성읍을 멸하지 아니하리니
22. 그리로 속히 도망하라 네가 거기 이르기까지는 내가 아무 일도 행할 수 없노라 하였더라 그러므로 그 성읍 이름을 소알이라 불렀더라

(창세기 19:17-22)

소돔과 고모라 성 사건은 잘 알려진 이야기입니다. 자세히 설명할 필요도 없이 창세기 19장 이야기는 많은 사람이 아는 내용이고, 구약과 신약 성경 전체에도 이 이야기가 무려 마흔아홉 번 정도 나옵니다. 창세기 19장 뿐 아니라 창세기를 넘어서도 약 사십여 차례 소돔에 대한 이야기가 나와 있고, 특히 신약에서 예수님께서 직접 소돔과 고모라에 대해 언급하실 만큼 유명하면서도 중요한 내용이라 할 수 있습니다. 익숙한 내용이라 식상하게 여길지 모르지만, 여전히 많은 궁금증이 있어 이해가 필요하기도 합니다.

소돔 성의 죄악

앞서 언급했듯이 소돔과 고모라가 구체적으로 어떤 죄로 인해 멸망당했는지 대답하기란 쉽지 않습니다. 동성애로 인한 멸망이라 이해하기 쉽지만, 본문은 그것만이 멸망의 원인이라고 단정 짓지 않습니다.

오늘날도 동성애 문제는 뜨거운 쟁점입니다. '소돔 사람들'이라는 영어 단어가 소도마이트(Sodomite)인데 '소돔'이라는 명사에 접미사 'mite'가 붙어 '소돔 사람들'을 뜻합니다. '소돔 사람들'을 뜻하는 이 단어는 영어 사전에서 '남색하는 사람들' 즉 남자 동성애자를 뜻하기도 합니다. 동성애를 염두에 둔 것입니다. 동성애가 법적으로 인정받으면

이 세상이 마치 소돔 성처럼 심판받게 된다고 단정하는 것은 조심스럽습니다. 이유없는 주장은 아니지만, 성경에 대한 바른 해석은 본문에서부터 출발해 우리 삶의 현장으로 적용해야 함을 기억해야 합니다. 순서가 바뀌면 말씀을 자의적으로 해석하는 오류에 빠지게 됩니다.

창세기 19장이 동성애를 정죄하지 않는 것이 아닙니다. 동성애가 죄가 아니라고 말씀하는 것도 아닙니다. 동성애 문제는 어느 시대, 어느 장소이든 역사 속에 존재해 왔습니다. 하나님이 굉장히 미워하신 죄이지만, 소돔과 고모라 성읍의 멸망이 그 한 가지 원인에 있다고 단순화하는 것은 조심해야 합니다. 소돔 성에 대해 창세기 이후 성경에서 약 사십여 회 더 언급하는데, 대부분이 범죄한 인생들과 나라들이 이스라엘을 대항해 범한 죄악 때문에 하나님께서 소돔과 고모라처럼 심판하시겠다는 내용입니다. 에스겔서에서도 소돔성의 죄에 대해 설명합니다.

> 49네 아우 소돔의 죄악은 이러하니 그와 그의 딸들에게 교만함과 음식물의 풍족함과 태평함이 있음이며 또 그가 가난하고 궁핍한 자를 도와주지 아니하며 50거만하여 가증한 일을 내 앞에서 행하였음이라 그러므로 내가 보고 곧 그들을 없이 하였느니라 (겔 16:49-50)

성경에서 설명하는 소돔 성의 죄악은 매우 다양하고 복합적입니다. 간음, 거짓, 악행, 가난한 자를 돌보지 않음, 교만 등이 모두 심판의 이유로 언급됩니다.

창세기 18장 20절은 '소돔과 고모라에 대한 부르짖음이 크다'고 언급합니다. 소돔 성 안에 있는 폭력과 약자들이 당하는 고통으로 인한 부르짖음이 하나님에게까지 올라온 것입니다. 넓은 의미로 이해하면 소돔 성에 있던 불법과 불의, 폭력과 약자들을 돌보지 않은 무정함 등이 심판의 이유라 할 수 있으며, 이런 모습은 두 천사가 소돔 성에 들어 왔을 때 성 사람들이 보인 반응에서도 드러납니다. 소돔과 고모라 성 사건은 하나님께서 의인은 구원하시고 불의한 자는 심판하신다는 성경 전체의 중요한 주제를 매우 선명하게 보여줍니다.

결국 소돔 성에 입성한 롯

창세기 흐름에서 보면 18장과 19장의 소돔 이야기는 앞선 13장, 14장과 깊이 연결되어 있습니다. 두 단락 모두 롯을 중심으로 아브라함과 소돔이 간접적으로 만나고 있습니다. 13장에서 롯이 삼촌 아브라함과 헤어지며 소돔 성을 선택한 결과가 어떠한지를 19장이 명확히 보여줍니다. 13장에서 롯의 눈에 소돔 성은 여호와의 동산 같고 애굽과도 같이 살기 좋은 땅으로 보였습니다. 애굽 온 땅의 95% 이상이 불모지이지만, 롯이 보았던 나일 강 지역은 비옥한 땅이었기에 아마도 애굽에 대한 환상을 갖고 있었을 것입니다. 그곳에서 보았던 발달한 도시 문화, 풍족한 물과 소산물이 그의 마음을 움직인 것 같습니다.

바로 그런 도시의 불빛과 아름다움, 풍요로운 삶을 기대하며 롯은 소돔을 향했었습니다. 처음에는 소돔 성 밖에 머물다 끊임없이 소돔 성 안으로 들어가길 바랐고, 결국 소돔 성에 들어가 거주할 수 있게 됐습니다. 고대 사회에서는 이웃에 누가 사는지, 상황이 어떤지 잘 아는 문화였습니다. 외부로부터 이주해 들어와 정착하기란 대단히 어려웠습니다. 단순한 방문이라면 맞이하고 섬겨줍니다. 환대의 문화입니다. 그러나 정착하려는 순간 사회는 외지인에 대해 매우 폐쇄적으로 변합니다. 그러므로 롯이 소돔 성 안에 거주하는 모습을 보면 그간 그가 얼마나 노력을 기울였을지 상상할 수 있습니다.

1절을 보면 롯이 소돔 성문에 앉아 있었습니다. 두 천사가 왔을 때 소돔 성문에서 그들을 발견하고 영접합니다. 그 당시 관점에서 성문에 앉아 있다는 표현은 지도자의 지위를 갖고 지역 유지의 역할을 감당했음을 의미합니다. 그곳은 성을 오가는 사람들을 관찰할 수 있는 자리였고 늘 사람들로 붐비는 곳이어서 사회의 공적 재판이 열리기도 한 자리였습니다. 롯이 성문에 앉아 있다는 것은 그가 세월이 흐르는 동안 그곳에서 공적 역할을 감당한 위치에 올랐음을 암시합니다.

나중에 소돔 성 사람들이 롯의 집으로 몰려와 두 천사를 불러내라고 요구할 때 롯이 성 사람들을 향해 악행하지 말라고 경고하는데, 이때 성읍 사람들이 "너는 물러나라. 이 자가 들어와서 거류하면서 우리의 법관이 되려 하는도다(9절)"라고 말합니다. 소돔 성 사람들은 롯을 '들어와서 거류하는 자'로 규정하고 '법관이 되려 하는 자'라 표현합니다. 이 사건이 있기 까지 소돔 성에서 그가 성공적으로 자리 잡고 일정한 지위를 누렸음을 알 수 있습니다. 세상적으로 성공한 것으로 보입니다. 딸들도 그곳 사람들과 결혼시키려 했습니다. 상당한 유대관계를 만들어 가고 있었습니다. 소돔 성에서 자신이 원하던 것들을 추구하며 살고 있었습니다. 자신의 눈에 보기에 좋았던 것들을 얻었습니다.

롯이 보지 못한 소돔 성의 죄악

그런데 롯이 보지 못했던 현실이 그 속에 있었습니다. 도시의 화려한 불빛을 보고 갔지만, 그 불빛 이면의 어두운 골목길의 향락과 죄악을 깨닫지 못했습니다. 그의 눈이 세상을 향하고 있었기 때문입니다. 13장에서도 이미 경고했던 부분입니다. 처음 그가 요단 들과 소돔을 보았을 때 하나님의 동산 같고 애굽 땅과도 같다 생각했지만, 그곳은 이미 하나님 앞에서 큰 죄인들이 있던 땅이었습니다. 13장에서 주어졌던 이 경고의 말씀이 롯의 눈과 귀에 들리지 않았던 것입니다. 소돔에 들어가 풍족한 삶을 영위하고 높은 지위에 앉았지만, 그 성의 가려졌던 죄악에 노출되기 시작했던 것입니다.

그곳에서 그 성 사람들과 연합하여 풍족하게 지내려고 신앙의 본분을 내려놓기 시작했습니다. 변화되기 시작했습니다. 그 땅의 남자들에게 자신의 딸들을 결혼시키려 했습니다. 자신도 깨닫지 못하는 사이 동화되고 있었습니다.

성의 무리들이 와서 천사들을 내놓으면 상관하겠다고 했을 때 롯이 말합니다.

> [8]내게 남자를 가까이 하지 아니한 두 딸이 있노라 청하건대 내가 그들을 너희에게로 이끌어 내리니 너희 눈에 좋을 대로 그들에게 행하고 이 사람들은 내 집에 들어왔은즉 이 사람들에게는 아무 일도 저지르지 말라 (창 19:8)

요즘 관점으로 보면 입에 담기조차 참담한 내용입니다. 하지만 성경은 고대 사회에 속한 사람들에게 우선 주어졌던 말씀이라 그들의 문화를 이해하고 읽는 것이 필요합니다. 당시 여성의 지위가 높지 않았던 사회이기도 했고, 집에 들어온 낯선 손님을 환대하는 것은 상상보다 훨씬 더 중요한 예법이었습니다. 그럴지라도 그의 제안은 롯 역시 그 사회의 타락한 성적 문화와 가치관에 부지중에 물들어 있었음을 확인할 수 있습니다.

소돔은 하나님의 심판을 받아 멸망했지만, 타락한 소돔의 문화는 롯의 집 안에 여전히 잔재했습니다. 19장의 후반부를 보면 소돔 성의 죄악과 타락이 롯의 가정에도 영향을 끼쳤음을 봅니다. 극적으로 소돔을 탈출한 롯과 두 딸이 아버지와 동침해 자손을 낳는 장면입니다. 소돔의 문화가 거기서 부활한 것입니다. 타락한 세상에 동화되었던 롯과 그의 자녀들이 했던 일입니다. 아브라함을 떠나 세상을 좇아 살던 롯이었습니다. 그 세상에서 풍요와 지위를 얻은 줄 착각했지만, 본문은 그의 선택의 결과가 무엇인지 뚜렷하게 말씀해줍니다. 과연 그가 얻은 것이 무엇인가요? 하나님을 최우선으로 모시고 약속의 땅에 머물러 있지 않고 풍요를 선택했을 때 결국 남게 된 것은 풍요도, 지위도 아니었습니다. 모든 것들이 허상처럼 사라져 버렸습니다. 하나님과의 친밀한 관계도 사라져 버렸습니다. 남은 것은 오직 죄악이 가득한 소돔의 문화였던 것입니다. 신기하게도 하나님을 위해 세상을 버리면, 하나님께서는 당신과의 친밀한 교제와 세상을 변화시켜갈 능력까지 우리에게 주십니다. 세상의 부요함과 안락함을 추구하며 세상의 방법과 문화를 선택하면, 결국 세상에서 얻었었던 안락도 하나님도 모두 잃게 되는 것입니다. 비록 이 땅에 발을 붙이고 살고 있지만, 세상을 추구하며 세상의 가치와 세상의 원리에 동화되지 않기를 바랍니다.

소돔 성을 탈출하라

본문에서 반복적으로 등장하는 하나의 메시지를 보면 "도망하라!"입니다. 좀 더 정확하게 표현하면 '탈출하라'는 뜻입니다. '소돔성에서 탈출하라!' 17절부터 22절까지 '도망하라'는 말은 다섯 번이나 나옵니다. 아주 긴박한 상황입니다. 아침이 밝아오는데 롯이 떠날 생각을 하지 않고 이것저것 챙기고 있습니다. 당연히 가져가고 싶은 것이 있었을 테고 인사도 하고 싶고 함께 갈 사람도 찾고 싶었겠지만, 절체절명의 위급한 순간에 그가 머뭇거리고 있습니다. 천사들이 롯과 그의 아내와 딸들을 직접 잡아 끌어냅니다. 성 밖으로 내밀고 등을 떠밀며 도망가라고 다급하게 외칩니다. '뒤돌아보지 말고 급히 도망하라'고 합니다. 이런 긴박함을 깨달아야 합니다. 세상 문화 속에서 살아가지만, 우리에게는 종말론적 의식이 필요합니다. 세상은 우리에게 어제와 같이 오늘도 내일도 영원히 있을 것이라 속삭입니다. 영원할 것처럼, 마치 이 세상을 천년만년 살아갈 것 같이 계획을 세우라고 합니다. 그러나 이 세상이 언제 어떻게 될지, 당장 나의 미래가 어떻게 될지 우리는 모릅니다. 하나님이 부르시면 나도 세상도 뜻하지 않은 순간에 하나님 앞에 서게 될 것입니다. 그러니 소돔을 탈출하라던 천사의 외침은 우리에게도 적용됩니다. 세상을 살아가고 있지만 세상에 속하지 않은 구별된 존재임을 기억하고, 세상으로부터 탈출하는 용기가 우리에게 필요합니다.

세상에서 탈출하라

'탈출하라'는 말이 직장도 그만두고 사회관계를 모두 끊은 채 이제 산속에서 살라는 말씀이 아닙니다. 세상에 살지만, 세상의 목적과 가치를 추구하며 살지 말라는 뜻입니다. 세상의 원리에 따라 하나님의 말씀을 적당히 타협하지 말라는 뜻입니다. 롯도 그의 가족도 동화됐었습니다.

하나님이 원하시는 자리는 동화가 아니라 변화입니다. 세상에서의 삶을 모두 버리고 포기한 채 거룩을 지키고자 산으로 갈 것이 아니라, 세상을 살아가며 이 땅의 원리가 아닌 하나님 말씀의 원리로 하나님의 백성으로서의 정체성을 가지고 말씀의 가치를 지키며 악한 세상을 개혁해가야 합니다. 그것을 위해 우리를 세상에 두셨습니다. 그것이 우리의 책임이자 이 땅에 발을 붙이고 살아가는 사명입니다.

롯은 세상에 동화되어 갔습니다. 세상의 가치, 소돔의 가치를 따라갔습니다. 본문의 롯을 다시 보십시오. 천사들이 그의 손을 끌고 밖으로 나가 등을 떠밀며 가라고 할 때 그가 어떤 요청을 합니까? 18장에서 소돔의 멸망 소식을 들었던 아브라함은 간절하게 여섯 번에 걸쳐 하나님께 기도했습니다. 아브라함이 소돔 성에서 아는 사람이라고는 롯 밖에 없었는데도 말입니다. 앞서 소돔 왕과의 만남은 좋은 기억으로 자리하지 않았을 것입니다. 그럼에도 아브라함은 그 성을 품고 기도했습니다. 그런데 롯은 지금 어떠합니까? 오랜 기간 그 성에 살며 이웃을 만나 교제해 왔고 심지어 자녀들이 결혼 관계까지 맺으려 했습니다. 터전을 잡고 살아가던 곳이었습니다. 그곳 사람들이 모두 심판받아 죽게 됐을 때 그가 기껏 기도했던 것은 도망하다 늦어지면 죽을 수 있으니 자신의 생명을 위해 작은 성읍 하나를 보존해달라는 내용이었습니다. 소돔 성에 대해 애통한 마음이 보이지 않습니다. 멸망당할 사람들로 고민하거나 불쌍히 여기는 마음이 보이지 않습니다. 세상을 개혁해 가야 하지만, 그 세상을 살아가는 사람들을 향한 긍휼과 섬김의 마음은 계속해서 우리에게 있어야 합니다. 세상은 버리되 세상에 속한 사람들은 긍휼히 여겨야 합니다.

그것이 이 땅에 있으면서 우리가 감당할 사명입니다. 롯은 세상에 있는 사람들을 붙들어 주지 않았고, 세상에 동화되어 지내다 세상까지 놓쳐 버렸습니다. 동화되거나 분리하지 말고, 변화시켜 가야 합니다. 세상을 추구하지 마십시오. 사도 바울은 고린도전서 10장 14절에서 '우상 숭배하는 일을 피하라'고 명합니다. '피한다'는 말은 단순히 회피한다는 뜻이 아니라 도망치라는 뜻입니다. 죄악이 있으면, 세상의 원리가 보이면, 다시는 돌아보지도 말고 한 번 빠지면 죽을 것처럼 도망쳐야 한다는 뜻입니다.

우리의 마지막 순간은 어떠할까요? 예수님께서 소돔의 이 장면을 누가복음 17장 28-33절에서 말씀하십니다.

²⁸또 롯의 때와 같으리니 사람들이 먹고 마시고 사고 팔고 심고 집을 짓더니 ²⁹롯이 소돔에서 나가던 날에 하늘로부터 불과 유황이 비오듯 하여 그들을 멸망시켰느니라 ³⁰인자가 나타나는 날에도 이러하리라 ³¹그 날에 만일 사람이 지붕 위에 있고 그의 세간이 그 집 안에 있으면 그것을 가지러 내려가지 말 것이요 밭에 있는 자도 그와 같이 뒤로 돌이키지 말 것이니라 ³²롯의 처를 기억하라 ³³무릇 자기 목숨을 보전하고자 하는 자는 잃을 것이요 잃는 자는 살리리라 (눅 17:28-33)

사람들이 예수님께 마지막 날에 대해 질문하자 주님은 인자가 오는 것은 마치 소돔 성이 멸망할 때와 같다고 말씀하십니다. 24절에서는 또한 그 날은 마치 번개가 치는 것과 같다고 말씀하십니다. 24절의 번개가 치는 것과 소돔 성의 멸망에 어떤 상관관계가 있습니까? 그 때를 모른다는 것입니다.

번개는 엄청난 에너지를 갖고 있습니다. 번개가 0.1초 동안 반짝하며 칠 때 붙들 수 있다면 그 에너지로 100와트짜리 전구 약 10만 개를 한 시간 동안 켤 수 있다고 합니다. 번개를 잡을 수 있다면 인류가 대면한 에너지 문제는 모두 해결될 것입니다. 과학 기술이 눈부시게 발달해 언젠가 그런 날이 올지 모르지만, 현대 기술로는 완성해내지 못합니다. 번개가 언제 어디서 칠지 모르듯 소돔 성 사람들이 하나님께서 정해 두신 멸망의 순간을 몰랐습니다.

이것을 종말 의식이라 정의하고 싶습니다. 종말 의식이 없으니 심판 가운데 있게 되는 것입니다. 예수님의 재림이 그와 같을 것입니다.

더 이상 미뤄 둘 수 없습니다. 언제 어떻게 될지 모르는데 많은 성도가 여전히 말합니다. "이번 사업만 잘 되면 열심히 신앙생활 하겠습니다, 이번 시험만 잘 보면 다시 교회 나오겠습니다." 사업이 성공하리라 어찌 알 수 있습니까? 이번 시험을 잘 보면 다음 시험은 없습니까? 바라는 대로 삶이 안정될 때까지 행여 우리가 살아 있을까요? 대체 무엇을 보장할 수 있습니까?

지금 이 순간을 하나님 앞에 묵묵히 드려야 합니다. 종말을 살아가는 성도의 삶이 그것입니다. 특별하지 않아도 괜찮습니다. 미루어 두거나 뒤돌아보지 말고, 하나님이 주신 오늘을 종말처럼 주님께 드려야 합니다. 롯의 처의 결말을 생각해 보십시오. 세상에 미련 두지 말고 하나님 앞에서 영원한 하나님의 나라를 꿈꾸며 살아야 합니다.

1956년 1월 8일 이십구 세의 젊은 선교사 짐 엘리엇은 파라과이 선교지에서 순교의 제물이 됐습니다. 그는 휘튼 대학(Wheaton College)을 수석 졸업한 전도유망한 청년이었습니다. 위험한 선교지로 가려는 그에게 많은 사람이 만류하며 더 좋은 길을 제시했습니다. 그때 그는 이렇게 말했습니다.

"영원한 것을 얻기 위하여 영원하지 않은 것을 버리는 것은 결코 어리석은 일이 아니다."

영원한 하나님 나라를 소망하기에 일시적이고 썩어질 것에 마음 주지 않겠다는 고백입니다. 안타깝게도 사람들은 보이지 않는 영원한 것을 포기한 채 보이는 일시적인 것을 좇아 살아갑니다. 영원히 썩지 아니할 그리스도의 생명과 그 가치가 우리 안에 있는데, 혹시 그것을 한 편으로 밀어두고 망각한 채, 세상의 썩어질 것들과 주님이 부르시면 하나도 가져가지 못하고 버려야 할 것들을 붙드느라 하나님 나라를 소망하지 못하지는 않습니까? 하나님 나라를 이루기 소원하면서도 정작 우리 삶은 온전히 바치지 못하지는 않습니까? 갈라디아서 6장 8절에서 사도 바울이 말합니다.

> 8자기의 육체를 위하여 심는 자는 육체로부터 썩어질 것을 거두고 성령을 위하여 심는 자는 성령으로부터 영생을 거두리라 (갈 6:8)

우리 눈은 어디에 머물러 있습니까? 관심이 어디에 있습니까? OECD에 속한 선진국들을 대상으로 설문조사가 있었습니다. 인생에 가장 의미 있고 소중한 것이 무엇인지 물은 질문에 대부분의 나라가 '가족'이라 답한 반면, 유일하게 한국은 '돈'이라 대답했습니다. 물질적 안정과 돈이 우리 삶을 의미 있게 만든다고 여기는 것이 21세기 한국의 현실입니다. 한국인 백 명 중 단 한 명, 1%만이 믿음이 중요하다고 대답했다고 합니다. 백 명 중 스무 명이 그리스도인이라 한국교회가 자랑해 왔는데 한 명만이 믿음을 대답했다 합니다. 이것이 우리의 현 주소가 아닐까요? 그리스도인들도 눈에 보이는 물질적 풍요를 사모하고 열망하며 좇는 것 같습니다. 세상도 놓치고 하나님도 놓치는 길입니다. 탈출해야 합니다. 탈출할 때입니다. 하나님이 주시는 영원한, 썩지 않을 신적인 성품에 동참하게 될 때 하나님께서 우리에게 이 세상을 변화하도록 맡기실 것입니다.

14.소돔 성의 멸망
(QR코드를 클릭하시면 설교 영상을 시청하실 수 있습니다)

The Abraham Narrative

15

아브라함의
두 번째 거짓말

(창세기 20:1 - 18)

15. 아브라함의 두 번째 거짓말

1. 아브라함이 거기서 네게브 땅으로 옮겨가 가데스와 술 사이 그 랄에 거류하며

2. 그의 아내 사라를 자기 누이라 하였으므로 그랄 왕 아비멜렉이 사람을 보내어 사라를 데려갔더니

3. 그 밤에 하나님이 아비멜렉에게 현몽하시고 그에게 이르시되 네 가 데려간 이 여인으로 말미암아 네가 죽으리니 그는 남편이 있 는 여자임이라

4. 아비멜렉이 그 여인을 가까이 하지 아니하였으므로 그가 대답 하되 주여 주께서 의로운 백성도 멸하시나이까

5. 그가 나에게 이는 내 누이라고 하지 아니하였나이까 그 여인도 그는 내 오라비라 하였사오니 나는 온전한 마음과 깨끗한 손으 로 이렇게 하였나이다

6. 하나님이 꿈에 또 그에게 이르시되 네가 온전한 마음으로 이렇 게 한 줄을 나도 알았으므로 너를 막아 내게 범죄하지 아니하게 하였나니 여인에게 가까이 하지 못하게 함이 이 때문이니라

7. 이제 그 사람의 아내를 돌려보내라 그는 선지자라 그가 너를 위 하여 기도하리니 네가 살려니와 네가 돌려보내지 아니하면 너와 네게 속한 자가 다 반드시 죽을 줄 알지니라

8. 아비멜렉이 그 날 아침에 일찍이 일어나 모든 종들을 불러 그 모 든 일을 말하여 들려 주니 그들이 심히 두려워하였더라

9. 아비멜렉이 아브라함을 불러서 그에게 이르되 네가 어찌하여 우 리에게 이렇게 하느냐 내가 무슨 죄를 네게 범하였기에 네가 나 와 내 나라가 큰 죄에 빠질 뻔하게 하였느냐 네가 합당하지 아니 한 일을 내게 행하였도다 하고

10. 아비멜렉이 또 아브라함에게 이르되 네가 무슨 뜻으로 이렇게 하였느냐

11. 아브라함이 이르되 이 곳에서는 하나님을 두려워함이 없으니 내 아내로 말미암아 사람들이 나를 죽일까 생각하였음이요

12. 또 그는 정말로 나의 이복 누이로서 내 아내가 되었음이니라

13. 하나님이 나를 내 아버지의 집을 떠나 두루 다니게 하실 때에 내가 아내에게 말하기를 이후로 우리의 가는 곳마다 그대는 나를 그대의 오라비라 하라 이것이 그대가 내게 베풀 은혜라 하였 었노라

14. 아비멜렉이 양과 소와 종들을 이끌어 아브라함에게 주고 그의 아내 사라도 그에게 돌려보내고

15. 아브라함에게 이르되 내 땅이 네 앞에 있으니 네가 보기에 좋은 대로 거주하라 하고

16. 사라에게 이르되 내가 은 천 개를 네 오라비에게 주어서 그것으로 너와 함께 한 여러 사람 앞에서 네 수치를 가리게 하였노니 네 일이 다 해결되었느니라

17. 아브라함이 하나님께 기도하매 하나님이 아비멜렉과 그의 아내와 여종을 치료하사 출산하게 하셨으니

18. 여호와께서 이왕에 아브라함의 아내 사라의 일로 아비멜렉의 집의 모든 태를 닫으셨음이더라

(창세기 20:1-18)

[인간의 흑역사]라는 책이 있습니다. 책의 내용은 부제 '인간의 욕심은 끝이 없고 똑같은 실수를 반복한다'에 잘 나와 있습니다. 인류 초기 역사부터 현대에 이르기까지 수많은 역사를 망라하여 인류가 똑같은 실수를 반복하며 지내오고 있음을 서술합니다. 끊임없이 잘못된 선택을 하며 때로는 교훈을 얻지만, 또 때로는 같은 실수와 잘못을 반복하는 것이 인류의 역사라는 내용입니다. 생각해 보면 맞는 말 같습니다. 사건 사고 소식을 접할 때면 책임자가 나와서 사과하고 재발 방지를 약속합니다. 그러다 시간이 잠시 지나면 같은 사고가 반복되고 사과도 반복됩니다. 그런 모습을 보면 이 책의 뼈 있는 한 마디가 생각납니다. "인간의 실수가 반복되면 될수록 그 속도는 빨라진다."

아브라함이 실수를 반복하다

영적 신앙생활도 마찬가지 아닌가 싶습니다. 연말 무렵 한 해를 돌아보면 감사 제목도 많지만, 하나님 앞에서 부끄럽고 죄송한 일이 늘 많습니다. 새해 무렵엔 누구나 성경 읽기를 다짐하지만, 연말이면 실패한 자신을 만납니다. 어제 했던 회개 기도를 오늘도 똑같이 하고있는 자신을 또한 봅니다. 다짐하고 헌신했던 일들이 우리의 연약함으로 인해 실패할 때도 있지만, 우리 속에 내재된 죄성과 악한 습관이 반복되어 실패하기도 합니다.

본문에 나타난 아브라함의 모습이 그렇습니다. 믿음의 조상이요 믿음의 모델이 되는 인물이지만, 그 역시 연약한 인간이요 죄악된 성품을 가진 사람입니다. 끊임없이 실수하고 잘못된 선택을 반복합니다.

본문과 비슷한 사건이 창세기 12장에도 있었습니다. 가나안 땅의 기근이 심각해지자 애굽으로 피난 간 아브라함이 아내로 인해 죽임을 당할까 두려워 아내를 여동생이라 속입니다. 미래에 어쩌면 닥치지도 않을 위험을 두려워하다 오히려 큰 위기에 내몰렸습니다. 하나님의 특별한 개입이 없었다면 사라는 영영 바로의 아내가 됐을 것입니다. 가나안 땅으로 돌아온 아브라함은 예전에 예배드렸던 곳을 찾아 다시 제단을 쌓았고 하나님을 향한 믿음을 회복하게 됩니다.

그런데 본문을 보니 다시 비슷한 상황이 벌어집니다. 한 번의 큰 실수로 교훈을 얻었을 법한데, 놀랍게도 그는 예전의 실수를 똑같이 반복합니다. 장소만 바뀌었을 뿐입니다. 이방의 왕을 만나기에 앞서 다시 아내 사라를 여동생이라 속인 것입니다. 13절을 보면, 새로운 정보도 추가됩니다.

> ¹³하나님이 나를 내 아버지의 집을 떠나 두루 다니게 하실 때에 내가 아내에게 말하기를 이 후로 우리의 가는 곳마다 그대는 나를 그대의 오라비라 하라 이것이 그대가 내게 베풀 은혜라 하였었노라 (창 20:13)

이방 땅에 갈 때마다 아내를 여동생이라 속이기로 의논했음을 알 수 있습니다. 성경에는 두 사례만 나오지만 실제로는 더 많았을 수도 있습니다. 아브라함의 잘못이 그의 삶에서 습관적으로 반복되었음을 암시합니다. 어쩌면 다른 곳에서는 작전이 성공했을 수 있습니다. 그러나 자신의 잘못을 인정하고 회개했던 일을 필요에 따라 계속 반복하는 것은 옳지 않습니다. 낯설고 위험한 곳에 갔을 때 하나님께서 지켜주시리라는 믿음보다 자신이 생각한 안전한 방법을 선택하는 것은 믿음이 아닌 세상의 방법을 선택하는 것이고 죄악된 습관입니다.

다시 그러나 더 심각하게

창세기 12장과 20장은 형식이 매우 유사해 보이지만 다른 이야기입니다. 성경 해석을 할 때 본문의 정확한 의미는 본문이 위치한 문맥에 의해 결정됩니다. 12장은 하나님께서 아브라함을 처음 부르신 사건이 나왔습니다. 그의 나이 75세 때의 일입니다. 믿음의 여정을 갓 시작한 때였으니 모르는 게 많았다고 해도 괜찮습니다. 아직 믿음이 성숙하지 못했다고 해도 이해할만합니다.

그런데 20장은 다릅니다. 25년의 세월이 흐르는 동안 하나님께서 어떻게 돌보셨고 인도해 오셨는지 경험했습니다. 믿음의 길을 열심히 걸어 왔습니다. 게다가 17장에서는 그가 백 세가 될 때 하나님께서 약속하신 후손을 얻으리라는 말씀까지 하셨습니다. 이제 약속의 자녀를 출산해야 할 사라를 생각한다면, 본문에 나타난 아브라함의 실수는 단순한 실수가 아니라 영적으로 훨씬 더 심각한 죄악에 해당합니다. 하나님께서 직접 자신과 사라에게 나타나 말씀하신 것조차 제대로 신뢰하지 못하고 옛 습관을 따랐기 때문입니다. 더 깊은 실패의 자리로 내려간 것입니다.

하나님의 역사하심

그럼에도 하나님은 여전히 당신의 신실하심을 보이십니다. 더 깊은 실패의 자리에 있을 때, 오히려 더 적극적으로 하나님께서 일하셨습니다. 분량 면에서 본문은 창세기 12장의 사건보다 훨씬 더 깁니다. 그리고 12장에 비해 당시 무슨 일이 어떻게 일어났는지에 대해서는 짧게 1-2절로 요약합니다. 20장을 이렇게 기록한 것은 앞선 12장을 먼저 읽은 상태에서 본문을 읽는 것을 전제합니다. 사건을 간단하게 설명한 본문은 3-7절, 9-16절에 이르도록 긴 대화 장면을 포함시킵니다. 의도된 문학적 배치라 할 수 있습니다. 이렇듯 긴 대화를 포함한 것은 20장이 전하고자 하는 메시지가 들어 있기 때문입니다.

여러 인물이 등장하지만, 하나님께서 어떻게 말씀하시고 묘사되는지에 주목할 필요가 있습니다. 12장에서 하나님은 사건의 흐름을 일거에 바꾸는 결정적인 역할을 하셨는데, 어떤 일을 행하셨는지는 등장인물에게 감춰져 있습니다. 애굽에 심판을 내리셨지만 어떤 재앙을 내리셨는지, 바로 왕이 어떻게 알게 되었는지 등에 대해서는 구체적인 언급이 없습니다.

반면 20장에서는 하나님이 직접 꿈을 통해 이방 왕 아비멜렉을 찾아오셔서 말씀하십니다. 3절을 보시면 '그 밤에' 하나님이 아비멜렉에게 현몽하셨습니다. 여기서 말하는 그 밤은 아비멜렉이 사라를 취한 그날 밤을 뜻합니다. 하나님께서 얼마나 적극적으로 사건에 개입하셨는지 알 수 있습니다. 3절부터 7절까지 하나님과 아비멜렉 사이에 대화가 오갑니다. 핵심 문맥은 뚜렷합니다. 3절과 7절에서 하나님은 아비멜렉에게 '반드시 죽을 것이다'라고 경고하십니다. 매우 강력한 경고의 말씀입니다. 아비멜렉이 사라를 취하는 죄를 범하지 않도록 선제적으로 나타나 막으셨음을 알 수 있습니다. 하나님의 행동하심은 우리가 예상한 것보다 훨씬 더 이른 시기에 이뤄졌습니다. 본문 18절을 보십시오.

> [18]여호와께서 이왕에 아브라함의 아내 사라의 일로 아비멜렉의 집의 모든 태를 닫으셨음이더라 (창 20:18)

하나님께서 아비멜렉의 집의 모든 태를 닫으신 것은 그 밤에 그에게 나타나 말씀하시기 전에 일어났습니다. 이전에 일어난 일에 대해 정보를 주지 않다가 끝에 무심코 던지며 독자들을 놀라게 만드는 일

종의 문학적 회상 방식을 사용하고 있는 구절입니다. 아비멜렉의 꿈에 나타나 말씀하시기 전에 이미 하나님께서 행동하셨다는 뜻입니다. 그래서 아비멜렉이 하나님의 경고를 무겁게 여겼을 것입니다. 이렇듯 하나님께서는 당신의 백성을 향한 당신의 일을 신속하게 이루십니다.

아브라함이 실패한 자리였습니다. 이전보다 더 많이 영적으로 침체해져 넘어진 그 순간, 아무것도 할 수 없이 좌절하여 넘어진 순간이었습니다. 무기력하게 아내를 빼앗긴 그 순간에 하나님께서 다시 역사하셨습니다.

여기서 짚고 넘어갈 게 있습니다. 창세기 17장에서 하나님이 일 년 후에 아들을 주시리라 약속하셨습니다. 약간의 시간이 흐른 후 18장에서는 사라에게 다시 말씀해 주셨습니다. 임신과 출산의 기간을 고려하면 어쩌면 아비멜렉에게 내려갔던 때에 사라가 이미 임신한 상태였을 수도 있습니다. 아무도 확인해 줄 수 없는 일이지만 합리적인 추론이라 생각합니다. 그런 상황에 남편이 아내를 여동생이라고 속이고, 이방 왕의 위세에 눌려 아내를 포기하려는 모습은 더욱 이해하기 어려운 장면입니다. 약속의 관점에서 보자면, 이것은 단순히 아브라함의 믿음의 후퇴만을 뜻하는 것이 아닙니다. 창세기 17장과 18장에서 주어졌던 하나님의 약속이 위기를 맞은 것입니다. 이것이 더 고비입니다. 내년에 아들이 태어날 텐데 아비멜렉과 결혼한다면 사라의 아이는 대체 누구의 아이가 될까요? 요즘같이 DNA 검사도 할 수 없었습니다. 그 밤에 하나님께서 신속하게 아비멜렉의 집의 태를 닫으시고 꿈으로 만나신 이유가 바로 여기에 있습니다. 하나님의 약속이 신실하게 이뤄지도록 당신께서 일하신 것입니다.

넘어져 있을 때

실패하고 좌절할 때도 넘어져 있을 때도 길을 찾지 못하고 있을 때도 하나님께서 당신의 백성을 지키실 것입니다. 하나님은 그를 붙드시고 다시 일으켜 세우길 원하십니다. 실패의 자리에서, 우리의 노력이 수포가 되는 자리에서, 이제 끝났다고 절망하는 자리에서, 하나님은 일하기 시작하십니다. 얼마나 큰 위로와 힘이 되는지 모릅니다. 앞서 말씀드린 것처럼 인간의 욕심은 끝이 없고 사람들은 했던 실수를 반복하며 일생을 살아갑니다. 그러나 영적으로 실패하고 넘어질 때도 하나님은 당신의 백성들을, 당신의 자녀들을 버리지 않습니다. 넘어진 자리에서 다시 우리를 찾아오시고 만나주시고 세워 가십니다. 어쩌면 아무것도 할 수 없이 무너진 그 자리가 평생 잊지 못할 은혜의 자리가 될 수 있습니다. 내가 아니라 하나님께서 일하시는 자리이기 때문입니다. 이 사실을 기억할 수 있기를 바랍니다.

항상 넘어지는 자신을 인정하십시오. 그래야 결코 영적으로 교만할 수 없습니다. "세상이 다 주를 버려도 나는 주를 부인하지 않겠습니다"던 베드로가 그 밤이 지나기 전에 예수님을 모른다고 세 번이나 부인하고 맹세하고 저주까지 했던 것을 기억하십시오. 겸손히, 언제나 넘어질까 조심하며 자신을 돌아보고 영원하신 주님께만 소망을 두기를 바랍니다.

의로운 자를 지키시는 하나님

하나님께서 연약하여 넘어진 아브라함을 위해 급히 찾아오셨지만, 또 다른 관점도 살펴보겠습니다. 하나님은 또 한 명의 등장인물인 아비멜렉에게도 관심을 갖고 계셨습니다. 아비멜렉은 이 일에 정말 억울했습니다. 아브라함의 거짓말에 희생당했습니다. 속인 것은 아브라함이었고, 자신은 합법적으로 사라를 데려왔습니다. 그런데 그 밤에 하나님이 나타나 죽음을 선포하시니 얼마나 두렵고 놀랐겠습니까! 아비멜렉이 문맥 전체에서 아주 중요한 말을 합니다.

4아비멜렉이 그 여인을 가까이 하지 아니하였으므로 그가 대답하되 주여 주께서 의로운 백성도 멸하시나이까 5그가 나에게 이는 내 누이라고 하지 아니하였나이까 그 여인도 그는 내 오라비라 하였사오니 나는 온전한 마음과 깨끗한 손으로 이렇게 하였나이다 (창 20:4-5)

놀라운 말입니다. 굳이 비교하자면 이 본문에서는 그가 아브라함보다 의롭게 보일 정도입니다. 본문에서 누가 하나님을 두려워하고 있습니까? 아비멜렉입니까, 아브라함입니까? 아비멜렉은 순전한 마음으로 절차와 법도를 따라 사라를 아내로 취하려 했습니다. 그는 과연 의로운 백성처럼 보입니다.

4-5절에 나타난 아비멜렉의 말은 창세기 18장에서 아브라함이 소돔 성을 생각하며 하나님께 던졌던 질문과 동일한 내용입니다. 소돔 성을 위해 그는 무려 여섯 번이나 간절한 중보를 했었습니다. 소돔이 멸망할 때, 하나님께선 아브라함을 기억하사 롯을 구원해 주셨습니다. 하나님께서는 당신의 의로운 백성을 반드시 지키십니다.

역설적으로 이 본문에서는 의로운 아비멜렉을 지켜주십니다. 아브라함의 실수와 연약함으로 인해 오히려 멸망의 자리에 빠지게 된 아비멜렉을 살리십니다. 하나님께서도 그의 의로움을 인정하시는데, 6절에서 그가 온전한 마음으로 사라를 취하였음을 인정해 주셨습니다. 그렇기 때문에 그가 범죄하지 않도록 오히려 막아 주신 것입니다. 하나님은 이렇듯 의로운 백성을 지키고 구원하시는 분입니다.

이방을 향한 아브라함의 사명

아브라함은 안타깝게도 사명의 자리에서 벗어나 있습니다. 그의 잘못은 그를 만난 이방인들에게 저주와 심판을 초래했습니다. 하나님은 아비멜렉의 입술을 통해 넘어져 있던 당신의 백성 아브라함을 회복시

켜 주시고 사명을 감당하도록 세우시려 합니다. 불과 얼마 전까지만
해도 멸망할 소돔 성을 위해 최선을 다해 기도했던 아브라함입니다.
그것이 이방을 향한 바람직한 모습이었습니다. 이제 그 사명을 놓치
고, 오히려 이방에 재앙이 되고 있습니다. 이방인의 입술을 통해 사명
을 재확인하게 되는 것입니다.

아비멜렉이 죽을 뻔한 것은 사명의 자리에서 벗어나 있던 아브라
함 때문이었습니다. 이방인의 운명이 하나님의 백성과의 관계에 달려
있음은 창세기 12장 3절에서 명백하게 선포된 내용입니다. 아브라함
을 축복하는 자는 복을 받고 저주하는 자는 저주를 받을 것입니다.
그 말씀에 따라 아비멜렉이 의도하지는 않았지만, 아브라함을 선대하
지 못함으로 저주에 처해진 것입니다.

이번에도 하나님은 아비멜렉을 경고한 후 사라를 돌려보내게 하
면 되지 않으실까요? 그런데 갑자기 아브라함을 언급하십니다. 그를
'선지자'라 칭하시며 그의 기도를 받아야만 아비멜렉이 살 수 있음을
말씀하십니다. 세상 임금을 두려워했던 아브라함에게 그가 어떤 존재
로 살아야할지, 열방 가운데 어떤 사명을 감당해야 할지 되새겨주시
는 것입니다.

아브라함은 선지자였습니다. 소돔 성을 위해 간절히 기도했고, 하
나님께서 그의 기도를 들어 주셨습니다. 지금은 넘어져 아무것도 할
수 없는 지경에 이르렀고 오히려 이방인 아비멜렉에게 책망받는 처지
에 놓였을 때 하나님께서 그를 여전히 선지자로 칭해주십니다. 우리의

정체성입니다! 우리는 실패하고 넘어지며 반복해서 죄악을 범합니다. 자신을 보며 실망하고 좌절할 때가 있지 않습니까? 만약 우리가 하나님이라면 우리 같은 사람은 버리실 것 같지 않습니까? 그런데 하나님께서는 실패하고 바닥에 주저앉은 아브라함을 향해 말씀하십니다. "너는 선지자니라! 비록 지금은 연약하지만 내가 너의 기도를 통해 일할 것이다." 애굽에서 양치던 목동들이 오합지졸 도망치듯 출애굽 했는데 하나님께서 그들을 '여호와의 군대'로 불러 주신 것과 같은 원리입니다. 미디안 사람들이 두려워 타작마당에서 타작하지 못하고 포도주 틀 속에 웅크리고 앉아 몰래 밀을 까먹던 기드온에게 하나님의 사자가 찾아오셔서 '큰 용사여!'라고 부르셨습니다.

도대체 지금 아브라함의 어떤 모습이 선지자처럼 보입니까? 출애굽한 이스라엘 백성들의 어떤 모습이 여호와의 군대로 보입니까? 대체 기드온이 어떻게 큰 용사처럼 보입니까? 솔직히 우리는 정말 자격없는 사람들입니다. 감히 하나님의 일을 감당할 능력도, 자세도 되어있지 않습니다. 그런데 하나님은 결코 우리를 포기하지 않으리라 말씀하십니다. 사탄은 늘 우리를 비난합니다. '네가 뭐라고, 너 주제에 감히 할 수 있어? 네가 무슨 짓을 하고 무슨 생각을 하는지 내가 다 알아. 그런데 하나님의 일을 하겠다니!' 그렇게 우리를 정죄합니다. 사탄의 외침입니다.

하지만 넘어져 있어도 하나님은 우리를 결코 포기하지 않으십니다. 에스겔서 16장은 슬퍼하며 넘어져 있는 이스라엘 백성들을 묘사

합니다. 벌거벗은 채 길바닥에 쓰러져 있습니다. 피투성이가 되어 있습니다. 더 이상 아무런 소망이 없고 돌아볼 가치도 없는 부끄러움과 실패와 좌절로 가득한 그들을 향해 하나님께서 말씀하십니다.

> [6]너는 피투성이라도 살아있으라 다시 이르기를 너는 피투성이라도 살아있으라 (겔 16:6b)

"아무런 소망이 없지만, 아무런 가능성이 없지만, 내가 하리라! 내가 너를 붙들리라! 너와 함께 하며 너를 통해 일하리라. 비록 네가 실패해도 너를 통해 일하리라. 결코 너를 포기하지 않으리라. 그러니 살아만 있으라. 피투성이라도 살아만 있으라. 너를 붙들어 끝끝내 나의 일을 하리라."

당신의 백성들을 향한 하나님의 간절함이 보이지 않습니까? 혹 지금 피투성이처럼 실패하고 넘어져 있습니까? 하나님께 나오기조차 죄송한 처지는 아닙니까? 하나님께서 결코 우리를 포기하지 않으신다는 사실을 믿으십시오.

본문으로 되돌아가 봅시다. 아비멜렉의 마음이 어땠을까요? 9절 이하를 보면 그가 아브라함을 크게 야단칩니다. '어떻게 네가 나한테...' 몇 번이나 말합니다. 아브라함은 유구무언입니다. 아비멜렉이 다시 채근합니다. 분노로 가득했지만, 아브라함을 어찌하지 못합니다. 그의 기도가 필요했기에 오히려 간청합니다. 하나님께서 아브라함을 통해 일하시기 때문입니다. 아브라함이 그를 위해 기도하자 하나님께서 아브라함의 기도를 통해 아비멜렉의 집에 기적을 일으키십니다. 치료의 은혜를 베푸시고 다시 살려 주셨습니다. 아브라함이 가장 놀랐을지도 모릅니다. 그 같은 상황에도 하나님께서 자신의 기도를 들으신 것을 확인했기 때문입니다.

같은 깨달음이 우리에게도 있기를 바랍니다. 연약함과 악한 본성으로 인해 똑같은 죄를 짓고 또 반복하며 회개를 일삼지만, 그런 우리도 하나님께서 들어 사용하시리라 믿음으로 고백합시다. 연약하여 넘어진 그 자리에서도 사랑하시고 끝까지 놓지 않으시는 은혜의 주님을 만나 회복의 은혜를 누릴 수 있기를 바랍니다.

15. 아브라함의 두 번째 거짓말
(QR코드를 클릭하시면 설교 영상을 시청하실 수 있습니다)

The Abraham Narrative

16

약속이 성취되다

(창세기 21:1-7)

16. 약속이 성취되다

1. 여호와께서 말씀하신 대로 사라를 돌보셨고 여호와께서 말씀하신 대로 사라에게 행하셨으므로
2. 사라가 임신하고 하나님이 말씀하신 시기가 되어 노년의 아브라함에게 아들을 낳으니
3. 아브라함이 그에게 태어난 아들 곧 사라가 자기에게 낳은 아들을 이름하여 이삭이라 하였고
4. 그 아들 이삭이 난 지 팔 일 만에 그가 하나님이 명령하신 대로 할례를 행하였더라
5. 아브라함이 그의 아들 이삭이 그에게 태어날 때에 백 세라
6. 사라가 이르되 하나님이 나를 웃게 하시니 듣는 자가 다 나와 함께 웃으리로다
7. 또 이르되 사라가 자식들을 젖먹이겠다고 누가 아브라함에게 말하였으리요마는 아브라함의 노경에 내가 아들을 낳았도다 하니라

(창세기 21:1-7)

백 세에 아들을 낳다

하나님께서 아브라함에게 자손을 약속하신 지 25년이 흘렀습니다. 기다리다 지쳤고 육신도 늙어 기대할 수 없을 때였습니다. 두 사람의 결혼은 훨씬 더 오래전이니 그 기다림의 시간을 어떻게 말로 표현할 수 있겠습니까! 고대 사회에서 자손이 없다는 말은 장래가 없음을 뜻했습니다. 특히 사라에게는 더 가슴 아픈 일이었습니다. 아브라함은 이미 태어난 자녀들을 바라보며 노년을 지낼 생각이었습니다.

이제 본문에서 아브라함과 사라는 그 모든 아픔과 어려움을 뒤로하고 드디어 하나님께서 허락하신 약속의 아들을 품에 안습니다. 90세의 노산이니 많은 걱정이 있었겠지만, 무사히 출산했으니 얼마나 기뻤을까요? 이삭의 작은 몸짓과 표정, 행동 하나하나가 소중하고 특별하게 여겨졌을 것입니다. 행복한 웃음이 터져 나옵니다. 드디어 하나님께서 아브라함과 사라에게 웃음을 주셨습니다.

약속이 성취되다

이삭의 출생은 노부부에게 그저 대를 이어줄 자손이 태어난 것 이상의 의미였습니다. 아브라함 내러티브는 바로 이 순간을 위해 달려옵니다. 창세기는 아브라함 내러티브의 시작인 12장부터 지속적으로 '하나님께서 약속하신 후사가 누구인가?'에 초점을 맞춥니다. 드디어 지금 본문에서 약속하신 후사가 태어났음을 선포합니다. 아브라함 내러티브의 지향점에 도달한 것입니다. 게다가 약속하신 후사의 출생은 창세기 전체의 핵심 주제를 반영하는 결정적 장면입니다.

역사적으로 궁극적인 이 순간을 본문이 말씀하기에 앞서 중요한 전제 하나를 답니다.

> ¹여호와께서 말씀하신 대로 사라를 돌보셨고 여호와께서 말씀하신 대로 사라에게 행하셨으므로 (창 21:1)

내러티브 장르임에도 불구하고 1절은 굉장히 시적인 표현을 씁니다.

여호와께서 말씀하신대로 사라를 방문하셨다
여호와께서 말씀하신대로 사라에게 행하셨다

본문의 구조에서 먼저 강조되는 표현은 '여호와께서 말씀하신 대로'입니다. 하나님의 약속은 반드시 이루어진다는 점을 강조하고 있습니다. 인간적으로는 불가능한 시간이었지만 하나님께서 말씀하신 일은 반드시 이루어짐을 선언합니다. 임신과 출산의 과정이 대단히 힘겹고 두려움 가득한 순간이었지만, 약속하셨으니 주실 거라는 믿음이 필요했습니다. 우리 믿음의 출발 지점은 '말씀하시는 하나님'이시며 '그 말씀은 반드시 성취된다'는 사실입니다.

하나님은 누구신가?

이 단순한 믿음은 하나님이 누구신지 어떻게 고백하느냐에 따라 달라집니다. 하나님은 누구시며 어떤 분이십니까? 하나님은 전능하신 분입니다. 하나님의 전능하심을 믿는다면 인간적으로 불가능이라 생각해 포기하고 좌절하는 그 시점에 여전히 하나님께서 일하시리라는 것을 고백하게 됩니다. 또한 하나님은 변하지 않는 분입니다. 그분은 영원한 분이십니다. 말씀하신 후 세월이 지났다고 마음을 바꾸는 분이 아닙니다. 바로 이런 하나님의 성품 때문에 그분의 말씀은 반드시 이루어질 것입니다.

사람은 그러나 다릅니다. 저마다 많은 말을 내뱉지만, 신뢰를 보장하기 어렵습니다. 타락한 본성으로 인해 말을 바꾸거나 과장하고 거짓을 일삼기도 합니다. 한편으로는 선한 의지를 갖고 지키리라 표명하지만, 어쩔 수 없는 상황이 벌어지기도 합니다. 따라서 자신의 능력이 부족해서든 연약해서든 혹은 죄악된 본성 때문이든, 말한 것과 행동하는 것이 일치하지 않는 게 현실입니다. 그러나 하나님은 전지전능하시고 신실하신 분이기에, 그분의 말씀은 실행을 의미합니다. 그분은 말씀으로 세상을 창조하셨습니다. 명령하시는 대로 이루어집니다. 완전한 분이기에 말씀과 행동이 온전히 동일합니다.

하나님의 성품을 기억하고 굳게 믿으십시오. 영원하신 하나님, 전지전능하신 하나님, 우리를 위해 선을 행하시는 하나님을 믿으십시오. 그분의 성품을 굳게 믿는다면 약속의 말씀을 온전히 신뢰할 수 있게 됩니다. 비록 보이지 않고 잡히지 않아도 아멘할 수 있게 됩니다.

하나님의 때에 하나님의 방법으로

한 가지 문제가 더 있습니다. 하나님께서 약속하신 것을 믿음으로 기도하고 바라지만, 응답이 더딜 때가 많습니다. 약속을 따라 기도하는데, 함께 하시리라 말씀하셨는데, 인생을 돌아보면 여전히 힘들고 어려운 상황이 계속됩니다. 절박한 순간에 약속의 말씀을 붙들고 기도하지만, 하나님은 침묵하시는 것 같습니다. 하나님의 부재를 느낄 때가 있습니다. 왜 그럴까요? 2절에 해답이 있습니다.

> ²사라가 임신하고 하나님이 말씀하신 시기가 되어 노년의 아브라함에게 아들을 낳으니 (창 21:2)

1절은 하나님이 말씀하신 대로 이루어졌다고, 2절은 하나님이 말씀하신 시기가 되어 이루셨다고 서술합니다. 하나님의 모든 계획과 행하심은 약속과 함께 그분의 시간이 있음을 본문이 말씀합니다. 왜 나와 함께 하지 않으실까? 왜 나를 위해 역사해주지 않으실까? 왜 도와주지 않으시는가? 과연 하나님이 계시기는 한 건가? 내 기도를 듣고 계신가? 이러한 질문을 가만히 돌아보면 내가 생각하는 것을 내가 원하는 때에 내가 기대하는 방법으로 요청한 경우가 많습니다. 하나님의 약속을 신뢰하면 마찬가지로 그분의 시간과 그분의 방법까지 믿고 기다려야 하는데, 자신을 중심으로 기도하기 때문에 하나님께서 침묵하신다고 느끼는 것입니다.

하나님이 역사하지 않으시는 게 아니라 그분의 때가 이르지 않은 것입니다. 아브라함을 생각해 보십시오. 그가 백 세가 될 때까지 기도하지 않았을까요? 75세에 새로운 기대가 생겼을 것입니다. 어쩌면 75세 때 하나님께서 처음 말씀을 주시기 전 그는 이미 후손을 포기했을지도 모릅니다. 그토록 늦은 나이에 아들을 약속하셨을 때 그가 얼마나 절박한 심정으로 기다리고 기도했을까요? 까마득히 오랜 시간을 기다려야만 했습니다. 너무나도 오래 걸려서 가능성이 모두 사라지고 말았을 때, 아브라함의 나이 백 세, 사라의 나이 구십 세에 이르러서야 마침내 하나님께서 응답하셨습니다. 누구도 기대하지 않은 때요 예상치 못한 방법이었지만, 그때가 하나님의 시간이고 하나님의 때였습니다. 우리의 삶을 바라보며 하나님께서 선한 일을 계획하셨고 또한 그 일을 이루시리라 믿어야 합니다.

우리가 원하는 대로 이루어지는 것이 궁극적인 최선이 아닙니다. 오해입니다. 인생의 주인이 나 자신이라고 착각하는 것입니다. 내 인생을 내가 스스로 통제할 수 없습니다. 전능하신 하나님의 손에 맡겨야 합니다. 그분이 내 삶을 다스려 가시도록 기꺼이 내어드려야 합니다.

기다림은 믿음의 본질

살아계신 하나님께 우리 삶의 주권을 드리기 바랍니다. 하나님의 뜻이 하나님의 정하신 시간에 하나님께서 정하신 방법대로 이루어지기를 기도하십시오. 우리는 다만 신뢰하고 기다려야 합니다. 기다림이 믿음입니다. 약속과 성취 사이의 간격과 그 시간을 하나님 앞에서 인내하며 서길 바랍니다. 포기하지 마십시오. 좌절하지 마십시오. 그리고 주님보다 앞서지 마십시오. 겸손히 그분의 뒤를 따르십시오. 이 기다림이야말로 성경이 말씀하는 신앙의 성품이요 아브라함 내러티브의 주제이기도 합니다.

다윗을 생각해 볼까요? 들에서 목동 생활을 할 때 하나님께서 그에게 기름 부으시고 이스라엘의 왕으로 삼으셨습니다. 그 길로 왕궁에 들어가 왕 노릇했습니까? 아닙니다. 왕으로 기름 부어주셨지만, 그 후 십 년이 넘는 세월 동안 다윗은 쫓겨 다니며 하루하루 목숨을 담보할 수 없는 위태로운 삶을 살아야 했습니다. 피신하며 어떤 기도를 드렸을까요? 자신이 왕이 되기를 원했던 것도 아니지 않습니까? 하나님께서 왕으로 세워주셨는데 메마른 광야와 험한 숲과 가파른 산으로 도망하는 신세가 되었습니다. 더 이상 갈 곳이 없어 이방으로까지 다니고, 때로는 미친 체하며 살아남았습니다. 동굴에서 지낸 날도 하루이틀이 아닙니다. 외로움과 고달픔에 지친 그에게 하나님께서 사람들을 보내 주셨습니다. 원통한 사람들, 실패한 사람들, 질병으로 제대로 활동하지 못하는 사람들을 보내 주셨습니다. 도대체 이들과 함께 무엇을 도모하라는 건지 이해할 수 없었습니다. 자기 한 몸 건사하기도 힘든 지경인데 왜 그다지도 연약한 사람들을 다윗에게 붙여주셨을까요? 그렇게 하나님은 다윗을 훈련하셨고 당신의 시간을 기다렸던 것입니다. 그토록 오랜 기다림의 시간이 다 하고, 하나님께서 그를 세우시는 것입니다. 그때 돌아보니 당시의 원통하고 아프고 힘들었던 사람들이 이제 다윗의 곁에서 그의 마지막 순간까지 충성스럽게 헌신하는 사람들로 변화되어 있었던 것입니다. 하나님이 하시는 일입니다. 우리는 '지금 이 때, 이 방법!'이 옳다 생각하더라도, 하나님께서 이미 가장 선한 방법과 시간을 계획해 두셨음을 믿으십시오.

우리는 어떤 자리에 있습니까? 지금 서 있는 자리가 과연 우리가 계획하고 준비했던 길입니까? 행여 그 길에서 좌절하고 낙심하고 있지는 않습니까? 직장을 얻고 사업을 새롭게 시작하는데 뜻하지 않은 재난으로 길이 막히지는 않았습니까? 그토록 바라고 준비해서 열심히 공부해 들어간 학교인데 기대와 달라 낙담하지는 않았습니까? 오랜 기간 헌신하고 참으며 노력했던 관계가 틀어져 상처만 남지는 않았습니까? 그때야말로 하나님을 신뢰하고 하나님의 때를 기다려야 할 순간임을 기억하기 바랍니다. 하나님께서 우리 삶을 우리가 의도한 곳이 아닌 다른 방향으로 이끌어 가실 때, '하나님, 이건 아니잖아요!'라고 항변할 것이 아니라 '하나님, 당신을 믿습니다, 당신의 길이 옳습니다. 신뢰하며 가보겠습니다'하고 고백하고 기대하길 바랍니다. 지금은 이해하지 못 하고 깨닫지 못 해도, 그 모든 시간이 지난 후에야 비로소 '이때를 위함이었도다!' 고백하는 순간이 올 것입니다.

나로 웃게 하시는 하나님

하나님의 시간과 방법이 최선입니다. 이 진리를 굳게 믿고 묵묵히 하나님께서 약속하신 길을 걸을 때 본문 6절의 사라의 고백이 우리의 고백이 될 것입니다.

> [6]사라가 이르되 하나님이 나를 웃게 하시니 듣는 자가 다 나와 함께 웃으리로다 (창 21:6)

의미있는 고백입니다. 사라의 얼굴에 웃음이 떠나지 않았을 것입니다. 꿈도 꿀 수 없었던 아기의 모습을 보며 얼마나 행복했겠습니까! 자신을 이토록 미소짓게 만드는 분이 하나님이심을 고백합니다. 아이의 이름을 이삭이라 지었습니다. '웃다'라는 뜻입니다. 아브라함과 사라가 아들을 부를 때마다 '웃음~'이라 부르는 것입니다. 아들을 부를 때마다 하나님의 약속을 듣고 믿지 못해 냉소하던 자신들의 불신앙을 떠올렸을 것입니다. 자신들을 결국 진정으로 웃게 만드신 하나님을 고백하며 웃음 지었을 것입니다.

하나님께서 우리를 웃게 하실 것입니다. 그분은 우리를 웃음 짓게 만드는 하나님이십니다. 그 믿음으로 우리를 기다리는 길의 끝에 웃음이 있음을 잊지 마십시오. 기다림의 끝에만 웃으리라 여길 필요는 없습니다. 기다림의 끝에 웃음이 있음을 안다면 오늘 웃을 수 있습니다. 그러니 지금 힘들어도 웃고 걸을 수 있습니다. 하나님이 나를 웃게 하실 분임을 믿기에, 그분이 내 삶을 인도해 가심을 믿기에 웃을 수 있습니다. 현실은 여전히 어렵고 아직도 고난의 한 가운데를 지나는 것 같아도, 세상에선 실패한 것 같고 계획했던 모든 일을 포기해야 할 때라도, 내 삶을 인도하고 지도해 가시는 하나님께서 결국엔 나를 웃게 하시리라 믿기에 지금 웃고 견디며 설 수 있는 것입니다.

웃으시기 바랍니다. 기대하기 바랍니다. 하나님이 마침내 우리를 웃게 하실 것입니다!

16. 약속이 성취되다
(QR코드를 클릭하시면 설교영상을 시청하실수 있습니다)

세상 속의 그리스도인

(창세기 21:22-34)

17. 세상 속의 그리스도인

22. 그 때에 아비멜렉과 그 군대 장관 비골이 아브라함에게 말하여 이르되 네가 무슨 일을 하든지 하나님이 너와 함께 계시도다
23. 그런즉 너는 나와 내 아들과 내 손자에게 거짓되이 행하지 아니하기를 이제 여기서 하나님을 가리켜 내게 맹세하라 내가 네게 후대한 대로 너도 나와 네가 머무는 이 땅에 행할 것이니라
24. 아브라함이 이르되 내가 맹세하리라 하고
25. 아비멜렉의 종들이 아브라함의 우물을 빼앗은 일에 관하여 아브라함이 아비멜렉을 책망하매
26. 아비멜렉이 이르되 누가 그리하였는지 내가 알지 못하노라 너도 내게 알리지 아니하였고 나도 듣지 못하였더니 오늘에야 들었노라
27. 아브라함이 양과 소를 가져다가 아비멜렉에게 주고 두 사람이 서로 언약을 세우니라
28. 아브라함이 일곱 암양 새끼를 따로 놓으니
29. 아비멜렉이 아브라함에게 이르되 이 일곱 암양 새끼를 따로 놓음은 어찜이냐
30. 아브라함이 이르되 너는 내 손에서 이 암양 새끼 일곱을 받아 내가 이 우물 판 증거를 삼으라 하고
31. 두 사람이 거기서 서로 맹세하였으므로 그 곳을 브엘세바라 이름하였더라 32그들이 브엘세바에서 언약을 세우매 아비멜렉과 그 군대 장관 비골은 떠나 블레셋 사람의 땅으로 돌아갔고
32. 아브라함은 브엘세바에 에셀 나무를 심고 거기서 영원하신 여호와의 이름을 불렀으며
33. 그가 블레셋 사람의 땅에서 여러 날을 지냈더라

(창세기 21:22-34)

두 나라의 백성

예수 그리스도를 믿는 우리는 하나님 나라에 속한 하나님 나라 백성입니다. 그분을 왕으로 모시고 말씀의 법도를 따라 세상을 살아가야할 사람들입니다. 그와 동시에 이 땅에 발을 딛고 살아가는 존재들입니다. 이 두 가지 정체성 때문에 때로는 실질적인 갈등과 어려움을 겪기도 합니다. 세상에 속하진 않았지만 세상에서 살아가는 존재로서, 하나님 나라 말씀의 법도와 신앙적 삶의 태도를 지향하고, 또 한편으론 세상의 삶의 원리와 규정을 따르며 그 사이에서 갈등하거나 난관에 봉착하기도 합니다.

믿음의 지체들이 함께 모여 예배를 드리지만, 우리가 살아가는 대부분의 시간과 공간에서 믿지 않는 사람들을 여러 모양으로 만나게됩니다. 불신자들은 늘 우리 주변에 있기 때문입니다. 그곳이 어디든 그들을 만나 소통하고 일을 하며 하나님 나라 백성으로 사는 법을 끊임없이 고민하게 됩니다. 두 나라를 살아가는 그리스도인들은 이 세상에서 과연 어떻게 살아야 할까요? 그 답변을 본문에서 발견하면 좋겠습니다.

아비멜렉과 아브라함

본문의 시작은 그랄 왕 아비멜렉이 찾아와 아브라함에게 계약을 맺자고 청하는 장면입니다. 그가 군대 장관 비골을 대동해 함께 온 것은 공식적이면서도 거창한 행차였음을 뜻합니다. 현대로 치면 대통령과 국방부 장관이 함께 와서 계약을 체결하는 것과 같은 모습입니다.

아비멜렉과의 첫 번째 만남을 연상하면 어딘가 어색할 수 있습니다. 아비멜렉이 아브라함을 처음 만났을 때, 아브라함이 자신의 아내를 여동생이라 속이는 바람에 사라를 아내로 취하려던 아비멜렉은 하나님으로부터 죽음의 경고를 받았고 그의 온 집안이 심각한 재앙을 마주했기 때문입니다. 그들의 첫 만남은 분명 악연이었고 아비멜렉에게 아브라함은 거짓말쟁이에 아내를 여동생이라 속인 후 변명이나 늘어놓는 파렴치한 인간이라는 생각이 들었을 것입니다. 마음 같아서는 당장이라도 그를 벌하고 싶었겠지만, 하나님의 경고로 두려움에 떨며 오히려 그에게 기도를 간청했었습니다.

다신 마주하고 싶지 않았을 법한데, 왜 갑자기 아브라함을 찾아와 계약을 맺으려 할까요? 시간이 지나며 아브라함의 삶의 모습을 보고 새로운 인식을 갖게 된 것일까요? 굳이 그를 다시 찾아 서로에게 거짓을 행하지 말고 후대할 것을 요청하는 이유가 있었을까요?

하나님이 너와 함께 하시는도다

아비멜렉이 찾아와 계약을 맺고 평화로운 공존을 원했던 이유가 22절
에 뚜렷이 드러납니다.

> 22그 때에 아비멜렉과 그 군대 장관 비골이 아브라함에게 말하여 이르
> 되 네가 무슨 일을 하든지 하나님이 너와 함께 계시도다 (창 21:22)

아비멜렉은 하나님께서 아브라함과 함께 하심을 분명히 보았다고
고백합니다. 이 고백이 의미하는 바는 무엇이겠습니까? 그가 하나님
을 직접 보고 깨달은 것은 아닙니다. 아브라함의 삶을 유심히 지켜보
니 하나님께서 그를 돌보시는 것 같았습니다. 그의 삶을 보니 항상 하
나님을 인정하고 가나안 사람들과는 다른 모양으로 사는 것이 명확하
게 보였기 때문입니다. '네가 무슨 일을 하든지 하나님께서 너와 함께
하신다'라는 고백은 '네가 하는 모든 일을 내가 살펴보니 정말 하나님
이 너와 함께 계시는도다'라는 말입니다.

함께 하심의 증거

그렇다면 어떤 근거로 그는 하나님께서 아브라함과 함께 계심을 느꼈을까요? 창세기 20장과 21장은 통틀어 하나의 큰 문학적 단위로 20장엔 아브라함과 아비멜렉의 첫 번째 만남이 기록되어 있고, 21장에서는 백 세가 된 아브라함이 아들을 낳는 장면이 위치하며, 이후 본문에서는 아브라함과 아비멜렉의 두 번째 만남이 서술되어 있습니다. 문학적으로 보면 아브라함과 아비멜렉의 두 만남 중간에 약속의 자녀인 이삭의 출생이 들어 있습니다.

연로한 아브라함과 사라의 몸에서 아들이 출생한 것은 본인들에게도 일생일대의 사건이지만, 주변에서 지켜보던 이들에게도 경이로운 일이었습니다. 이삭이 태어나자 주변 사람들이 그를 보려고 몰려와 놀라며 웃었을 것입니다. 요즘으로 치면 월드 뉴스나 기네스북에 오를 만큼의 토픽이었을 것입니다.

아비멜렉도 물론 이 소식을 접했으리라 여겨집니다. 회상하기도 싫은 악연이 있었지만, 아브라함이 맞이한 놀라운 기적과 변화를 접하며 살아계신 하나님께서 그와 함께 계심을 깨달았을 것입니다. 이미 그와의 첫 번째 만남에서도 그것을 경험했습니다. 사라를 취한 그날 밤 하나님께서 직접 꿈에 나타나 아브라함과 사라를 보호하심을 몸소 체험했습니다. 인간 아브라함은 거짓말쟁이에 비굴한 기회주의 자로 여겼을지 모르지만, 하나님께서 그를 선지자로 중용하셨고 자신 또한 그의 기도를 받아야 했으니 그 때의 경험 역시 신비로운 일로 남았을 것입니다. 더구나 기도를 받은 후 놀랍게도 집안의 재앙이 물러가는 일도 보았습니다.

자신의 개인적인 경험 외에 소문 역시 일조했을 것입니다. 한 가지를 예로 들자면, 창세기 14장에서 아브라함이 북방의 거대한 연합군과의 전투를 승리로 이끈 일은 아마 당시 그 지역 모든 도시 국가들에게 충격이었을 것입니다. 소돔 성이 멸망당하는 지경에 이르러도 주변의 도시 국가들은 참전할 엄두조차 내지 못했던 전투였습니다. 그런데 아브라함이 그들을 쫓아가 물리치고 끌려갔던 사람들과 전리품을 가지고 돌아왔으니 그의 용맹함이 큰 화젯거리였을 것입니다. 전쟁에서 얻은 모든 전리품을 소돔 성에 돌려준 것도 고대인들의 가치관으로 볼 때 이상한 일이었습니다. 소돔 왕도 '사람은 돌려주고 물건은 당신이 가지시오'라고 말했듯이 전쟁의 전리품은 전쟁에서 승리한 사람의 몫이었기 때문입니다. 그런데도 아브라함은 자기 목숨을 걸고 쟁취한 전리품을 하나도 취하지 않았습니다. 이렇듯 자신들과 다른 삶의 규범과 태도를 주변에서 보게 된 것입니다. 이윽고 아비멜렉이 판단하기를 '과연 하나님께서 아브라함과 함께 하시는도다!'였습니다.

그렇게 인정하고 나니, 아비멜렉의 마음에 두려움이 찾아왔습니다. '저 사람과 잘 지내야 내가 평안하겠구나.'라고 생각합니다. 그 두려움으로 아브라함을 찾아와 평화의 조약 맺기를 요청하는 것입니다. 22절의 아비멜렉의 고백을 우리가 엄중하게 받아들여야 합니다. 주위의 믿지 않는 사람들이 "당신의 삶을 보니 하나님께서 함께 하시는군요." 라고 하는 고백을 들어본 적 있습니까? 우리가 속한 직장에서 믿지 않는 동료로부터, 사업하는 파트너로부터, 학교에서 만나는 친구와 선후배로부터 이런 고백을 듣습니까? "난 하나님을 믿지 않지만 당신을 보니 하나님이 계신 것 같아요." 무거운 말입니다. 이 고백이 평생 불신 세상을 살아가는 우리의 인생 목표로 삼을 만큼 중요한 가치라 생각합니다. 세상 속에서 살아가지만 이 세상이 아니라 하나님 나라의 백성으로서 세상과 구별된 가치관을 갖고 세상과 구별된 삶의 목표와 태도를 지닌 채 살아가야 합니다. 때로는 억울한 일을 겪거나 오해받고 손해를 보더라도, 남들이 보기엔 어리석은 결정 같을지라도, 하나님의 말씀에 기준한 삶을 지켜가야 합니다. 한결같이 하나님 앞에서 살아가는 신실함이 필요합니다.

　우리는 자주 "하나님이 우리와 함께 하십니다."라고 고백합니다. "하나님께서 여기까지 인도하셨습니다."라는 고백도 흔히 합니다. 기도할 때면 그분의 도우심과 함께 해주심을 인정하고 감사해 합니다. 성도로서 필수적이면서도 바람직한 고백입니다. 항상 인정하고 감사해야 합니다. 마땅한 성도의 삶의 고백입니다.

그런데 실은 '하나님의 함께 하심'은 나의 삶을 향한 나의 고백보다 주변 사람들이 나를 향해 시인할 때 더욱 빛나고 가치 있습니다. 어쩌면 하나님께서 우리를 이 땅에 두시고 사명자로 살아가도록 만드신 이유일 것입니다. 일종의 구심적 선교인 셈입니다. 창세기의 표현을 빌자면 하나님께서 열방의 복을 전달하는 축복의 통로로 우리를 사용하시는 방식입니다. 창세기 12장에서 아브라함에게 주셨던 사명입니다. 우리 삶을 보고 우리를 찾아와 우리가 가진 소망의 이유를 묻는 세상 사람들을 만나게 되는 것입니다. 예수를 전하기 위한 큰 외침도 필요합니다. 복음의 내용을 이해하고 충분히 가르칠 수 있을 만큼 깊이 배우는 일도 필요합니다. 그러나 우리의 외침보다는 삶의 모습과 태도가 그들에게 더욱 큰 울림과 메시지가 됨을 기억해야 합니다. 마음이 열려 감동을 느끼고 이성적으로 판단한 후 마침내 입술로 인정하는 것입니다.

"당신들은 왜 그렇게 살아갑니까? 왜 이런 상황에서 그런 결정을 합니까?"라고 질문하며 낯설고 미련해 보일지라도 한결같은 우리 삶의 태도가 진심임을 본다면 그들이 다가와 먼저 복음을 물을 것입니다. 바로 그때가 복음이 능력있게 전파되는 순간입니다. 생명을 품었다고 하나 삶의 악취를 풍기며 썩고 상한 모습만 드러낸 채 '예수 믿으세요, 교회 나오세요' 청한다면 누구도 설득되지 않을 것입니다.

아비멜렉은 아브라함의 삶 속에서 역사하시고 함께 하시는 하나님을 보았기에 두려웠고 계약을 맺고자 했습니다. 바로 이 두려움을 불신 세상에 던져줘야 합니다.

하나님께서 살아계심을 믿습니까? 하나님께서 함께 하심을 믿습니까? 우리의 입술로 는 늘 고백하는데 어째서 세상 사람들은 인정해주지 않습니까? 어째서 세상은 더 이상 교회를 두려워하지 않고 복음의 비밀을 궁금해 하지도 않으며 오히려 우리를 조롱하고 비난할까요? 하나님이 우리와 함께 하지 않아서입니까?

하나님의 함께하심을 우리가 신뢰하지 못하고 기다리지 못한 까닭입니다. 그분의 말씀과 하늘의 법도를 따라 묵묵히 믿음의 길에 서 있다면 하나님이 함께하시는 증거를 보여주실 텐데, 우리는 너무 쉽게 포기하고 세상과 타협하며 세상의 방법과 원리를 좇아 세상에 동화되어 살아갑니다. 기다리지 못해 조급하게 움직이고, 신뢰하지 못해 돈과 세상의 방법을 취하니, 어쩌면 하나님께서 당신의 능력을 보여주실 틈을 얻지 못하는 것은 아닐까요? 하나님의 하나님 되심이 우리를 통해 드러나도록 기다릴 수 있어야 합니다. 신뢰하며 맡길 수 있어야 합니다. 그래야 우리 입술뿐 아니라 세상의 입술이 하나님의 함께 하심을 보고 인정하는 순간이 올 것입니다.

우리의 삶에 하나님의 자리를 내어 드립시다. 하나님이 나와 우리를 통해 당신의 계획을 이뤄가시도록 인내합시다. 하나님의 함께 하심을 믿고 그분의 의를 인정하고 그분의 방법을 선택하면, 어떤 어려움과 환란이 닥쳐도 우리와 함께 하시고 길을 지도해 가실 것입니다. 지름길로 보이는 세상의 길과 이익을 쉽게 따르지 마십시오. 때로는 포기하고 물러나서 하나님께 모두 맡기십시오. 우리의 억울함과 오해를 풀어주실 그분을 의지하십시오. 나의 수고와 희생과 눈물의 헌신을 알아주는 이가 없어도 이 모든 섬김을 기억하고 아시는 하나님 앞에서 온전한 자유를 누리며 기뻐하십시오.

초대교회의 성장

초대교회는 세상적으로 아무런 힘이 없었습니다. 가난하고 연약한 교회였고 수많은 고난과 박해를 견뎌야 했습니다. 주목할 만한 인재들이 모인 것도 아니었습니다. 하지만 교회는 꾸준히 성장했습니다. 재물은 없었지만, 능력이 있었기 때문입니다. 세상과 달랐기 때문에 성장했던 것입니다. 믿음의 정체성을 지키고 구별된 삶을 살았기 때문입니다. 초대교회 성도들을 보며 사람들은 끊임없이 "당신들은 왜 그렇게 사시오? 전염병이 퍼져 가족조차 버리는 세상인데 연고도 없는 이들을 위해 목숨도 돌보지 않다니 왜 그렇게 어리석게 살아가시오?'라고 물었습니다. 불신자들이 계속해서 가졌던 의문이었습니다. 그런데 바로 그것이 교회가 능력을 얻고 칭찬 받고 성장한 길이었습니다.

세상을 살아가는 우리도 같은 질문을 들어야겠습니다. 인생의 목표로 정하고 살기 바랍니다. 이런 질문을 받게 되면 하나님의 말씀이 우리 삶의 원리임을 알려 주십시오. 굳이 외치고 다니지 않더라도 복음의 향기를 발하면 세상이 그 향기에 이끌려 가까이 다가올 것입니다. 말씀의 법도를 따라 살며 이 질문들을 접할 때 드디어 우리 삶이 세상의 복이 되리라 믿습니다.

17. 세상 속의 그리스도인
(QR코드를 클릭하시면 설교영상을 시청하실수있습니다)

The Abraham Narrative
18

이제 내가 알았노라

(창세기 22:1 - 19)

18. 이제 내가 알았노라

1. 그 일 후에 하나님이 아브라함을 시험하시려고 그를 부르시되 아브라함아 하시니 그가 이르되 내가 여기 있나이다
2. 여호와께서 이르시되 네 아들 네 사랑하는 독자 이삭을 데리고 모리아 땅으로 가서 내가 네게 일러 준 한 산 거기서 그를 번제로 드리라
3. 아브라함이 아침에 일찍이 일어나 나귀에 안장을 지우고 두 종과 그의 아들 이삭을 데리고 번제에 쓸 나무를 쪼개어 가지고 떠나 하나님이 자기에게 일러 주신 곳으로 가더니
4. 제삼일에 아브라함이 눈을 들어 그 곳을 멀리 바라본지라
5. 이에 아브라함이 종들에게 이르되 너희는 나귀와 함께 여기서 기다리라 내가 아이와 함께 저기 가서 예배하고 우리가 너희에게로 돌아오리라 하고
6. 아브라함이 이에 번제 나무를 가져다가 그의 아들 이삭에게 지우고 자기는 불과 칼을 손에 들고 두 사람이 동행하더니
7. 이삭이 그 아버지 아브라함에게 말하여 이르되 내 아버지여 하니 그가 이르되 내 아들아 내가 여기 있노라 이삭이 이르되 불과 나무는 있거니와 번제할 어린 양은 어디 있나이까
8. 아브라함이 이르되 내 아들아 번제할 어린 양은 하나님이 자기를 위하여 친히 준비하시리라 하고 두 사람이 함께 나아가서
9. 하나님이 그에게 일러 주신 곳에 이른지라 이에 아브라함이 그 곳에 제단을 쌓고 나무를 벌여 놓고 그의 아들 이삭을 결박하여 제단 나무 위에 놓고
10. 손을 내밀어 칼을 잡고 그 아들을 잡으려 하니

11. 여호와의 사자가 하늘에서부터 그를 불러 이르시되 아브라함아 아브라함아 하시는지라 아브라함이 이르되 내가 여기 있나이다 하매

12. 사자가 이르시되 그 아이에게 네 손을 대지 말라 그에게 아무 일도 하지 말라 네가 네 아들 네 독자까지도 내게 아끼지 아니하였으니 내가 이제야 네가 하나님을 경외하는 줄을 아노라

13. 아브라함이 눈을 들어 살펴본즉 한 숫양이 뒤에 있는데 뿔이 수풀에 걸려 있는지라 아브라함이 가서 그 숫양을 가져다가 아들을 대신하여 번제로 드렸더라

14. 아브라함이 그 땅 이름을 여호와 이레라 하였으므로 오늘날까지 사람들이 이르기를 여호와의 산에서 준비되리라 하더라

15. 여호와의 사자가 하늘에서부터 두 번째 아브라함을 불러

16. 이르시되 여호와께서 이르시기를 내가 나를 가리켜 맹세하노니 네가 이같이 행하여 네 아들 네 독자도 아끼지 아니하였은즉

17. 내가 네게 큰 복을 주고 네 씨가 크게 번성하여 하늘의 별과 같고 바닷가의 모래와 같게 하리니 네 씨가 그 대적의 성문을 차지하리라

18. 또 네 씨로 말미암아 천하 만민이 복을 받으리니 이는 네가 나의 말을 준행하였음이니라 하셨다 하니라

19. 이에 아브라함이 그의 종들에게로 돌아가서 함께 떠나 브엘세바에 이르러 거기 거주하였더라

(창세기 22:1-19)

위기는 기회

우리 인생을 돌아보면 많은 위기를 거쳐 여기까지 왔음을 깨닫게 됩니다. 위기라는 파도를 힘겹게 넘고 넘어 지금까지 왔습니다. 그런데 그 순간들을 가만히 짚어보면 당시에는 위기로 생각됐지만 뜻밖의 새로운 도전과 변화를 안겨 준 계기도 발견하게 됩니다. 삶의 어느 자리에서 위기를 접한다는 말은 그곳에 또 다른 기회의 문이 열림을 뜻합니다. 예상치 못했던 일들이 위기를 지나며 중대한 변화를 겪게 됩니다. 위기 때문에 힘들기고 했지만 그 덕분에 새 삶을 살게 되었노라 고백하는 사람들도 있습니다. 위기 때 뜻밖의 사람들과 관계를 맺기도 하고, 새로운 도전과 산업을 시작하거나 예전과는 다른 시각과 가치관을 갖게도 됩니다.

교회 또한 크고 작은 위기를 늘 만납니다. 특히 팬데믹을 지나며 기존의 패러다임과 다른 예배 형식과 교회 교육, 복음 전도 사역에 혼란을 겪기도 했으나, 한편으로는 이 또한 또 다른 형태의 은혜가 되도록, 주님이 주신 기회로 삼으려는 시도도 있었습니다. 예상치 못한 위기를 마주하며 새롭고 다양한 형태의 훈련과 사역을 계획하고, 사역 공간의 인식에도 변화를 준 것입니다.

사실 위기(危機)라는 한자어는 '위험'과 '기회'로 구성되어 있습니다. 연약한 본성으로 인해 우리 눈엔 위험이 먼저 들어오지만, 위기와 기회는 동전의 양면처럼 함께 다가옴을 기억해야겠습니다. 위기를 만

나면 그 위험 너머에 있는 하나님께서 주실 기회와 변화를 기대하고
준비할 수 있기를 바랍니다.

이삭의 결박 사건과 다양한 관점

본문은 역사적으로 가장 유명한 사건 중 하나를 기록하고 있습니다.
하나님께서 아브라함을 부르시고 하나밖에 없는 독자 이삭을 번제로
드리라는 명령으로 본문이 시작됩니다. 하나님께 같은 명령을 받는다
면 어떤 생각이 먼저 들겠습니까? 백 세가 되어서야 얻은 독자 아들을
번제로 드리라니요. 번제라는 것은 팔과 다리를 잘라 각을 뜨고 내장
을 끄집어낸 후 불로 태우는 제사입니다. 쉽게 순종할 수 있는 게 아닙
니다. 청천벽력과도 같을 겁니다.

　이미 장성한 이삭은 어떻습니까? 아버지가 산으로 올라가 예배드
리자고 해서 함께 갔는데 갑자기 자신을 결박하고 번제로 바치려는 모
습을 어떻게 이해할까요? 역사적으로 수많은 상상이 글과 그림으로
표현되기도 했습니다. 히브리어 구약 성경을 아람어로 번역한 역본에
는 히브리어 본문에 나오지 않는 내용이 각색된 것도 있습니다. 그때
이삭이 20대 초반이었다면 아브라함은 120세가 넘었다는 뜻인데, 혈
기 왕성한 청년이 자신을 죽이려는 아버지를 힘으로 제압하는 것이
어렵지는 않았을 것입니다. 그러니 본문에서 이삭을 번제로 드리려는

순간까지 그가 가만있었던 것은 그의 믿음 또한 대단했기 때문으로 주장합니다. 그래서 유대인의 전통에는 이삭의 믿음의 결단을 강조하는 이 장면을 아케다(Aqedah)라 부릅니다. 심지어 그가 스스로 아브라함에게 '저를 묶으세요'라고 말했다 합니다. 하나님의 명령을 깨닫고 자신의 죽음을 믿음으로 받아들였다는 뜻입니다. 그러나 이런 부분은 성경에서 알려주지 않는 내용입니다.

또 다른 사람이 있습니다. 이삭의 어머니인 사라는 이런 상황을 알기나 했을까요? 만약 그녀가 알았다면 그들이 모리아 산까지 갈 수 있었을까요? 모리아 산에 가기 전에는 아내에게 비밀로 하고, 다녀온 후 모든 것을 말하려고 했을거라고 추정해 볼 수 있습니다. 유대 전통에서 이 부분도 각색해 뒀는데 사라가 사건의 전말을 안 뒤 아브라함과 따로 지냈다는 내용입니다. 본문 19절에서 아브라함은 브엘세바로 돌아가고 사라는 23장에서 헤브론에서 죽습니다. 24장에서는 이삭이 아내 리브가를 어머니의 장막으로 인도해 들이는데 브엘라해로이와 연관이 있습니다. 성경에 명확한 기록이 없기에 어느 것도 사실로 받아들이긴 어렵습니다. 그만큼 오랜 역사를 지나며 본문과 관련해 많은 이야깃거리가 양산된 것으로 이해하면 되겠습니다.

이삭과 사라의 관점에서 보는 것도 도움이 되겠지만, 성경을 읽고 해석할 때 본문이 누구의 관점에서 이해되도록 기록한 것인지 주목해야 합니다. 본문의 사건에 대해 많은 관심이 있었지만, 적어도 본문은 아브라함을 중심으로 그의 관점에서 사건이 진행되고 있습니다. 하나님께서 아브라함에게 말씀하셨고 그가 순종했음을 강조합니다. 그것에 초점을 맞추도록, 사라나 이삭의 관점은 생략된 것입니다.

부르심으로부터 부르심으로

아브라함 내러티브는 잘 구성된 하나의 거대한 문학 단위입니다. 도입부에 사라의 불임을 소개하는 데라의 족보로 시작해 20절 이하에서는 리브가의 출생을 알리는 나홀의 족보로 마칩니다. 아브라함을 불러 가나안 땅으로 보내신 하나님은 이제 모리아 산으로 그를 보내십니다. 그런 뜻에서 아브라함 내러티브의 시작과 마지막은 매우 밀접하게 연결되어 있습니다. 실제 창세기 12장 1-3절의 말씀은 22장 2절과 문법적으로 거의 흡사합니다. 둘 다 부르심입니다. '고향과, 친척과, 아버지의 집을 떠나라'는 부르심과 '사랑하는 아들, 독자, 이삭을 드리라'는 부르심은 동일한 문법 구조입니다. '내가 너에게 보여줄 땅으로 가라'는 말씀과 '내가 네게 일러준 한 산, 모리아로 가라'는 말씀도 동일합니다. 처음 아브라함을 부르셨던 것처럼 믿음의 절정에 있던 그를 다시 부르사 위대한 결단을 요구하십니다. 우리가 본문을 읽을 때 12장 1-3절의 처음 부르심을 떠올리도록 의도한 것입니다. 처음 아브라함을 부르셔서 약속과 사명을 주시고 미래에 대한 소망을 주셨던 그 자리에서 마지막으로 그를 부르시고 그 약속의 끝이 될 수도 있는 명령을 주십니다.

창세기 12장은 한마디로 '너의 과거를 끊어버리고 하나님을 신뢰함으로 네 미래를 걸으라'입니다. 과거를 끊고 미래를 살라는 뜻입니다. 22장은 이제 그에게 '너의 유일한 미래의 소망을 끊으라'고 명합니다. 미래의 소망이 끊어지는 순간에도 그가 여전히 하나님을 신뢰할 수 있는지 물으십니다.

창세기 22장의 근접 문맥

본문에 근접한 문맥의 흐름을 살펴보겠습니다. 21장은 하나님께서 백 세가 된 아브라함에게 아들을 주시는 장면을 그립니다. 깜짝 놀랄 은혜였습니다. 곧 이은 21장 8절에서는 위기를 직면합니다. 바로 이스마엘이었습니다. 이삭이 태어나기까지 그는 아브라함의 사랑을 독차지했습니다. 아브라함은 그를 하나님께서 허락하신 약속의 자녀로 알고 온 정성과 사랑을 쏟아 키웠을 것입니다. 훗날 약속의 자녀가 아니었음이 드러나지만 자녀를 향한 아버지의 사랑이 쉽게 변하겠습니까?

사건은 이삭이 태어나고 그가 젖을 떼는 날 잔치에서 일어납니다. 당시 젖을 떼고 잔치할 때의 연령은 보통 3-4세 정도였는데, 유아 사망률이 높은 고대사회에서는 출생 후 2-3년을 지내며 아이의 생존을 지켜보았습니다. 이 즐거운 잔치에서 이스마엘이 이삭을 놀리는 모습을 사라가 목격하게 됩니다. 화가 난 사라는 이스마엘이 결코 이삭과 유업을 함께 누릴 수 없으니 쫓아낼 것을 요구했습니다. 어떻게 키운 아들인데 쫓아낼 수 있을까요? 아브라함이 근심에 빠져 있을 때 하나님께서 내보내라고 말씀하셨습니다. 아브라함에게는 이삭 뿐 아니라 이스마엘 역시 자신의 미래였고, 아직은 어린 이삭이 커가며 무슨 일을 만날지 어찌 알겠습니까? 두 아들 모두 필요했습니다. 그러나 하나님의 말씀은 미래를 주님께 맡기라는 메시지였습니다. 다른 선택지를 붙들지 말고 주님만 의지하라는 말씀입니다. 이삭이 아브라함의 미래임을 의미했습니다.

아브라함은 말씀에 즉각 순종했습니다. 이스마엘이 미워서도 아니고 아들을 버리는 것도 아닙니다. 하나님을 신뢰하며 자신의 미래를 이삭에게만 두겠다는 표현이었습니다.

그런데 이제 와서 하나님께서 이삭을 번제로 바치라 명하십니다. 유일한 미래와 소망, 자기 목숨보다 더 소중한 아들인 이삭을 버리라 말씀하십니다. 이삭만 붙들라고 하셨던 주님께서 이제는 당신만 붙들라 말씀하십니다. 오직 주님만 사랑하는지 물으십니다. 모든 소망이 끊어진 순간에도 주님을 신뢰하는지 물으십니다.

하나님만을 사랑하라

하나님이 아브라함에게 하신 질문을 자신에게 해 보십시오. 하나님만을 가장 사랑합니까? 자신의 꿈과 소망, 이 땅에서 추구해 온 모든 가치를 포기하면서까지 주님을 신뢰하겠습니까? 우리 앞에 어떤 일이 일어날지 모릅니다. 좋은 일도, 나쁜 일도 있을 겁니다. 위험도 있고 기회도 있을 것입니다. 그 모든 상황 가운데도 하나님만을 가장 사랑하길 바랍니다. 약속이 무너지는 것 같은 순간에도 그분을 계속해서 신뢰하길 바랍니다.

혹시 우리에게 이삭과 같은 존재가 있지 않습니까? 이삭 같은 가치를 손에 쥐고 있지 않습니까? 최고로 중요하게 여기며 가장 많은 시간을 들여 쟁취하려는 것이 있지 않습니까? 모든 것이 하나님의 선물이고 복이지만, 지금 본문에서는 다르게 말씀하시는 것 같습니다. 하나님의 은혜요 복이지만, 정돈되지 않은 삶의 원리와 우선순위가 하나님이 주신 은혜와 복 마저도 우상으로 변질시킬 수 있음을 경고하시는 것 같습니다. 이삭은 하나님께서 주신 자녀요 복 아닙니까? 하나님보다 앞에 두고 우선시하며 사랑한다면, 복으로 주신 것을 우상으로 삼는 죄를 범하게 됩니다. 하나님께서 주신 은혜를 누리고 싶더라도 우선순위를 잘못 세운다면, 주님이 주신 은혜와 복이 하나님을 사랑하는 일과 그분께 나아가는 길을 가로막을 것입니다. 건강도, 가정도 주님이 주신 은혜입니다. 학업도, 취업도 인도하신 은혜입니다. 사업의 번창과 재물 또한 은혜입니다. 그러나 우선순위를 망각한 채 우리 시선이 거기에 고정되어 마음이 흐트러져 있다면 하나님 앞에서 오히려 우상이 됨을 기억하십시오. 하나님보다 앞에 둔 우상을 날마다 제거하는 삶을 살아가십시오.

아브라함의 순종

하나님의 명령에 아브라함은 어떻게 반응했을까요? 우리라면 하나님께 부르짖으며 따져 물을 것 같지 않습니까? 이러려고 아들을 주신 건지, 주실 때는 언제고 이제 와서 내놓으라 하시는지 원망하지 않겠습니까? 어쩌면 신학적 질문까지 할지 모릅니다. 하나님이 인신제사를 원하는 분인지, 성경에서 분명 인신제사를 원하지 않는다 말씀하시고는 이런 모순적인 요구를 하시는지 변론하지 않겠습니까?

그런데 놀랍게도 아브라함은 단순하게 순종합니다. 3절은 '아브라함이 아침에 일찍 일어났다'고 서술합니다. 그의 단순하지만 적극적 순종의 모습입니다. 명령을 들었을 때 새벽까지 잠을 이룰 수 있었을까요? 아마 뜬 눈으로 밤을 지새웠을 것입니다. 얼마나 많은 생각이 있었을까요? 하나님께 던지고 싶은 질문과 복잡한 마음을 뒤로 한 채 아침 일찍 일어나 나귀에 안장을 지우고 길을 떠났을지 모릅니다. 사흘 길을 걷는 동안 마지막 순간까지 혼자 고민을 짊어졌습니다. 자신도 이해하지 못할 하나님의 명령을 누구와 나눌 수 있겠습니까? 사라와도 말하지 못하고 이삭에게는 더더욱 못합니다. 종들에게도 아무 말하지 못합니다. 모든 질문과 근심, 두려움, 좌절, 슬픔을 오롯이 하나님 앞으로 가져갑니다. 논쟁하지 않고 따져 묻지 않고 이해를 바라지도 않습니다.

알고 갔을까요? 이해하고 갔을까요? 알지 못하고 이해하지 못해도 말씀하시니 순종하는 것입니다. 지금 아브라함의 모습입니다. 도대체 그는 어떤 믿음을 가졌기에 그 숱한 고민과 갈등과 질문거리를 덮어둔 채 순종할 수 있었는지, 그의 믿음의 본질이 무엇인지 질문해 보아야 합니다.

아브라함의 믿음

아브라함의 믿음에 관해 5절에서 구체적인 힌트를 찾을 수 있습니다.

> 5이에 아브라함이 종들에게 이르되 너희는 나귀와 함께 여기서 기다리라 내가 아이와 함께 저기 가서 예배하고 우리가 너희에게로 돌아오리라 하고 (창 22:5)

종들에게 기다릴 것을 명하며 이삭과 함께 가서 예배하고 돌아오리라 말합니다. 이해하기 어려운 말입니다. 그는 산으로 가 아들을 번제로 드려야 함을 알고 있었습니다. 그런데 왜 함께 가서 함께 돌아오겠다고 했을까요? 종들을 속이기 위해 했던 말일 수도 있겠습니다만, 본문을 두고 히브리서가 해석을 덧붙입니다.

> [17]아브라함은 시험을 받을 때에 믿음으로 이삭을 드렸으니 그는 약속을 받은 자로되 그 외아들을 드렸느니라 [18]그에게 이미 말씀하시기를 네 자손이라 칭할 자는 이삭으로 말미암으리라 하셨으니 [19]그가 하나님이 능히 이삭을 죽은 자 가운데서 다시 살리실 줄로 생각한지라 비유컨대 그를 죽은 자 가운데서 도로 받은 것이니라 (히 11:17-19)

이삭을 번제로 드리는 것은 그가 죽게 될 것을 전제하고 있습니다. 그럼에도 함께 돌아오리라는 말은 비록 이삭을 번제로 드릴지라도 하나님께서는 능히 죽은 자 가운데서 그를 다시 살리실 분이라 믿었기 때문입니다. 죽음과 부활에 대한 비밀이 여기 있습니다. 이미 아브라함은 죽음과 부활을 몸소 경험한 적이 있습니다. 백 세가 되어 자신의 몸이 자손을 얻기에 죽었음을 알았는데, 그 몸에서 상상하지도 못한 생명을 하나님께서 허락하셨습니다. 죽은 몸에서 생명을 주신 하나님이시니 이삭을 번제로 드린 후에도 생명을 주시리라 믿었던 것입니다. 이삭을 번제로 드리라는 하나님의 말씀이 사실이듯 이삭을 통해 많은 후사와 열방의 복이 되게 하리라는 약속의 말씀 또한 변함없는 사실입니다. 어떻게 두 말씀이 조화를 이룰지 온전한 깨달음은 없었지만, 하나님을 믿고 순종한 것입니다. 그분의 약속이 반드시 이뤄질 것을 믿었기 때문입니다. 히브리서 11장 19절은 하나님이 능히 이삭을 살리리라고 생각했다고 말씀합니다. 이삭을 통해 역사하실 하나님이 살아계시고 당신의 일을 신실하게 행하실 것을 믿었습니다. 바로 이것이 본문에 나타난 아브라함의 믿음의 본질입니다.

우리 인생엔 여전히 힘겨운 일이 있을 것입니다. 어렵지 않은 때가 언제는 없었던가요? 인생을 돌아보면 미소짓던 순간보다 걱정하고 근심하며 힘들어했던 시간이 많았을지도 모릅니다. 어쩔 수 없이 고난이 있을 것입니다. 건강을 잃어버릴 수도 있고 희망의 끈을 놓칠 수도 있습니다. 열심히 노력했으나 실패의 결과를 가질 수도 있습니다. 육신의 건강이 무너지고 형편이 어려워질 때도, 때론 좋은 진로를 얻지 못하거나 인생의 희망의 끈이 무너지는 순간에도 하나님은 살아계십니다. 그분이 일하실 것을 믿어야 합니다. 본문의 말씀이 요구하는 바가 그것입니다. 그 모든 순간에도 하나님을 사랑할 수 있는지, 신실하신 하나님을 신뢰하며 하루를 살아낼 수 있는지 묻는 것입니다. 아브라함은 그 믿음을 가졌습니다. 과거를 끊어 냈더니 이제 미래까지 내려놓으라 하시는데, 모든 것을 끊어 내더라도 하나님 한 분을 붙들기로 결단한 것입니다. 그것이 아브라함의 믿음이고 오늘을 살아가는 우리에게 요구되는 믿음입니다.

내가 이제 알았노라

아브라함은 이제 하나님의 명령을 따라 모리아 산에서 이삭을 번제로 드리기 위해 손을 들었습니다. 순식간에 일어난 일입니다. 본문의 분위기로 봐서 주저하지 않는 느낌입니다. 손을 번쩍 들었을 때 하나님이 오히려 다급해지셨습니다. 하나님의 사자가 급히 '아브라함, 아브라함' 두 번 부르십니다. 급하게 서두른다는 뜻입니다. 아브라함이 주저하지 않고 자신을 온전히 하나님께 맡김을 확인한 것입니다. 아브라함을 불러 세우신 하나님은 놀라운 말씀을 주십니다. "내가 이제야 네가 하나님을 경외하는 줄을 아노라(12절)." 몰랐던 것을 이제야 알게 되었다는 뜻이 아닙니다. 본문의 '안다'라는 말은 경험하여 아는 것을 의미합니다. 하나님께서 직접 경험하여 아신 것을 표현하는 참으로 놀라운 말씀입니다.

보시는 하나님

한 걸음 깊이 들어가 봅시다. 하나님만 알게 되신 게 아닙니다. 본문에서 아브라함 역시 하나님을 알게 됐습니다. 하나님께서 말씀하시자 그가 주위를 살폈고, 그때 숫양 한 마리가 수풀에 걸려 있는 것을 봅니다. 하나님께서 예비해 두셨음을 알게 됩니다. 그래서 그곳 이름을

'여호와 이레'라고 짓게 됩니다. 여호와 이레를 '하나님이 준비하신다'는 의미로 많이 이해하지만, 히브리어 본문을 직역하면 '하나님이 보신다'라는 뜻에 가깝습니다. 묵묵히 하나님의 명령에 순종해 그 자리까지 섰는데, 실은 하나님께서 먼저 보고 계셨고 그를 위해 예비해 두셨음을 깨달은 것입니다.

마음 속 고민과 걱정, 두려움을 어찌해야할지 몰라 혼란스러울 때가 있을 겁니다. 하나님께서 나를 보고 계시는지, 내 아픔을 알고 계시는지 의심과 불안에 휩싸일 때도 있을 겁니다. 그러나 어떤 순간, 어떤 상황에도 우리를 보시는 하나님을 확신하십시오. 우리는 이 땅에 혼자 던져진 게 아닙니다. 혼자 어려움을 겪는 게 아닙니다. 세상의 짐을 혼자 짊어진 게 아닙니다. 하나님이 보고 계십니다. 하나님이 돌보고 계십니다. 두려워하지 마십시오. 마땅히 서야 할 자리를 묵묵히 지키십시오. 말씀하신 곳에서 순종하고 서 계십시오. 이해하지 못해도 괜찮습니다. 모르고 가도 괜찮습니다. 우리를 보시고 돌보시는 하나님만 믿고 걸으십시오.

나를 보시는 하나님, 나를 돌보시는 하나님, 나를 위해 준비하시는 하나님을 느끼지 못하는 이유가 있습니다. 내가 모리아 산까지 올라가지 않기 때문입니다. 조금 시도하다 그만두기 때문입니다. 찬송가 가사처럼 바다로 나갔다가 물이 찰랑하니 한 발 들여놓다 겁이 나서 빠져나오기 때문입니다. 그러니 물속에서 건져주시는 은혜를 경험하지 못하는 것입니다. 아브라함이 모리아 산 정상에서 칼을 뽑고 손을 들었을 때에야 여호와의 사자의 음성을 들었음을 기억하십시오. 다니엘이 사자 굴에 들어가기 전까지는 아무것도 경험하지 못했음을 기억하십시오. 다니엘의 세 친구가 뜨거운 풀무불 속에 던져지기 전까지는 아무 일도 일어나지 않았습니다. 풀무불 속에 들어가서야 함께 걷고 계시는 하나님의 아들을 만났습니다. 나아만 장군이 요단강에서 여섯 번 씻고 나왔지만 나병이 든 몸에 변화가 없었습니다. 말씀대로 마지막 일곱 번째 몸을 담궜을 때 치유하시는 하나님의 능력을 경험했습니다.

쉽게 포기하거나 두려워하지 말고 우리를 보시고 지키시는 하나님을 '볼 수 있기를' 바랍니다. 만나고 경험할 수 있기를 바랍니다. 마땅히 있어야 할 자리에 서서 우리 삶을 그분께 온전히 맡길 때 우리 앞서 길을 예비해 두신 하나님을 만나게 될 것입니다.

내가 여기 있나이다!

하나만 더 묵상해 봅시다. 본문에서 반복적으로 등장하는 한 단어가 있습니다. 세 번 등장하는 이 단어로 22장 전체 단락을 나누기도 합니다. 본문 1절, 7절, 11절에 나오는 '내가 여기 있나이다'라는 단어인데, 한글 성경에는 구절로 번역됐지만 히브리어로는 한 단어입니다. 감탄사에 가까운 표현으로 "네, 부르셨습니까?"라고 대답하는 듯합니다. 간단명료하게 응답하며 말씀하시면 즉각 순종하겠노라는 아브라함의 태도를 강조하는 표현입니다. "준비되어 있습니다! 그러니 말씀만 하소서!"라고 말하는 것 같습니다. 그의 믿음의 자세를 가장 잘 드러내는 단어입니다. 하나님께서 부르실 때 그는 항상 준비되어 있습니다. '말씀만 하소서. 주의 종이 듣겠나이다!' 순종할 준비가 되어 있습니다. 75세에 첫 부르심을 받고 약 50여 년간 믿음의 여정에서 훈련받고 연단된 아브라함의 모습입니다. 믿음의 영웅이라 일컬을 만큼 위대한 모습입니다.

우리는 어떻습니까? 준비되어 있습니까? 하나님께서 부르실 때 아브라함처럼 응답할 수 있겠습니까? 주어진 삶에서 하나님만 최고로 사랑하기로 결단합니까? 어디로 부르시든 주저함 없이 순종을 다짐합니까? 맡겨드리십시오. 하나님이 일하실 것입니다. 우리 길을 포기하십시오. 하나님이 길을 내실 것입니다.

18. 이제 내가 알았노라
(QR코드를 클릭하시면 설교영상을 시청하실수 있습니다)

사라가 약속의
땅에 안식하다

(창세기 23:1-20)

19. 사라가 약속의 땅에 안식하다

1. 사라가 백이십칠 세를 살았으니 이것이 곧 사라가 누린 햇수라
2. 사라가 가나안 땅 헤브론 곧 기럇아르바에서 죽으매 아브라함이 들어가서 사라를 위하여 슬퍼하며 애통하다가
3. 그 시신 앞에서 일어나 나가서 헷 족속에게 말하여 이르되
4. 나는 당신들 중에 나그네요 거류하는 자이니 당신들 중에서 내게 매장할 소유지를 주어 내가 나의 죽은 자를 내 앞에서 내어다가 장사하게 하시오
5. 헷 족속이 아브라함에게 대답하여 이르되
6. 내 주여 들으소서 당신은 우리 가운데 있는 하나님이 세우신 지도자이시니 우리 묘실 중에서 좋은 것을 택하여 당신의 죽은 자를 장사하소서 우리 중에서 자기 묘실에 당신의 죽은 자 장사함을 금할 자가 없으리이다
7. 아브라함이 일어나 그 땅 주민 헷 족속을 향하여 몸을 굽히고
8. 그들에게 말하여 이르되 나로 나의 죽은 자를 내 앞에서 내어다가 장사하게 하는 일이 당신들의 뜻일진대 내 말을 듣고 나를 위하여 소할의 아들 에브론에게 구하여
9. 그가 그의 밭머리에 있는 그의 막벨라 굴을 내게 주도록 하되 충분한 대가를 받고 그 굴을 내게 주어 당신들 중에서 매장할 소유지가 되게 하기를 원하노라 하매
10. 에브론이 헷 족속 중에 앉아 있더니 그가 헷 족속 곧 성문에 들어온 모든 자가 듣는 데서 아브라함에게 대답하여 이르되 11내 주여 그리 마시고 내 말을 들으소서 내가 그 밭을 당신에게 드리고 그 속의 굴도 내가 당신에게 드리되 내가 내 동족 앞에서

당신에게 드리오니 당신의 죽은 자를 장사하소서

12. 아브라함이 이에 그 땅의 백성 앞에서 몸을 굽히고

13. 그 땅의 백성이 듣는 데서 에브론에게 말하여 이르되 당신이 합당히 여기면 청하건대 내 말을 들으시오 내가 그 밭 값을 당신에게 주리니 당신은 내게서 받으시오 내가 나의 죽은 자를 거기 장사하겠노라

14. 에브론이 아브라함에게 대답하여 이르되

15. 내 주여 내 말을 들으소서 땅 값은 은 사백 세겔이나 그것이 나와 당신 사이에 무슨 문제가 되리이까 당신의 죽은 자를 장사하소서

16. 아브라함이 에브론의 말을 따라 에브론이 헷 족속이 듣는 데서 말한 대로 상인이 통용하는 은 사백 세겔을 달아 에브론에게 주었더니

17. 마므레 앞 막벨라에 있는 에브론의 밭 곧 그 밭과 거기에 속한 굴과 그 밭과 그 주위에 둘린 모든 나무가

18. 성 문에 들어온 모든 헷 족속이 보는 데서 아브라함의 소유로 확정된지라

19. 그 후에 아브라함이 그 아내 사라를 가나안 땅 마므레 앞 막벨라 밭 굴에 장사하였더라 (마므레는 곧 헤브론이라)

20. 이와 같이 그 밭과 거기에 속한 굴이 헷 족속으로부터 아브라함이 매장할 소유지로 확정되었더라

(창세기 23:1-20)

우리는 늘 어떻게 하면 잘 살지 생각하지만 죽음을 그만큼 염두에 두지는 않습니다. 죽음을 잊은 채 이 땅에서의 나은 삶을 추구하지만, 내일을 알 수 없고 죽음 또한 피할 수 없습니다. 어쩌면 예상보다 가까운 일상 속에 죽음이 들어와 있을지도 모릅니다.

사라의 죽음

창세기 23장은 사라의 죽음을 전하며 시작합니다. 평생을 함께 했던 아내를 먼저 떠나보낸 아브라함의 마음은 매우 슬프고 괴로웠을 것입니다. 창세기 11장에서 하나님이 아브라함을 부르신 이후로 믿음의 여정을 걷는 동안 그의 곁에서 숱한 시험과 어려움을 함께 견디던 아내였습니다. 아브라함과 함께 하나님의 약속도 받았습니다. 사라가 127세를 살고 죽었다는 말씀은, 11장에서 시작된 아브라함 내러티브가 이제 막을 내릴 때가 됐음을 의미합니다. 아브라함 내러티브는 갈대아 우르에서의 부르심에서 시작해 모리아 산으로 부르신 데서 절정에 이릅니다. 이제 주요 인물들의 죽음으로 내러티브를 끝내기 위해 23장부터 25장까지 차근차근 마무리하고 있습니다.

23장은 사라의 죽음을, 25장은 아브라함의 죽음을 다루는데 약속을 받았던 사람들이 믿음의 여정을 끝내는 모습입니다. 가운데 놓인 24장은 이삭의 결혼 이야기로, 이삭과 리브가를 소개합니다. 인생에게 죽음이 당연한 과정이듯 사라도 죽고 아브라함도 죽지만 하나님의 약속과 계획은 여전히 계속됩니다. 유한한 존재인 사람은 정해진 시간 속에서 부르심이 다하면 세상을 떠나야 하지만, 하나님께서 준비해 두신 영원한 약속과 계획은 결코 끝나지 않음을 보여주는 것입니다.

23장을 읽을 때 질문이 생길 수 있습니다. 하나님께서 아브라함에게 주신 약속에 자손이 포함돼 있는데 사라는 이삭 한 명만을 낳았습니다. 아브라함에게 하늘의 별과 같이 셀 수 없을 만큼 많은 후손을 약속하셨지만 사라에게서 아들 하나를 겨우 얻었을 뿐입니다. 도대체 하나님의 약속은 언제 이루어질지 궁금했을 것이고 땅에 대한 약속 또한 마찬가지였습니다.

하나님께 약속을 받은 지 60년이 지났지만 여전히 아브라함은 나그네와 이방인으로서 지내고 있었습니다. 4절에 자신의 정체성을 이렇게 표현합니다. '나는 당신들 중에 나그네요 거류하는 자이니'. 60년이 지났음에도 불구하고 사랑하는 아내의 장례를 치를 땅 한 평조차 없습니다. 얼마나 마음이 아팠겠습니까? 하나님께서 허락하신 약속의 땅인데 말입니다.

죽음을 넘어서는 하나님의 약속

이 일의 장소적 배경은 헤브론입니다. 헤브론은 창세기 13장에 등장합니다. 하나님께서 땅에 대한 약속을 주셨을 때 믿음으로 이주했던 곳이 헤브론입니다. 보고 밟는 모든 땅을 자신과 후손에게 주겠다고 약속하신 하나님의 말씀을 듣고 그곳에서 가장 높은 헤브론 산골짜기로 올라갔습니다. 헤브론에서 그 땅들을 내려다보며 하나님의 약속을 되새겼을 것입니다. 헤브론으로 올라가 정착하게 된 이유입니다.

그러나 막상 60년이나 지난 순간, 그곳에 아내를 묻을 한 평의 땅조차 소유하지 못했습니다. '약속하신 하나님은 어디 계십니까? 하늘의 별까진 아니라도 이름을 섞어 부를 만큼의 자녀들이라도 주셔야지요.' 질문이 생겼을 겁니다. 보이는 땅, 밟는 땅을 모두 주겠노라 약속하셨지만 60년이나 지났고 아내조차 떠나보냈는데도 여전히 이방인인 것입니다. 아직도 땅 한 평 구하지 못한 슬픈 현실을 맞닥뜨립니다.

"하나님의 약속은 어떻게 된 것입니까?" 아브라함이 가진 마음의 질문에 본문이 답하고 있습니다. 장례를 통해 그는 질문에 대한 답을 찾고자 합니다. 사실 본문에서 장례 자체는 비중있게 다루지 않습니다. 1, 2절에서 사라의 죽음과 아브라함의 슬픔을, 19, 20절에서 사라를 장사 지낸 것을 짧게 서술하고 있을 뿐입니다. 중간 부분인 3절부터 18절까지 이어지는 긴 구절은 땅을 소유하게 되는 내용입니다. 아브라함이 결심하고 땅을 소유하기로 작정한 모습입니다.

약속의 땅을 구입함

아내가 죽었을 때 슬퍼하며 애통해하다 갑자기 일어나 헷 족속을 만나기 위해 일어납니다. 장례로 인해 정신없이 분주하고 슬플 때인데 갑자기 일어나 헷 족속에게 땅을 구입하러 갑니다. 장례부터 치른 후 진행하지 않고 한창 장례 중에 땅을 사기 위해 행동하는 모습은 그 일이 얼마나 중요하고 긴급했는지 짐작할 수 있습니다.

아브라함에게 돈이 없었던 게 아닙니다. 어마어마한 부자였고 권세 또한 있었습니다. 헷 족속이 아브라함을 이렇게 말합니다.

⁶내 주여 들으소서 당신은 우리 가운데 있는 하나님이 세우신 지도자이시니 당신은 우리 가운데 있는 하나님이 세우신 지도자이시니 우리 묘실 중에서 좋은 것을 택하여 당신의 죽은 자를 장사하소서 우리 중에서 자기 묘실에 당신의 죽은 자 장사함을 금할 자가 없으리이다 (창 23:6)

당시 아브라함의 지위를 알 수 있습니다. 사람들이 그를 어떻게 여겼는지 보여 주는 구절입니다. 그럼에도 불구하고 그는 땅을 소유할 수 없었습니다. 현대 사회야 자금이 있고 거래조건이 맞으면 이방인도 땅을 살 수 있지만 고대 사회에서는 쉬운 일이 아니었습니다. 조상이 물려준 땅을 보존하는 것은 고대 사람들에게 중요한 가치이자 유산이었습니다. 땅을 팔거나 떠나는 것은 용납하기 어려웠습니다. 조상과

부모에게 면목없고 부끄러운 일에다 가치관에도 맞지 않았습니다. 법적으로도 이방인에게 땅 판매가 제한되었는데, 씨족 사회나 도시 국가 형태에서 땅을 파는 것은 개인의 문제를 넘어 공동체적으로 공유되던 원칙을 따라야 했습니다. 더구나 땅은 재산 유무를 떠나 조상에게서 물려받은 자신의 유업이자 후손에게 넘겨줄 책임이었습니다. 그래서 60년이 지나도록 아브라함이 땅을 살 수 없었던 것입니다.

누가복음 15장의 탕자이야기도 비슷한 문화적 배경으로 이해할 수 있습니다. 탕자가 아버지로부터 미리 유산을 요청하고 받습니다. 땅으로 유산을 받았을 것이고 그것을 돈으로 바꾸기 위해 이방인들에게 팔았을 것입니다. 이방인에게 땅을 판 것은 탕자의 아버지뿐 아니라 공동체에게도 무척 수치스러운 일이었을 것입니다.

본문도 마찬가지입니다. 아브라함이 에브론의 땅을 원했지만 땅을 사겠다는 말은 에브론이 아닌 동네 사람들인 헷족속에게 먼저 꺼냅니다. 아내를 장사지낼 땅을 구입하고자 요청하는 아브라함에게 6절의 대답은 겉으로는 친절해 보이지만 사실 땅을 팔 수 없다는 냉정한 거절입니다.

그러자 아브라함이 일어나 사람들을 향해 큰 절을 하며 재차 요청합니다.

[8]나로 나의 죽은 자를 내 앞에서 내어다가 장사하게 하는 일이 당신들의 뜻일진대 내 말을 듣고 나를 위하여 소할의 아들 에브론에게 구하여

⁹그가 그의 밭머리에 있는 그의 막벨라 굴을 내게 주도록 하되 충분한 대가를 받고 그 굴을 내게 주어 당신들 중에서 매장할 소유지가 되게 하기를 원하노라 (창 23: 8-9)

그 자리에는 에브론도 앉아 있었지만 그는 말하지 않고 있었습니다. 당시 땅과 관련한 문화를 이해할 수 있는 장면으로 에브론이 땅을 팔 수 있도록 공동체가 허락해줄 것을 요청하고 있습니다. 무리 중에 있던 에브론이 놀라 아브라함에게 정중하게 거절합니다. 표면적으로 보면 사라를 장사지낼 땅을 얼마든지 줄테니 편안히 장사지내라는 말 같지만 잠시 빌려주겠다는 내용입니다. 거절이었습니다. 당시 이방인 으로서 땅을 사는 것이 얼마나 어려운 일이었는지 알 수 있습니다.

에브론의 대답을 들은 아브라함이 12절에서 또 엎드려 절을 하며 큰 돈을 들여서라도 땅을 사고 싶은 간절한 마음을 표현합니다.

¹⁵내 주여 내 말을 들으소서 땅 값은 은 사백 세겔이나 그것이 나와 당신 사이에 무슨 문제가 되리이까 당신의 죽은 자를 장사하소서 (창 23:15)

아브라함의 간청에 에브론이 결정타를 날립니다. 땅 값은 은 사백 세겔이라며 여전히 땅을 팔 의도가 없음을 내포합니다. 은 사백 세겔 이 왜 거절을 뜻하는지 살펴볼 필요가 있습니다. 당시 화폐 가치를 지 금과 정확하게 비교하기 힘들고 역사에 따라 화폐 가치는 달라지지만,

다윗이 성전 터를 위해 오르난의 타작마당을 구입할 때 은 오십 세겔을 지불했던 사례를 참고할 수 있습니다. 물론 아브라함 시대와 비교해도 엄청난 차이입니다. 은 세겔의 가치를 창세기에서 찾으면, 한 사람이 일 년간 일을 해서 벌어들인 수입이 대략 은 십 세겔이었습니다. 그러니 은 사백 세겔은 40년간 벌어서 한 푼도 쓰지 않고 모아야 할 만큼의 엄청나게 큰 금액입니다. 에브론의 응대는 그 땅이 그만큼 가치 있고 좋은 땅이어서가 아니라 자신은 팔 마음이 없으니 상상 이상으로 비싼 액수를 말한 것입니다. 부당한 금액을 부른 것입니다.

그런데 뜻밖에도 아브라함이 헷 족속 앞에서 은 사백 세겔을 달아 주며 에브론에게 땅값을 지불합니다. 갑작스럽게 거래가 이루어졌습니다. 아브라함의 의지가 얼마나 강했는지 뚜렷이 볼 수 있습니다.

약속의 땅에 안식함

왜 아브라함은 그토록 이 땅을 소유하려 했을까요? 사라보다 열 살이나 더 많은 본인이 아내를 먼저 보낸 후 얼마나 더 살 수 있을까요? 당장 죽어도 이상하지 않은 나이였는데 말입니다. 그런데도 지금 그는 아내를 영원히 쉬게 하고 본인 또한 묻혀서 영원히 안식할 땅을 계약하고 있습니다. 사라와 자신이, 자신들의 후손이, 그의 후손들과 또 그들의 후손들이 대대로 영원히 안식할 땅을 확정짓고 싶어 합니다. 자신이 태어나 자랐던 곳이 아니라 하나님께서 약속하신 그 땅에 묻히고자 하는 것입니다. 약속의 땅을 자신의 진정한 고향으로 여겼습니다. 비록 아내와 자신은 보지 못하고 죽더라도 하나님께서 약속하셨으니 반드시 성취될 것을 믿는 고백의 표현입니다. 앞서 15장에서 하나님께서 그 땅을 아브라함과 그 자손에게 주겠노라 약속하실 때, 그들이 400년이 지난 후에야 그 땅으로 돌아오리라 말씀하셨습니다. 그 말씀을 들었기에 하나님께서 약속하신 땅이지만 자신은 누릴 수 없는 땅임을 이미 알고 있습니다. 비록 지금 누리지 못해도 하나님의 약속을 신뢰했습니다. 자신의 인생의 여정은 곧 끝나겠지만 후손들이 하나님의 약속을 이루어 가며 그 땅을 소유할 것을 믿음으로 행동한 것입니다. 그래서 아내가 죽은 순간, 자신의 죽음도 얼마 남지 않은 그 순간에도 막벨라 굴을 사기 위해 노력한 것입니다. 가진 소유를 모두 포기하더라도 약속의 성취를 소망했습니다. 막벨라 굴은 단순히 아내와 자신의 매장지가 아니라 하나님의 약속을 신뢰하는 믿음의 표현이었습니다.

이제 아브라함은 사라를 막벨라 굴에 장사 지냅니다. 아내가 그곳에서 영원히 안식하기를 소망했습니다. 이삭은 아브라함의 믿음대로 아버지가 죽자 그를 막벨라 굴에 장사 지냅니다. 아내 리브가가 죽었을 때에도 막벨라 굴에 장사 지냅니다. 야곱 또한 에서와 함께 아버지 이삭이 죽었을 때 막벨라 굴에 장사 지내고, 아내 레아 역시 그곳에 장사 지냅니다. 그렇게 세대를 이어 할아버지의 땅, 아버지의 땅, 자신의 땅, 자기 후손의 땅, 그 후손들의 땅이 되어 하나님이 약속하신 땅을 소유하며 영원히 누리고 지킨다는 믿음을 가진 것입니다.

야곱의 장례

창세기의 마지막 장면은 매우 인상적입니다. 바로 야곱의 장례 행렬이 그려집니다. 야곱은 자신의 죽음이 이르자 요셉을 불러 하나님의 이름으로 맹세하게 합니다. 비록 자신이 애굽 땅에서 죽음을 맞지만 자신이 묻힐 곳은 막벨라 굴임을 당부하며 그곳에다 장사 지낼 것을 서약시킵니다. 창세기 50장의 거대한 행렬은 야곱의 장례를 위해 애굽을 떠나 약속의 땅 가나안의 막벨라 굴을 향해 갑니다. 하나님의 약속이 성취됨을 시각적으로 웅변합니다. 죽어서도 그 땅으로 돌아가 약속의 성취에 동참하려는 야곱의 믿음을 보여줍니다.

창세기는 모세가 출애굽한 이스라엘 백성을 향해 쓴 책입니다. 창세기를 읽던 이스라엘 백성들은 가나안 땅을 향해 광야를 걷던 사람들이었습니다. 애굽에서 도망자로 나와 가나안 땅을 향하던 그들에게 창세기는 어떤 메시지로 다가왔을까요?

사백 년이 지났습니다. 야곱이 향했던 그 길을 사백 년 후에 이스라엘 백성들이 걷고 있습니다. 시간이 흘렀고 믿음의 조상들은 죽었지만 하나님의 약속은 여전히 신실하게 이어지고 있음을 고백했을 것입니다.

영원을 살라

우리는 유한한 존재입니다. 우리의 시간을 살다 떠나는 존재입니다. 누구도 죽음을 피할 수 없습니다. 우리에게 주어진 시간 속에서 어쩌면 하나님께서 약속하신 일의 성취를 목격하지 못할 수도 있습니다. 죽도록 충성하고 헌신했지만 결과가 좋지 않고 열매가 없는 듯 보일 수도 있습니다. 하지만 낙심하지 마십시오. 그것은 우리의 유한한 시간에서일 뿐입니다. 시간을 넘어 영원을 일하시는 하나님을 신뢰하십시오. 성실하게 약속을 지켜 가시는 그분께서 이루실 것입니다.

하나님께서 나를 돌보셨듯이 나의 자녀와 그 자손들, 그들의 자손들, 또 그들의 자손들에게까지 은혜로 인도하실 것입니다. 그 사실을 믿으십시오. 믿음의 선배들이 물려준 그 믿음의 유산을 우리의 다음 세대에 전달하며 마땅히 달려가야 할 우리의 믿음의 경주를 지속해야 합니다.

영원을 살라는 말씀입니다. '이 땅에서 어떻게 하면 잘 살 수 있을까?'를 고민할 것이 아니라 '그러면 나는 어떻게 세상을 아름답게 떠날 수 있을까? 죽음 이후의 삶을 어떻게 준비할 수 있을까?'를 고찰하며 살아야 합니다. 그것이 유한한 이 땅을 살아가지만 영원한 하나님

나라의 성취를 이루어가는 우리들의 모습이 되어야 합니다.

　우리 삶은 죽음 이후에도 계속됩니다. 믿으신다면 잘 준비해야 합니다. 에브론은 갑자기 엄청난 부를 얻었지만 그것이 무슨 의미가 있겠습니까? 세상을 떠날 때 그 돈을 지니고 갔겠습니까? 그는 거금 은 사백 세겔을 손에 붙잡았지만 아브라함은 그 돈을 던져버리고 영원히 소유할 하나님의 약속을 붙들었습니다. 그것이 믿음이요 지혜로운 삶입니다. 죽음 이후의 삶, 영원한 삶, 약속의 성취로 인한 영원한 기업을 누리는 삶을 소망하고 준비하십시오.

19. 사라가 약속의 땅에 안식하다
(QR코드를 클릭하시면 설교 영상을 시청하실 수 있습니다)

The Abraham Narrative
20

하나님의 인도하심

(창세기 24:1 - 27)

20. 하나님의 인도하심

1. 아브라함이 나이가 많아 늙었고 여호와께서 그에게 범사에 복을 주셨더라
2. 아브라함이 자기 집 모든 소유를 맡은 늙은 종에게 이르되 청하건대 내 허벅지 밑에 네 손을 넣으라
3. 내가 너에게 하늘의 하나님, 땅의 하나님이신 여호와를 가리켜 맹세하게 하노니 너는 내가 거주하는 이 지방 가나안 족속의 딸 중에서 내 아들을 위하여 아내를 택하지 말고
4. 내 고향 내 족속에게로 가서 내 아들 이삭을 위하여 아내를 택하라
5. 종이 이르되 여자가 나를 따라 이 땅으로 오려고 하지 아니하거든 내가 주인의 아들을 주인이 나오신 땅으로 인도하여 돌아가리이까
6. 아브라함이 그에게 이르되 내 아들을 그리로 데리고 돌아가지 아니하도록 하라
7. 하늘의 하나님 여호와께서 나를 내 아버지의 집과 내 고향 땅에서 떠나게 하시고 내게 말씀하시며 내게 맹세하여 이르시기를 이 땅을 네 씨에게 주리라 하셨으니 그가 그 사자를 너보다 앞서 보내실지라 네가 거기서 내 아들을 위하여 아내를 택할지니라
8. 만일 여자가 너를 따라 오려고 하지 아니하면 나의 이 맹세가 너와 상관이 없나니 오직 내 아들을 데리고 그리로 가지 말지니라
9. 그 종이 이에 그의 주인 아브라함의 허벅지 아래에 손을 넣고 이 일에 대하여 그에게 맹세하였더라
10. 이에 종이 그 주인의 낙타 중 열 필을 끌고 떠났는데 곧 그의 주인의 모든 좋은 것을 가지고 떠나 메소보다미아로 가서 나홀의 성에 이르러
11. 그 낙타를 성 밖 우물 곁에 꿇렸으니 저녁 때라 여인들이 물을 길으러 나올 때였더라
12. 그가 이르되 우리 주인 아브라함의 하나님 여호와여 원하건대 오늘 나에게 순조롭게 만나게 하사 내 주인 아브라함에게 은혜를 베푸시옵소서
13. 성 중 사람의 딸들이 물 길으러 나오겠사오니 내가 우물 곁에 서 있다가
14. 한 소녀에게 이르기를 청하건대 너는 물동이를 기울여 나로 마시게 하라 하리니 그의 대답이 마시라 내가 당신의 낙타에게도 마시게 하리라 하면 그는 주께서 주의 종 이삭을 위하여 정하신 자라 이로 말미암아 주께서 내

주인에게 은혜 베푸심을 내가 알겠나이다

15. 말을 마치기도 전에 리브가가 물동이를 어깨에 메고 나오니 그는 아브라
함의 동생 나홀의 아내 밀가의 아들 브두엘의 소생이라

16. 그 소녀는 보기에 심히 아리땁고 지금까지 남자가 가까이 하지 아니한
처녀더라 그가 우물로 내려가서 물을 그 물동이에 채워가지고 올라오는
지라

17. 종이 마주 달려가서 이르되 청하건대 네 물동이의 물을 내게 조금 마시게
하라

18. 그가 이르되 내 주여 마시소서 하며 급히 그 물동이를 손에 내려 마시게
하고

19. 마시게 하기를 다하고 이르되 당신의 낙타를 위하여서도 물을 길어 그것
들도 배불리 마시게 하리이다 하고

20. 급히 물동이의 물을 구유에 붓고 다시 길으려고 우물로 달려가서 모든 낙
타를 위하여 긷는지라

21. 그 사람이 그를 묵묵히 주목하며 여호와께서 과연 평탄한 길을 주신 여부
를 알고자 하더니

22. 낙타가 마시기를 다하매 그가 반 세겔 무게의 금 코걸이 한 개와 열 세겔
무게의 금 손목고리 한 쌍을 그에게 주며

23. 이르되 네가 누구의 딸이냐 청하건대 내게 말하라 네 아버지의 집에 우리
가 유숙할 곳이 있느냐

24. 그 여자가 그에게 이르되 나는 밀가가 나홀에게서 낳은 아들 브두엘의 딸
이니이다

25. 또 이르되 우리에게 짚과 사료가 족하며 유숙할 곳도 있나이다

26. 이에 그 사람이 머리를 숙여 여호와께 경배하고

27. 이르되 나의 주인 아브라함의 하나님 여호와를 찬송하나이다 나의 주인
에게 주의 사랑과 성실을 그치지 아니하셨사오며 여호와께서 길에서 나
를 인도하사 내 주인의 동생 집에 이르게 하셨나이다 하니라

(창세기 24:1-27)

미래에 대한 두려움

우리는 우주 항해의 기술을 가진 21세기를 살아가고 있지만, 여전히 많은 사람들이 미래에 대한 막연한 불안감으로 무속이나 점술을 의지한다고 합니다. 심지어 그리스도인들조차 네 명 중 한 명은 점을 쳐본 경험이 있다는 통계가 있습니다. 불안한 마음으로든 재미로든 무속에 의지하는 경우가 있다니 참으로 안타깝습니다. 결혼이나 이사를 할 때, 진로를 선택하거나 새로운 비즈니스를 시작할 때, 그리스도를 믿는 우리는 미래에 대한 두려움으로 인해 무속을 의지하면 안 됩니다. 어떤 날과 어떤 길이 좋은지, 어디가 좋고 징조가 어떤지 찾아다니며 묻지 마십시오. 하나님을 믿고 그분께서 우리 삶을 주관하시며 인도하시리라는 믿음으로 삶의 모든 영역에서 자유와 행복을 누리길 바랍니다.

인도하심을 믿는 믿음

믿음을 여러 관점에서 논할 수 있겠지만, 본문에서는 '인도하심을 믿는 믿음'의 측면을 강조합니다. 하나님이 나를 인도하시고, 내 길을 지도하심을 인정하고 그분을 신뢰하는 삶을 하루하루 사는 것이 그리스도인의 믿음의 본질입니다.

아브라함을 들여다봅시다. 그는 75세를 전후해 하나님과 동행하는 삶을 시작했습니다. 그 후 약 70여 년이 지나 인생의 마지막 순간을 돌아보는 지금, '하나님의 인도하심'을 고백하고 있습니다. 자신의 인생을 지도해 오신 하나님께서 앞으로의 삶 또한 인도하실 것을 고백하고 있습니다.

몇 해 전 사랑하는 아내를 먼저 떠나보낸 후 140세의 나이에 40세가 된 아들 이삭과 함께 지내고 있었습니다. 인생을 마무리하기 전 이삭을 위해 신붓감을 찾으려 합니다. 본문의 며느리를 구하는 내용은 창세기에서 가장 길게 묘사되는 이야기 중 하나인데, 자신은 곧 인생 여정을 마감하고 죽음을 맞겠지만 하나님의 믿음의 역사는 아들과 며느리의 삶을 통해 이어지리라 고백하는 장면으로 이해할 수 있습니다.

아브라함도 우리와 같이 자신과 후손들의 삶을 하나님이 어떻게 인도해 가실지 몰랐습니다. 주님은 미래에 관해 물을 때 일러주시는 게 아니라 살아온 삶의 흔적을 돌아볼 때 그분의 계획과 뜻이 어떻게 우리를 이끌어 오셨는지 깨닫게 하십니다. 아브라함도 지금까지의 삶을 돌아보며 주님의 인도하심을 확신할 수 있었습니다. 그러나 여전히 미래는 믿음의 영역으로 남아 있었습니다. 확실한 한 가지는 하나님께서 과거와 같이 미래 또한 인도하시리라는 사실이었습니다. 언제, 어떻게, 어떤 과정을 거쳐 전개될지 전혀 모르지만, 영원한 하나님의 약속이 오고 오는 세대를 넘어 성취되리라 신뢰하며, 며느리를 찾는 일에도 인도하시리라 믿고 있었습니다.

이삭의 신붓감 구하기

이삭의 아내 될 사람을 구하는 데는 원칙이 있었습니다. 첫 번째, 가나안 여자와 결혼시키지 않겠다는 것입니다. 하나님을 향한 믿음을 가진 조상들, 즉 자기 친족들 중에서 며느릿감을 구하기로 합니다. 고달픈 일이었습니다. 멀고 먼 밧단 아람까지 여행을 떠나야 하는 일입니다. 밧단 아람은 가까운 거리가 아닙니다. 무려 800km가 넘는 길입니다. 도보로 최소한 두 달 이상 걸리는 거리였습니다. 둘째, 아들 이삭은 약속의 땅을 떠날 수 없다는 것입니다. 그래서 충성스런 종을 보내 며느릿감을 찾아오도록 하는 것이 아브라함의 계획이었습니다. 세상의 상식으로 보면 이상한 원칙인 듯합니다. 과연 어떤 여성이 이런 제안을 받아들이겠습니까? 게다가 어떻게 찾을 것인지도 막막해 보입니다. 어디를 가야 만날 수 있을지, 설령 만나더라도 그가 이삭의 신붓감으로 적합하다고 확신할 방법은 무엇인지, 그녀가 고향과 가족을 떠나 만난 적도 없는 사람과의 결혼을 위해 낯선 가나안 땅으로 동행해줄지 질문이 생깁니다. 과연 성사될 계획인가요? 그것도 처음 본 늙은 종의 말만 듣고 말입니다.

아브라함의 종이 듣기에도 낯선 원칙이었나 봅니다. 막연한 명령을 하는 주인에게 그가 5절에서 묻습니다.

> ⁵종이 이르되 여자가 나를 따라 이 땅으로 오려고 하지 아니하거든 내가 주인의 아들을 주인이 나오신 땅으로 인도하여 돌아가리이까 (창 24:5)

자신을 따라나설 여인이 없을 것 같았습니다. 그럴 경우 이삭을 데려가서라도 결혼을 시켜야 할지 묻는 것입니다. 종의 질문에 아브라함이 단호하게 대답합니다.

> ⁶아브라함이 그에게 이르되 내 아들을 그리로 데리고 돌아가지 아니하도록 하라 ⁷하늘의 하나님 여호와께서 나를 내 아버지의 집과 내 고향 땅에서 떠나게 하시고 내게 말씀하시며 내게 맹세하여 이르시기를 이 땅을 네 씨에게 주리라 하셨으니 그가 그 사자를 너보다 앞서 보내실지라 네가 거기서 내 아들을 위하여 아내를 택할지니라 (창 24:6-7)

아브라함의 믿음은 확고했습니다. 하나님께서 지금까지 인도하셨으니 이 일에 관해서도 인도하실 것을 믿습니다. 길도 모양도 방법도 모르지만 하나님께서 함께 하셔서 예비해 두실 것을 믿습니다. 단순하지만 순전한 믿음의 태도입니다. 늘 '어떻게?'를 묻는 우리에게 하나님의 신실하심이 대답이 됩니다.

하나님의 뜻 확인하기

아브라함의 믿음에 늙은 종도 공감했습니다. 밧단 아람까지 다녀오는 길이 힘들고 위험하고 아무 계획도 없었지만 무작정 길을 떠났습니다. 목적지에 도착한 이후에도 막연할 것은 마찬가지입니다. 어디로 가야겠습니까? 누구에게 물어야겠습니까? 밧단 아람에 도착한 종은 우물가에 자리하고 앉습니다. 오래고 고된 여행에 지쳤지만, 머릿속은 사명에 대한 생각으로 가득했습니다. 저녁이 되면 물을 길러 여자들이 나올테니 지켜볼 마음이었을 겁니다. 그리고는 하나님께 기도하기 시작했습니다. "하나님이 인도하셔서 저에게 이삭의 신붓감을 보내 주시고 그녀를 확신할 수 있게 증거를 보여주십시오." 인도하심을 간구했습니다.

그의 기도가 우리가 하나님의 뜻을 알고자 할 때 따라야 할 모범적 기도의 방법은 아닙니다. 어떤 상황 속에서 하나님의 뜻을 분별하고자 할 때 '만약 ~해 주신다면 하나님 뜻인 줄 알겠습니다.'라는 것과 같기 때문입니다. 그럼에도 불구하고 하나님께서는 그의 기도를 들어주셨습니다.

기도를 마치고 눈을 떴을 때 한 소녀가 우물가로 물 길으러 나왔습니다. 15절은 종의 기도가 채 마치기도 전, 리브가가 물동이를 어깨에 메고 왔다고 표현합니다. 본문에서는 리브가를 '아브라함의 동생 나홀의 아내 밀가의 아들 브두엘의 소생'으로 소개하지만 이 구절은 독자인 우리에게 알려 주는 정보입니다. 이 본문을 읽으면서 일이 전개되기 전에 하나님께서 응답하고 계심을 짐작할 수 있지만, 본문 속 등장인물인 아브라함의 종은 아무것도 모르는 상태였습니다. 다가오는 소녀의 집안이 어디인지, 하나님을 믿는지, 그 지방의 이방인인지 아무런 정보도 없는 상황이었습니다. 다만 기도를 마치고 눈을 뜨자 한 소녀를 마주하게 된 것입니다. 놀랐을 것입니다. 혹시나 하는 기대로 마음이 뛰었을 것입니다. 하지만 아무런 언급 없이 지켜보다 말을 건넵니다. 그 소녀가 맞는지 확인하고 싶었습니다.

아브라함의 종은 자신이 물을 요청할 때 본인뿐 아니라 낙타에게도 물을 마시게 하는 여인이 하나님께서 이삭의 아내로 예비하신 사람으로 여기겠노라 기도했었습니다. 기도했듯이 이제 한 소녀에게 물을 요청했습니다. 그러자 소녀가 즉시 늙은 종에게 물을 마시게 합니다. 어쩌면 예상할 수 있는 행동이겠습니다. 그런데 놀랍게도 종이 물을 마시자 그가 기도했던 말을 꺼냅니다. 낙타들도 마시게 하겠다는 겁니다. 소녀의 말을 들은 종의 마음은 놀라움으로 가득했을 겁니다. 하지만 하나님의 뜻을 확신하기까지 소녀의 행동을 묵묵히 지켜봅니다.

이제 리브가의 입장에서 살펴보겠습니다. 저녁 시간이면 빨리 물을 길은 후 집에 돌아가 식사 준비를 해야 합니다. 우물가에 오랜 시간 지체할 형편이 아니었습니다. 낯선 외지인이 물을 요청하니 친절을 베푸는 것까진 좋으나 낙타들까지 물을 주는 것은 힘들고 부담스런 일이었을 겁니다.

낙타는 장거리 여행을 할 때 며칠간 물을 마시지 않습니다. 대신 한 번 앉아 물을 마시면 엄청난 양을 마시므로 늘 몸에 물을 저장해 둡니다. 한 마리가 대략 50-80리터 정도 마시니 리브가가 메고 온 물동이를 크게 잡아 10리터로 계산하더라도 낙타 한 마리에게 물을 주려면 최소한 5-8번 우물을 오가야 합니다. 게다가 종이 데리고 온 낙타는 총 열 마리였기에 단순히 친절을 베푸느라 물을 주겠다는 것이 아니었습니다. 낙타 열 마리가 마실 물을 길어다 준 것은 상당히 고된 노동이었을 것입니다.

고대 근동의 우물은 한국의 전통적인 우물과는 달랐습니다. 대부분의 우물이 물 근원을 찾기 위해 땅을 깊이 팠습니다. 당시 사용하던 우물 중 발굴된 것이 무려 10미터 이상 계단을 내려가야 하는 곳들이 많습니다. 16절에서도 그와 같은 흔적을 보여줍니다. 리브가가 우물로 내려가서 물을 물동이에 채운 후 올라왔다고 표현합니다. 한국의 전통 우물에 대한 선입견이 있어 성경 말씀을 읽을 때 그 당시 상황이 어땠을지 간과하는 경향이 있는데 성경을 해석할 때 조심할 부분입니다. 그렇다면 리브가가 낙타들에게 물을 마시게 하려고 대체 얼마나 여러 번 계단을 오르내렸을까요? 우물로 뛰어 내려가서 물을 뜬 후 가쁜 숨을 쉬며 올라와 낙타에게 물을 마시게 했습니다. 낙타가 마실 동안 다음을 위해 쉬지 못하고 우물로 달려 내려갔을지도 모릅니다. 물동이를 지고 오르내리기를 수십 차례 반복했을 것입니다.

종은 리브가가 자신의 일을 끝까지 완수하는지 묵묵히 지켜보고 있었습니다. 인도하심을 바라며 기도하고 눈을 떴을 때 한 소녀를 만났고, 자신이 마실 물을 요청했을 뿐인데 낙타들까지 먹이는 게 아닙니까! 본인이 기도한 그대로 행동하는 소녀를 봤을 때 그 마음이 얼마나 감사하고 기뻤겠습니까! 의심할 여지없이 확실한 하나님의 응답이었습니다.

여기에 한 가지 문제가 남아 있었습니다. 누구인지 알아보아야 했습니다. 내러티브가 리브가를 미리 독자에게는 소개했지만, 등장인물인 아브라함의 종은 아직 그 소녀에 대해 아는 것이 없었습니다. 리브가의 오랜 수고가 마치자 늙은 종은 그녀에게 코걸이와 손목고리 등 큰 선물을 건넸습니다. 양으로 보아 매우 큰 선물이었을 것입니다. 그리고는 어느 집 자녀인지 물었습니다. 그제야 소녀가 가족을 언급합니다. 아마 종은 눈이 휘둥그레지고 감격에 겨웠을 것입니다. 하나님의 인도하심이 이토록 순적하고 놀랍게 진행될지 상상조차 못했을 것입니다. 리브가의 대답을 듣자마자 벌떡 일어나 하나님께 엎드려 경배했습니다(26절). 그리고는 목소리를 높여 아브라함의 하나님을 찬송합니다.

> 27이르되 나의 주인 아브라함의 하나님 여호와를 찬송하나이다 나의
> 주인에게 주의 사랑과 성실을 그치지 아니하셨사오며 여호와께서 길
> 에서 나를 인도하사 내 주인의 동생 집에 이르게 하셨나이다 하니라
> (창 24:27)

보이는 것도, 손에 잡히는 것도, 확실한 것도 전혀 없던 상황에서
길을 떠나왔고 어디서 누굴 만나 어떻게 찾을지 막연한 형편이었는데
지나고 돌아보니 하나님께서 여기까지 인도하셨던 것입니다. 부인할
수 없는 하나님의 인도하심이자 예비하신 은혜였습니다.

인도하심을 신뢰하라

하나님의 인도하심을 신뢰하는 것은 우리에게도 간절히 필요합니다.
하나님의 인도하심을 기도하면서도 마음 한 켠에 여전히 불안이라는
무거운 짐을 안고 있습니다. 하나님의 뜻이 아니면 어쩌나 하는 두려
움을 가집니다. 기도하며 계획해서 시작한 일이라도 뜻한 대로 진행되
지 않으면 하나님의 뜻이 아니어서 벌을 받는다는 그릇된 판단도 합
니다. 실패를 두려워하며 도전을 포기합니다. 많은 경우 이런 생각은

사탄이 줍니다. 하나님은 우리에게 두려워하는 마음을 주는 분이 아니십니다. 하나님을 신뢰하고 물 위를 걸으라 말씀하는 분입니다. 하나님의 뜻을 미리 보여주신다면 기꺼이 순종하며 길을 떠날 것 같지만 사실 그렇지 않습니다. 보이지 않고 잡은 게 없어도 신뢰하며 걷는 것이 믿음입니다. 보고 가는 것은 그냥 걷는 것일 뿐 믿음이 아닙니다. 보이지 않지만 살아계신 하나님을 신뢰하고 묵묵히 걸어가는 것이야말로 참된 믿음입니다. 그러니 말씀에 위배되는 일이 아니라면 담대한 마음으로 자유하길 바랍니다. 다양한 모양으로 살아도 괜찮습니다. 다양한 길로 걸어도 괜찮습니다. 어떤 사업을 해도 괜찮습니다. 하나님은 당신의 뜻을 숨겨두고 우리가 찾지 못해 실수할 때 회초리로 치려고 기다리는 분이 아닙니다. 합력하여 선을 이루어 가시는 하나님입니다. 하나님의 성품을 믿는다면 우리 마음은 두려움 대신 평안으로 가득 찰 것입니다. 인도하심을 믿어야 합니다. 믿음이 있어야 자유를 누리게 됩니다. 삶에 가득한 놀라운 기쁨과 자유와 감사를 누려야 합니다. 믿음이 성숙해진다는 말은 하나님의 인도하심을 향한 신뢰가 더욱 깊어짐을 의미합니다.

아브라함도, 그의 늙은 종도 대책 없어 보였지만, 하나님의 인도하심을 바라는 기도로 시작해서 마칠 때는 진실로 인도해 주셨음을 고백하고 찬양하지 않습니까? 이것이 우리의 고백과 찬양이면 좋겠습니다.

사도 바울은 유럽을 향하는 복음 전도 여행을 계획하지 못했었습니다. 사도행전 16장을 읽으면 그의 관심은 아시아에 복음 전하는 데 있었습니다. 아시아에 복음을 전하며 교회를 세우고 믿음의 형제들을 새롭게 하는 것이 인생의 목표였습니다. 그런데 2차 전도 여행에서 주의 성령께서 길을 막으시는 것을 느낍니다. 아무리 노력을 해도 길이 계속 막혔습니다. 바울이 여전히 깨닫지 못하자 하나님께서 환상 가운데 마게도냐 사람을 보여 주시고 가서 도울 것을 말씀하십니다. 하나님의 뜻을 깨달은 후 사도 바울은 유럽을 향했습니다. 네압볼리를 지나 빌립보 지역으로 들어갔습니다. 유럽의 첫 번째 도시입니다. 약속을 따라 오긴 했는데 어떻게 해야 할지 몰랐습니다. 누구를 만나야 하고 어디를 가야 할지도 몰라 막막했습니다. 안식일이 되었는데 예배드릴 처소조차 찾지 못해 실라와 함께 성을 나와 걸었습니다. 한적한 곳에서 기도라도 하려는 뜻이었습니다. 그러다 강가로 내려갔는데 바로 그 자리에서 하나님이 예비해두신 사람을 만나게 됩니다. 뜻밖의 장소에서 뜻밖의 사람을 만난 것입니다. 바로 두아디라의 자주 장사 루디아였는데, 그녀는 장사로 인해 여기저기 오가느라 그곳에 늘 있는 사람이 아니었습니다. 게다가 빌립보 사람도 아니었습니다. 하나님에 대한 말씀을 들은 그녀는 마음을 열고 복음을 믿었습니다. 바울과 실라를 자기 집으로 초대해 함께 예배드리며 유럽의 첫 번째 교회를 세우게 됩니다.

누구도 예상하지 않은 장소, 기대하지 않은 곳에서 하나님의 인도하심을 만날 때가 있습니다. 우리 인생을 한 번 돌아보십시오. 어떻게 지금까지 왔습니까? 힘겨워 눈물짓고 막막했던 시간도 있었을 것입니다. 믿음의 눈으로 돌아보면 하나님께서 지금 여기까지 인도하셨음을 고백하게 됩니다. 어쩌면 지금 처한 상황이 우리가 계획했던 것과 다를 수 있습니다. 기대하고 기도해 왔던 일이 좌절될 수도 있습니다. 오랜 시간 꿈꾸며 기도해 오던 것을 포기해야 하는 경우도 있습니다. 그러나 분명한 것은 하나님께서 여기까지도 도우시고 인도하셨다는 사실입니다. 여전히 내 곁에 함께 계시고 지켜주시므로 내가 의도한 자리가 아니었다 하더라도 이곳에서조차 인도해 가심을 목도하게 될 것입니다. 우리 앞에 어떤 일이 기다리는지 모릅니다. 네, 모르는 것이 당연합니다. 하지만 우리를 인도해 가실 분이 하나님이심은 압니다. 우리의 책무는 다만 그분을 믿고 신실하게 따르는 것입니다. 두려움을 버리고 미래를 선택하십시오, 기대로 마주하십시오. 하나님께서 살아 계시기에 그분의 인도하심을 고백하며 감사하는 순간이 반드시 올 것입니다. 잠언 3장 5-6절 말씀입니다.

⁵너는 마음을 다하여 여호와를 신뢰하고 내 명철을 의지하지 말라 ⁶너는 범사에 그를 인정하라 그리하면 내 길을 지도하시리라 (잠 3:5-6)

범사에 하나님을 인정하기 바랍니다. 많은 성도에게 사랑받는 찬송가 가사가 있습니다. 이 찬송가에서도 동일한 은혜를 노래합니다.

내 인생 여정 끝내어 강 건너 언덕 이를 때
하늘 문 향해 말하리 예수 인도하셨네
매일 발걸음마다 예수 인도하셨네
나의 무거운 죄 짐을 모두 벗고 하는 말 예수 인도하셨네

우리 인생이 끝나는 순간이 올 것입니다. 그때 하늘 문 앞에 서서 우리의 지나온 여정을 돌아보며, 예수께서 인도하시고 매일의 발걸음을 지켜주셨노라 고백할 수 있기를 바랍니다. 그 소망으로 두려움을 내던지고 믿음과 신뢰의 길을 지켜가길 바랍니다.

20. 하나님의 인도하심
(QR코드를 클릭하시면 설교 영상을 시청하실 수 있습니다)

The Abraham Narrative

21

하나님의
인도하심을 따라

(창세기 24:28-49)

21. 하나님의 인도하심을 따라

28. 소녀가 달려가서 이 일을 어머니 집에 알렸더니
29. 리브가에게 오라버니가 있어 그의 이름은 라반이라 그가 우물로 달려가 그 사람에게 이르러
30. 그의 누이의 코걸이와 그 손의 손목고리를 보고 또 그의 누이 리브가가 그 사람이 자기에게 이같이 말하더라 함을 듣고 그 사람에게로 나아감이라 그 때에 그가 우물가 낙타 곁에 서 있더라
31. 라반이 이르되 여호와께 복을 받은 자여 들어오소서 어찌 밖에 서 있나이까 내가 방과 낙타의 처소를 준비하였나이다
32. 그 사람이 그 집으로 들어가매 라반이 낙타의 짐을 부리고 짚과 사료를 낙타에게 주고 그 사람의 발과 그의 동행자들의 발 씻을 물을 주고
33. 그 앞에 음식을 베푸니 그 사람이 이르되 내가 내 일을 진술하기 전에는 먹지 아니하겠나이다 라반이 이르되 말하소서
34. 그가 이르되 나는 아브라함의 종이니이다
35. 여호와께서 나의 주인에게 크게 복을 주시어 창성하게 하시되 소와 양과 은금과 종들과 낙타와 나귀를 그에게 주셨고
36. 나의 주인의 아내 사라가 노년에 나의 주인에게 아들을 낳으매 주인이 그의 모든 소유를 그 아들에게 주었나이다
37. 나의 주인이 나에게 맹세하게 하여 이르되 너는 내 아들을 위하여 내가 사는 땅 가나안 족속의 딸들 중에서 아내를 택하지 말고
38. 내 아버지의 집, 내 족속에게로 가서 내 아들을 위하여 아내를 택하라 하시기로
39. 내가 내 주인에게 여쭈되 혹 여자가 나를 따르지 아니하면 어찌하리이까 한즉
40. 주인이 내게 이르되 내가 섬기는 여호와께서 그의 사자를 너와 함께 보내어 네게 평탄한 길을 주시리니 너는 내 족속 중 내 아버지 집에서 내 아들을 위하여 아내를 택할 것이니라

41. 네가 내 족속에게 이를 때에는 네가 내 맹세와 상관이 없으리라 만일 그들이 네게 주지 아니할지라도 네가 내 맹세와 상관이 없으리라 하시기로

42. 내가 오늘 우물에 이르러 말하기를 내 주인 아브라함의 하나님 여호와여 만일 내가 행하는 길에 형통함을 주실진대

43. 내가 이 우물 곁에 서 있다가 젊은 여자가 물을 길으러 오거든 내가 그에게 청하기를 너는 물동이의 물을 내게 조금 마시게 하라 하여

44. 그의 대답이 당신은 마시라 내가 또 당신의 낙타를 위하여도 길으리라 하면 그 여자는 여호와께서 내 주인의 아들을 위하여 정하여 주신 자가 되리이다 하며

45. 내가 마음속으로 말하기를 마치기도 전에 리브가가 물동이를 어깨에 메고 나와서 우물로 내려와 긷기로 내가 그에게 이르기를 청하건대 내게 마시게 하라 한즉

46. 그가 급히 물동이를 어깨에서 내리며 이르되 마시라 내가 당신의 낙타에게도 마시게 하리라 하기로 내가 마시매 그가 또 낙타에게도 마시게 한지라

47. 내가 그에게 묻기를 네가 뉘 딸이냐 한즉 이르되 밀가가 나홀에게서 낳은 브두엘의 딸이라 하기로 내가 코걸이를 그 코에 꿰고 손목 고리를 그 손에 끼우고

48. 내 주인 아브라함의 하나님 여호와께서 나를 바른 길로 인도하사 나의 주인의 동생의 딸을 그의 아들을 위하여 택하게 하셨으므로 내가 머리를 숙여 그에게 경배하고 찬송하였나이다

49. 이제 당신들이 인자함과 진실함으로 내 주인을 대접하려거든 내게 알게 해 주시고 그렇지 아니할지라도 내게 알게 해 주셔서 내가 우로든지 좌로든지 행하게 하소서

(창세기 24:28-49)

미리 감사하기

인생을 살다 보면 뜻하지 않은 일을 만나기 마련입니다. 계획하고 원하던 대로만 인생이 흘러가면 얼마나 좋겠습니까만, 기대하고 꿈꾸던 일이 막히고 예상치 못한 새로운 길이 열리는 경우가 있습니다. 때론 소망하던 것을 포기해야 하는 상황이 오기도 합니다. 그런 현실을 마주할 때면 당황한 나머지 인생을 향하신 하나님의 전체 설계도를 인식하지 못합니다. 눈앞의 일을 제대로 이해하지 못한 채 예기치 않은 상황에 매몰되어 감사보다는 조급함과 두려움을 느낍니다. 그러나 모든 상황이 지나 돌아보면서 그 당시 또한 하나님의 인도하심이 있었음을 고백하게 되는 순간이 있고, 가끔은 기도하고 소원한 대로 응답하지 않으심에 감사를 느끼기도 합니다.

만약 이것을 기억한다면 실망에 빠진 순간에도, 막힌 길로 인해 돌아가는 순간에도, 소원하던 계획을 접는 순간에도 '미리' 감사할 수 있습니다. 그 시간 또한 지나고 나면 하나님의 인도하심을 인정하고 찬양할 것이기 때문입니다. 주님이 인도해 오셨고, 인도하고 계시고, 앞으로도 인도하실 것을 믿고 미리 감사하는 것은 믿음의 본질 중 하나입니다. 성경의 가르침이자 우리가 살아오며 경험한 결론이고 수천 년간 믿음의 조상들이 몸소 체험하며 고백해 온 진리입니다. 그러니 지금 만약 눈물 흘리는 현실에 처하고 역경의 한가운데 서 있다면, 도무지 이해 못할 막막한 현실에 둘러싸여 있다면, 인도해 주심을 잠잠히 믿고 '미리' 감사할 수 있기 바랍니다.

인도하심과 기도

여기서 질문해 보고자 합니다. 하나님의 인도하심을 믿고 확신하기에 우린 그저 가만히 있으면 될까요? 우리 연약함에도 불구하고 하나님이 이끌어 가신다면 우리가 할 일을 미뤄도 될까요? 하나님의 인도하심을 확신하는 사람이 마땅히 해야할 일은 무엇일까요? 본문에 나오는 종의 모습에서 대답을 찾기 원합니다.

아브라함의 종을 보면 하나님의 인도하심을 확신하고 그 길에 선 사람이 마땅히 해야할 일이 무엇인지 알 수 있습니다. 바로 기도입니다. 인도하심을 믿는 사람은 반드시 기도해야 합니다.

아브라함의 종은 멀고 먼 길을 지나 밧단 아람에 왔습니다. 낯선 환경은 무엇부터 시작할지 모르는 막막함을 주기 마련입니다. 그러나 그는 하나님께서 여기까지 이끌어 오셨고 또 그가 받은 사명이 있었기에 먼저 기도하기 시작했습니다. 자신을 인도해 오신 하나님을 의지하며 예비하심을 바랐습니다. 우물가에 앉아서 인도하심을 간구합니다.

막막한 현실에 처해 있습니까? 돌파해야 할 힘든 상황이 눈앞에 놓여 있습니까? 그때야말로 기도를 시작할 때입니다. 잠잠히 우리 자신을 하나님 앞에 세우는 것이 하나님의 인도하심을 받는 길입니다.

물론 하나님은 기도를 해야 응답하시고 기도하지 않으면 돕지 않는 분이 아닙니다. 우리의 필요를 아시고 때로는 먼저 채워주기도 하십니다. 우리가 연약해 잘못 구하는 게 있어도 또한 당신의 뜻을 이루어 가실 것입니다. 그런데도 기도를 왜 꼭 해야 하지 생각할 수도 있겠지만, 하나님의 인도하심과 기도는 밀접하게 연결되어 있습니다. 매일의 삶 가운데 기도하고 하나님을 의지할 때, 우리 앞에 펼쳐지는 일이 우연의 일치인지 하나님의 인도하심과 응답인지 분별하게 됩니다. 기도를 통해 하나님을 깨닫고 목도하고 인정하게 됩니다. 우리가 서 있는 길이 인도하심을 향해 걷는 길인지 분별하게 되는 것입니다.

열심히 수고하고 일해서, 타고난 머리와 운이 따라줘서, 말도 안 되는 우연들이 겹치는 바람에 살아가는 인생이 아닙니다. 기도와 하나님을 의뢰함이 없이 마주하는 삶은 우연이라 착각할 수 있습니다. 열심히 노력한 결과라고 자랑할 것입니다. 워낙 똑똑한데 행운까지 겹쳐서라고 기뻐할 것입니다. 그러나 순간순간 하나님의 인도하심을 바라고 기도했던 사람은 자신이 마주하는 삶의 하나하나가 모두 하나님의 은혜요 역사임을 깨닫습니다. 주님이 예비하셨고 인도하셨음을 고백합니다. 하나님의 인도하심을 확신하는 것과 기도는 결코 뗄 수 없는 관계입니다.

또한 기도는 능력을 줍니다. 기도하고 확신을 가지면 눈앞의 난관을 돌파하고 감당해 나갈 수 있는 힘이 생깁니다. 하나님께 기도하고 의뢰하는 이에게 주님이 허락하십니다. 아브라함의 종은 막막한 순간에 기도를 시작했습니다. 기도했더니 하나님께서 예비하신 사람을 분별해 알아볼 수 있었습니다. 하나님의 인도하심을 확신하고 나니 다음 단계를 돌파해 나갈 힘과 용기를 얻었습니다.

리브가의 집에서

종은 이제 우물가를 떠나 리브가의 집으로 향했습니다. 앞으로 해결할 일이 더 큰 도전이었습니다. 우물가에서 리브가를 만날 것을 상상하지 못했는데, 기도했기 때문에 그 모든 과정이 하나님의 인도하심이라 고백할 수 있었습니다(27절). 하나님의 인도하심을 확신했기에 이제 다음 단계로 나아갈 용기를 얻게 된 것입니다.

종이 하나님의 인도하심을 고백하고 리브가가 하나님께서 예비하신 사람임을 확신했지만, 그것으로 결혼이 성사되는 것은 아닙니다. 리브가의 마음에 확신을 주고 가나안으로 함께 와야 했습니다. 어떻게 그녀에게 확신을 줄 수 있을까요? 결혼은 당사자 모두가 의지와 확신을 갖고 결정할 일 아닙니까? 또 그녀의 가족들은 어떻게 설득할 수 있을까요? 아브라함의 종이 확신한 것과 리브가와 그녀의 가족들이 확신을 갖는 것은 별개의 문제였습니다. 늙은 종은 이 어려운 과제 역시 하나님께서 인도하실 것을 믿고 용기를 내어 움직입니다.

때로 우리는 현실에 매몰되어 자신이 원하고 바라는 것을 기도할 때가 많습니다. 하나님의 뜻은 묻지 않고 자신이 원하는 것을 주장하고 요구합니다. 그럼에도 불구하고 하나님께서는 기도를 통해 일하십니다. 기도를 통해 가장 많이 일하시는 영역이 어디일까요? 상황이 아니라 바로 우리입니다. 우리는 상황을 가지고 하나님께 나아가지만, 하나님은 우리에게 관심을 가지십니다. 기도를 통해 우리를 만나주십니다.

때로 어리석게 간구한다 해도 하나님께서는 우리를 만져주시고, 변화시켜 주시고, 말씀을 주십니다. 살아계시고 인격적인 하나님께 기도하는 것이 사람들이 일컫는 영험한 나무와 바위 아래에서 비는 것과 다른 점입니다. 살아계신 하나님은 기도하는 내용이 아닌 우리를 더욱 주목해 보십니다. 미루지 말고, 언제나 어디서나 상황과 형편에 관계없이 두려워 말고 하나님께 나아가 기도를 시작하십시오. 반드시 만나주시고 응답하실 것입니다. 걱정과 두려움이 물러가고 감당할 힘과 용기를 얻게 될 것입니다.

난관에 부딪쳐 있습니까? 스스로의 힘으로 감당 못 할 어려운 순간에 처해 있습니까? 모두가 각자의 아픔과 고통이 있으리라 생각합니다. 모든 개인과 가정과 교회와 나라에 기도 제목이 있을 것입니다. 해결되어야 할 문제도 있을 것입니다. 그러므로 지금 하나님께 기도하기를 시작해야 합니다. 염려만 하며 세월을 낭비하지 말고, 기도로 길을 개척해 가십시오. 기도를 통해 현실을 돌파할 수 있는 능력과 힘을 얻으십시오.

미루지 않는 삶

하나님의 인도하심을 믿었던 아브라함의 종에게서 볼 수 있는 또 다른 모습은 사명을 미루지 않는 모습입니다. 사명에 집중하고 그 일을 행하기에 부지런한 삶을 살고 있습니다. 하나님께서 만약 당신의 뜻을 명확히 보여주시면 우리에게 순종할 마음이 있습니까? 이행 여부를 떠나 순종하려는 마음은 있을 것입니다. 예수 그리스도를 따르는 성도로서 주님이 원하시는 일에 순종하고 싶을 것입니다. 하나님께서 길의 방향을 보여주시면 움직이겠는데 단순해 보이지 않습니다. 대부분은 명확하게 짚어주지 않으시기 때문입니다. 그래서 많은 경우 미리 알고 걷기보다, 발을 먼저 떼야 합니다. 그 순간 요구되는 것이 두려워하지 않는 믿음입니다. 무엇을 선택할까 주저하며 두려워하지 않는 것이 하나님의 인도하심을 믿는 신앙입니다. 인도하심을 믿는다면 두려움을 내려놓고 선택하되 하나님께서 주신 사명을 판단의 기준으로 삼아야 합니다. 우리에게 주신 사명이 무엇인지, 요구하시는 바가 무엇인지 사명을 되새기며 출발해야 합니다. 뚜렷하게 드러난 뜻에 하나씩 순종해 갈 때 주님께서 길을 열어 주시고 지도해 가실 것입니다.

행동하는 세 사람

본문에서 알 수 있듯이 아브라함의 종은 부지런히 행동하는 사람입니다. 24장은 창세기에서 가장 긴 본문으로 주요 등장인물이 세 명 등장하는데 이 세 명의 등장인물 모두 열심히 움직이는 사람들입니다. 그 모습을 특징하는 표현이 24장의 '달려가다'입니다. 가장 먼저 적극적으로 움직이는 사람은 리브가입니다. 그녀는 열심히 우물에서 물을 길어 아브라함의 종과 낙타에게 마시게 했습니다. 그리고는 종의 소식을 알리기 위해 어머니 집으로 달려갔습니다.

두 번째 인물은 라반입니다. 리브가로부터 소식을 듣고 그녀가 받은 금으로 된 선물을 보고는 늙은 종을 만나기 위해 달려갑니다. 여기서 라반의 행동은 종의 적극적인 순종의 모습과는 다른 관점에서 이해해야 합니다. 라반은 '보고' 달려갔습니다. 보이는 것에 움직였고, 원하는 바를 따라 행동했습니다. 여동생이 받아온 금으로 된 코걸이와 손목고리가 그를 달려가게 만들었습니다. 물론 놀랄 만도 했습니다. 우물가로 일하러 갔던 여동생이 상당한 양의 금으로 된 보석을 걸치고 나타났으니 말입니다. 요즘으로 환산하면 코걸이는 약 한 돈 반(5.6g), 손목고리는 삼십 돈(112g) 정도 되니 상당한 가치입니다. 금을 보고 마음을 뺏긴 라반이 우물가로 달려갔을 때 그의 눈을 사로잡은 것은 아브라함의 종이 아니라 낙타들이었습니다. 30절은 "그 때에 그가 우물가 낙타 곁에 서 있더라"고 표현합니다. 히브리어 원문에는 라반의 감정을 잘 드러내는 감탄사가 들어 있습니다. 낙타 떼를 보는 순간 외마디 짧은 감탄사가 무심결에 나온 것입니다. 고대 사회에서 낙타 는 무척 진귀한 동물로 값비싼 운송 수단이었습니다. 마치 현대의 최 고급 리무진이 열 대나 줄지어 서 있는 느낌이었을 겁니다. 라반이 늙 은 종을 집으로 초대해 들일 때도 여전히 그의 관심은 낙타 떼에 있습 니다. "내가 방과 낙타의 처소를 준비하였나이다(31절)" 낙타가 빠지지 않습니다. 심지어 집에 도착하고서는 낙타의 짐을 먼저 부리고 짚과 사료를 챙겨준 후 아브라함의 종과 동행자들의 발 씻을 물을 내다 줍 니다. 그가 이렇듯 부지런히 행동하는 이유를 뚜렷이 알 수 있는 대목 입니다. 그는 돈에 대한 욕망으로 움직이고 있습니다. 믿음에서 멀어 진 사람들이 눈에 보이는 가치를 따라, 귀에 좋은 소리를 좇아, 누리고 쟁취하고 싶은 욕망을 따라 달려가는 것과 같은 모습입니다.

세 번째 인물은 아브라함의 늙은 종입니다. 그는 사명을 완수하기 위해 쉬지 않습니다. 고된 여행을 하고 밧단 아람에 도착 후 그가 우물 가에 앉아 한 행동이 무엇입니까? 늙은 몸으로 두 달이 넘는 동안 장 거리 여행을 했습니다. 이제 겨우 목적지에 도착했으니 며칠 쉬어도 되지 않겠습니까? 중대한 사명을 받고 왔으니 시간을 들여 계획을 잘 세워야 하지 않을까요? 하지만 자신에게 주어진 사명이 있었기에 그 는 곧장 사명에만 집중합니다. 그 밤을 어디에서 유숙할지 생각하기 도 전에 여인들이 찾아올 만한 장소로 향했습니다. 우물가에 이르러 기다리며 기도했습니다. 그리고 그때 하나님께서 예비해두신 리브가를 만나게 되었습니다. 하나님의 인도하심을 믿는 사람은, 본인은 노력하지 않고 인도하심만 주장하며 게으른 시간을 보내지 않습니다. 주어진 시간과 상황에서 자신의 최선을 다해 노력하기를 선택합니다. 이것은 아브라함의 종의 모습에서 그대로 드러납니다.

> ³³그 앞에 음식을 베푸니 그 사람이 이르되 내가 내 일을 진술하기 전에는 먹지 아니하겠나이다 (창 24:33)

라반이 집으로 초대해 저녁 식사를 준비했는데 종은 자신이 그곳에 온 이유, 즉 사명 수행하기를 미룰 마음이 전혀 없습니다. 저녁 즈음에 우물가에서 리브가를 만났고 그 집까지 올 동안 이미 상당한 시간이 흘렀을 것입니다. 저녁 식사 시간이 한참 지났을 시점이지만 굶주림을 해소하는 것보다 사명을 수행하는 것을 더욱 중히 여겼습니다.

성경 내러티브의 반복기법

아브라함의 종의 긴 진술이 시작되었습니다. 34절부터 48절까지는 지금껏 있었던 일을 진술한 내용입니다. 성경 내러티브에서 '반복'의 기법은 자주 사용되고 중요하게 다뤄집니다. 군이 이렇게 긴 내용을 반복할 필요가 있을까 싶겠지만, 성경에서의 반복은 분명한 의도를 갖고 있습니다. 동일한 내용을 반복하는 것이 아닙니다.

우리는 1절부터 27절에 이르는 그간의 내용을 이미 알고 있고, 어쩌면 리브가의 가족들도 그녀가 달려와 설명한 것을 들었을 것입니다. 30절에 리브가가 종이 자기에게 해 준 말을 들었다는 표현이 나옵니다. 그렇지만 성경은 리브가의 말이 아닌 종의 말로 군이 반복하고 있습니다.

종은 훗날 가나안 땅으로 돌아가 지난 수 개월간의 일을 이삭에게 해줍니다. 66절은 그간의 행한 일을 그가 이삭에게 모두 말했다고 서술합니다. 긴 이야기였을 것입니다. 그렇지만 성경은 그것을 반복해 기록하지 않습니다.

그렇다면 군이 종의 이야기를 반복해 기록한 이유는 무엇일까요? 두 가지 형태로 볼 수 있습니다. 먼저, 종의 진술은 이전의 일을 단순히 반복하지 않고 그의 간증을 포함하고 있다는 사실입니다. 그는 자신이 경험했던 하나님과, 그 하나님의 인도하심을 고백합니다. 앞서 있었던 일을 단순 반복하지 않고 사실에 근거해 신학적 해석을 더한 것입니다. 하나님께서 이 모든 과정을 이끄셨고 리브가를 자기 주인의 신붓감으로 예정해 두셨음을 확정적으로 서술하는 것입니다. 설명이 아니라 실은 자신의 신앙 간증이자 리브가의 가족들을 향한 강한 설득입니다. 이것이 내용이 반복된 이유입니다.

다음으로, 외형적인 뉘앙스에도 반복의 이유가 있습니다. 종의 긴 진술은 그가 자신의 사명을 이행하는 일에 얼마나 성실했는지를 이미

지로 전달합니다. 모두 배가 고픈 시간에 밤도 깊어 갔습니다. 그러나 음식은 안중에도 없다는 듯 그의 긴 이야기는 시작되었습니다. 얼마나 사명에 최선을 다하고 있는지 상상이 됩니까? 금강산도 식후경이라는 속담이 있지만, 그는 먹는 일보다 주신 사명을 감당하는데 더욱 힘쓰고 집중하고 있습니다.

그 모습은 다음 날 아침에도 변함없습니다. 놀라운 모습입니다. 전날 밤 결혼에 합의했는데 바로 다음 날 아침, 종이 가나안으로 떠나려 합니다. 지난 두 달간의 고된 여행을 하고 밧단 아람에서 겨우 하루를 보냈습니다. 도착한 날 이삭의 신붓감을 만났고 그 밤에 그녀의 가족들에게 그간의 사정을 설명한 후 결혼 허락을 얻었습니다. 매우 빠르게 일이 진행되고 결정되었습니다. 시간을 많이 벌었으니 이제 여유를 가질 만도 한데, 바로 다음 날 가나안으로 돌아가려 합니다. 리브가의 가족들이 당황해서 만류해도 듣지 않습니다. 지금 헤어지면 리브가와 가족들은 평생 다시 못 볼 수 있습니다. 이별을 슬퍼하고 아쉬움을 달랠 시간도 필요하지 않겠습니까? 그러나 종은 아침 일찍부터 짐을 챙기고 떠나려 합니다. 그의 주인 아브라함이 맡긴 사명을 완수하고자 끝까지 최선을 다하는 모습입니다. 하나님께서 이 일을 인도해 주신 것을 보았기에 자신의 사명을 미루지 않고 성실하게 감당하는 모습입니다. 그의 모습을 보며 질문하길 바랍니다. 하나님의 인도하심을 믿는 자의 삶이 어떠해야겠습니까? 우리는 어떻게 살아야겠습니까? 하나님께서 주신 삶을, 오늘 하루를, 모든 순간순간을 최선을 다해 살아야 할 것입니다. 사탄은 우리에게 내일을, 미래를 걱정하라고 속삭이지만 하나님은 지금 주어진 시간, 오늘이라는 현재에 최선을 다하라고 말씀하십니다.

현재를 하나님께 드리라

미래를 계획하고 준비하는 게 잘못은 아닙니다. 미래를 걱정과 두려움으로 바라보고, 미래를 대비한다고 현재의 사명을 망각하지 말라는 뜻입니다. 하나님께서는 내일 일은 내일이 염려하게 하고 우리는 오늘 일에 집중하라고 말씀하십니다. 내일 무엇을 만들고 이루어 가실지는 하나님께 속한 일입니다. 우리의 관심은 오늘 현재의 시간입니다.

시간을 과거와 현재와 미래로 구분하긴 하지만, 실존적으로 붙잡을 수 있는 시간은 없습니다. 초대 교부 아우구스티누스가 시간론을 말할 때 실존적 시간에 대해 많은 고민을 했습니다. 실존하는 시간은 존재하지 않습니다. 우리가 현재를 말하는 순간, 그 현재는 벌써 과거가 되어 버립니다. 항상 현재를 살아가지만 쥘 수 있는 현재라는 시간이 우리에게는 없습니다. 과거는 기억 속에 존재하는 현재이고, 미래는 우리가 소망하는 현재입니다. 과거와 현재와 미래가 나뉘어 실존하는 것 같지만, 모두 현재 안에 있는 것입니다. 과거를 후회하거나 미래를 걱정하며 살지만, 실제로는 현재일 뿐입니다. 그렇기에 우리의 최선은 현재의 시간을 하나님께 온전히 드리는 모습입니다. 내일 일에 대해 무엇을 먹을까 무엇을 마실까 무엇을 입을까 염려하지 말고, 주님께서 허락하신 현재의 시간에서 사명을 미루지 말고 감당해야 합니다. 주님이 원하시는 우리 삶의 모습이요 사명자로서의 삶입니다.

하나님의 인도하심을 신뢰한다면 주어진 오늘이라는 현재에서 그 사명에 집중하고 헌신하는 것이 하나님의 인도하심을 신뢰하는 삶이요 또한 인도하심을 드러내는 삶입니다. 하나님의 뜻을 행하는 오늘을 즐거워하고 주어진 오늘 현재의 삶 속에서 주님과 동행하며 기쁨을 누리기를 소망합니다.

21. 하나님의 인도하심을 따라
(QR코드를 클릭하시면 설교 영상을 시청하실 수 있습니다)

The Abraham Narrative

22

이삭과 리브가의 결혼

(창세기 24:50-67)

22. 이삭과 리브가의 결혼

50. 라반과 브두엘이 대답하여 이르되 이 일이 여호와께로 말미암
    았으니 우리는 가부를 말할 수 없노라
51. 리브가가 당신 앞에 있으니 데리고 가서 여호와의 명령대로 그
    를 당신의 주인의 아들의 아내가 되게 하라
52. 아브라함의 종이 그들의 말을 듣고 땅에 엎드려 여호와께 절하고
53. 은금 패물과 의복을 꺼내어 리브가에게 주고 그의 오라버니와
    어머니에게도 보물을 주니라
54. 이에 그들 곧 종과 동행자들이 먹고 마시고 유숙하고 아침에
    일어나서 그가 이르되 나를 보내어 내 주인에게로 돌아가게 하
    소서
55. 리브가의 오라버니와 그의 어머니가 이르되 이 아이로 하여금
    며칠 또는 열흘을 우리와 함께 머물게 하라 그 후에 그가 갈 것
    이니라
56. 그 사람이 그들에게 이르되 나를 만류하지 마소서 여호와께서
    내게 형통한 길을 주셨으니 나를 보내어 내 주인에게로 돌아가
    게 하소서
57. 그들이 이르되 우리가 소녀를 불러 그에게 물으리라 하고
58. 리브가를 불러 그에게 이르되 네가 이 사람과 함께 가려느냐
    그가 대답하되 가겠나이다

59. 그들이 그 누이 리브가와 그의 유모와 아브라함의 종과 그 동행 자들을 보내며

60. 리브가에게 축복하여 이르되 우리 누이여 너는 천만인의 어머 니가 될지어다 네 씨로 그 원수의 성 문을 얻게 할지어다

61. 리브가가 일어나 여자 종들과 함께 낙타를 타고 그 사람을 따 라가니 그 종이 리브가를 데리고 가니라

62. 그 때에 이삭이 브엘라해로이에서 왔으니 그가 네게브 지역에 거주하였음이라

63. 이삭이 저물 때에 들에 나가 묵상하다가 눈을 들어 보매 낙타 들이 오는지라

64. 리브가가 눈을 들어 이삭을 바라보고 낙타에서 내려

65. 종에게 말하되 들에서 배회하다가 우리에게로 마주 오는 자가 누구냐 종이 이르되 이는 내 주인이니이다 리브가가 너울을 가 지고 자기의 얼굴을 가리더라

66. 종이 그 행한 일을 다 이삭에게 아뢰매

67. 이삭이 리브가를 인도하여 그의 어머니 사라의 장막으로 들이 고 그를 맞이하여 아내로 삼고 사랑하였으니 이삭이 그의 어머 니를 장례한 후에 위로를 얻었더라

(창세기 24:50-67)

결혼을 허락받다

24장의 첫 단락인 1절부터 27절은 아브라함과 그의 종이 이삭의 신붓감을 찾기 위해 준비하고 실행에 옮겨 마침내 리브가를 만나는 과정을 자세히 묘사합니다. 이어서 28절부터 49절까지는 하나님의 인도하심에 대한 아브라함의 종의 간증이 나오고 리브가의 가족을 설득하는 내용이 서술됩니다. 마침내 하나님께서 이끄시고 길을 열어 주셨음을 확신한 종은 49절에서 담대한 마음으로 선언합니다.

> ⁴⁹이제 당신들이 인자함과 진실함으로 내 주인을 대접하려거든 내게 알게 해 주시고 그렇지 아니할지라도 내게 알게 해 주셔서 내가 우로든지 좌로든지 행하게 하소서 (창 24:49)

종이 가진 담대함은 하나님의 뜻을 확신한 데서 나왔습니다. 50절부터는 종의 확신에 찬 요구에 리브가와 라반, 그의 가족들이 어떤 반응을 보이는지 기록합니다. 라반과 브두엘의 반응이 50절에 나오는데, 순서가 약간 이상해 보입니다. 브두엘이 리브가의 아버지이고 딸의 결혼에 아버지의 책임이 가장 큰데도 어떤 이유인지 창세기 24장 전체 장에서 그의 반응은 이 한 구절에만 등장합니다. 전반적인 이야기 흐름을 주도한 사람이 라반이었기 때문에 이 구절 역시 라반이 먼저 등장한 것으로 볼 수 있습니다. 아버지가 살아있음에도 큰 역할이 없어 보이는 것은 브두엘의 나이가 많아 크게 활동하지 않았던 탓일 수도 있습니다. 그러나 지금은 딸의 법적인 결혼을 결정할 중대한 사안이기 때문에 그가 등장한 것 같습니다.

종의 진술을 들은 브두엘이 딸 리브가의 결혼을 허락합니다. 결혼을 허락하는 그들의 고백이 매우 인상적입니다.

⁵⁰이 일이 여호와께로 말미암았으니 우리는 가부를 말할 수 없노라
(창 24:50b)

굉장히 놀라운 고백입니다. 사랑하는 딸의 결혼을 결정하는 중대한 순간입니다. 여느 때와 다름없는 저녁 시간이었을 것입니다. 딸이 물을 길으러 갔다가 한 사람을 데려왔고, 그가 지금 리브가를 자기 주인의 아들을 위해 하나님께서 예비해 두신 신붓감이라 말합니다. 그 날 처음 만난 사람의 말을 듣고, 하나님의 인도하심을 인정하고 그 뜻에 따르는 놀라운 모습입니다. 시간을 두고 진위 여부를 알아보고 증거를 찾아봐야 하지 않을까요? 게다가 딸의 결혼을 위해 이삭을 만나봐야 하지 않겠습니까? 그런데 그들은 하나님께로 말미암은 일이니 순종하겠다고 고백합니다. 이 얼마나 놀라운 믿음입니까! 주요한 결정을 앞두고 하나님의 뜻을 앞세워 그 뜻에 순복하는 모습입니다. 중요한 결정을 앞두고 하나님의 인도하심이 보인다면 그 길을 가는 것이 맞지 않겠습니까? 하나님의 뜻이라면 주저하지 않고 순종해야합니다.

많은 질문과 걱정을 내려놓고 하나님의 말씀에 순종하고 그 뜻에 따르겠다고 결단해야 합니다. 모두가 낯선 상황을 맞닥뜨렸지만, 그들이 함께 공감하고 결정을 내린 기준은 하나님의 뜻에 순종하는 것이었습니다. 얼마나 대단한 믿음입니까! 이것이 우리 삶의 최고의 원리가 되어야 합니다. 특히 이삭과 리브가의 결혼에서 보듯이 결혼을 앞둔 청년들이 적용해야 할 믿음의 원리입니다.

결혼은 신앙고백

그리스도인의 결혼은 신앙고백과 흡사합니다. 결혼 적령기에 이른 당사자들은 물론이고 자녀의 결혼을 앞둔 부모에게도 하나님의 인도하심에 순종하는 것은 겸손한 신앙고백이 됩니다. 판단하고 계산하고 따지기 전에 하나님의 뜻을 분별하기 위해 기도하고 인도하심을 간구해야 합니다. 결혼을 결정하는 것은 신앙 원리여야 합니다.

인생에게 결혼은 가장 중대한 일 중 하나입니다. 그만큼 위험부담도 큰 일입니다. 결정하고 나면 돌이킬 수 없기에 미리부터 결혼을 염려하고 걱정하며 불안해합니다. 최대한 만나보고 조건도 따지며 평가한 후 이성적으로 판단하려 하지만, 그것이 앞날의 행복을 보장해 주지는 않습니다.

결혼 적령기 청년들을 대상으로 진행된 한 통계에 따르면, 남성의

35%와 여성의 17% 정도가 동거 경험이 있다고 합니다. 앞으로 기회가 된다면 동거를 선택하겠다는 응답은 남성이 75%, 여성이 43% 가량이라고 합니다. 결혼을 앞두고 미리 겪어봐야 실패를 줄인다고 생각하는 것 같습니다.

그러나 인생은 결혼 등의 중대한 결정을 앞두고 완벽하게 파악하고 평가한 후 가는 길이 아님을 깨달아야 합니다. 누가 알겠습니까? 열심히 알아보고 결혼해도 내일 무슨 일이 일어날지 모르는 게 인생 아닙니까? 완벽하게 알고 모든 것을 통제할 수 있다는 생각은 위험한 착각일 뿐입니다.

그러므로 결혼을 앞두고 반드시 기도해야 합니다. 하나님의 뜻을 물어야 합니다. 자기 눈에 좋은 대로 결정하고 살아가는 것이 아닙니다. 하나님께서 기뻐하시는 길에 서야 합니다. 부모 역시 마찬가지입니다. 자녀의 결혼을 앞두고 기도해야 합니다. 더 나은 조건을 찾으려 하지 말고, 그들이 하나님 앞에서 믿음으로 결단하고 나아가게끔 기도하며 격려해 주어야 합니다. 서양 격언에 "전쟁터에 나가려면 한 번 기도하고, 배를 타고 나가려면 두 번 기도하고, 결혼을 하려면 세 번 기도하라"라는 말이 있습니다. 동서고금을 막론하고 결혼이 인생에 얼마나 중대한 일인지 알려주는 것입니다. 결혼을 위해 기도로 준비하며 하나님의 뜻을 묻고 그 뜻에 순복하는 것이 행복한 결혼의 출발입니다.

그리스도인으로서 결코 놓지 말아야 할 신앙의 원리가 이것입니다. 과연 하나님께서 기뻐하시는 뜻이 무엇인지 찾는 것입니다. 우리는 하나님의 주권과 인도하심을 믿고 따르는지 늘 돌아봐야 합니다. 결혼할 사람이 하나님의 인도하심을 받는 사람인지 고민해야 합니다. 부모는 또한 자녀의 삶을 하나님께서 지도해 가실 것을 믿음으로 고백할 수 있어야 합니다. '하나님 앞에서' 서약하고 믿음으로 함께 걸어가는 삶이 결혼이기 때문입니다. 믿음을 결혼에서만큼 정직하게 보여주고 표현하는 것은 없다고 생각합니다. 확인했기 때문이 아니라 믿기때문에 결정해야 합니다. 그럴 때 삶의 예상치 못한 어려움과 고난이 닥쳐도 함께 이겨내고 위로하며 극복해 나갈 힘을 얻을 것입니다.

이삭을 만난 적도 없는 리브가의 가족들은 많은 질문과 걱정도 있었겠지만, 하나님께서 예비하신 만남이니 기꺼이 순종하겠다고 고백합니다. 두려움이 아닌 하나님의 인도하심을 믿고 기대하며 결혼을 허락합니다.

결혼식

51절 이하는 결혼 절차를 이행하는 장면입니다. 신기하게도 신랑은 불참한 채 아브라함의 종이 대표로 절차를 수행합니다. 결혼 예물을 주인 대신 전달했습니다. 이 예물은 결혼 지참금으로 미래에 필요한 순간이 오면 신부가 쓸 수 있도록 준비해주는 비상금의 성격을 띱니다. 신랑이 신부의 아버지에게 지참금을 주면 아버지가 딸에게 전달하는 형식인데, 그 돈은 훗날 남편이라도 권리를 주장할 수 없습니다. 성경 시대에는 약 30-50 세겔 정도의 돈을 주었습니다. 십 세겔을 일반 노동자의 일 년치 연봉이라 계산하면 꽤 많은 돈이었습니다.

가겠나이다!

결혼식과 잔치를 잘 마무리한 다음 날 아침 아브라함의 종은 일찍 일어나 짐을 챙겨 떠날 준비를 합니다. 결혼은 허락했지만 리브가의 가족들에게 딸과의 갑작스러운 이별은 서운하고 아쉬웠을 것입니다. 예상 밖에 진행된 딸의 결혼이라 가족들은 열흘이라도 머무를 것을 요청합니다. 그러나 종은 듣지 않습니다. 하나님께서 형통하게 만나게 하셨으니 시간을 더 지체할 게 아니라 빨리 주인에게 돌아가 보고하는 것이 그의 사명이라 여겼습니다. 종의 충성스럽고 우직한 모습을 본 가족들이 그를 만류하기를 포기한 듯합니다. 묘수를 내어 결혼 당사자인 딸의 의사를 묻기로 제안합니다. 리브가 또한 가족과의 갑작스런 이별을 슬퍼할 테니 자신들의 의견을 따를 것이라 기대했습니다. 그런데 58절에 나타난 리브가의 반응을 보십시오.

"네가 이 사람과 함께 가려느냐?"
"가겠나이다!"

리브가의 대답은 단순명료했습니다. '이 사람과 함께 가겠느냐?'
라는 질문은 종을 '이 사람'으로 지칭함으로써 낯선 사람과 거리감을
느끼도록 의도한 표현입니다. 가족들의 마음을 아는지 모르는지 리브
가의 대답은 분명하고 명쾌했습니다. 딸의 대답을 들은 부모는 섭섭하
겠지만 더 이상 붙잡을 수 없었습니다. 리브가는 부모와 헤어지는 게
기뻤겠습니까? 홀로 가족을 떠나 낯선 곳을 향해 가는 것이 쉬운 결
정이겠습니까? 아브라함의 종을 통해 그간의 일을 설명 들었을 때 그
녀 또한 하나님의 인도하심을 깨달았을 것입니다. 종의 고백처럼 이
만남을 하나님께서 예비하셨음을 인정한 모습입니다. 비록 가족과의
이별이 슬프고, 낯선 곳을 향하는 여정 또한 힘들겠지만, 하나님의 뜻
앞에 순종을 결단한 것입니다.

리브가의 믿음

떠남을 선택한 리브가의 믿음은 아브라함의 믿음과 매우 흡사합니다.
리브가의 대답은 한 단어에 불과하지만, 창세기 12장에서 하나님이
아브라함에게 '가라'고 명하셨을 때 그가 즉각 순종했다는 표현과 맞
닿아 있습니다. 아브라함이 고향 땅과 친척 그리고 아버지의 집을 떠
나 하나님이 약속하신 땅으로 떠났던 것처럼, 아브라함의 며느리로
부름 받은 리브가 역시 고향 땅과 친척 그리고 아버지의 집을 떠나 즉

각 떠나겠노라 순종하는 모습입니다. 그녀의 모습에서 아브라함의 믿음을 이어받고 있음을 알 수 있습니다. 위대한 믿음의 결단을 내리고 있는 것입니다.

같은 맥락에서 60절은 의도한 내용으로 보입니다. 리브가가 떠날 때 가족들이 그녀를 축복하는 말씀입니다.

> [60]리브가에게 축복하여 이르되 우리 누이여 너는 천만인의 어머니가 될지어다 네 씨로 그 원수의 성 문을 얻게 할지어다 (창 24:60)

축복의 내용이 창세기 22장 17-18절에서 하나님의 사자가 아브라함에게 전달한 축복의 내용과 많이 비슷합니다. 리브가의 결단과 순종이 하나님의 약속에 순종했던 아브라함의 신앙을 닮은 위대한 결단임을 의도적으로 보여줍니다. 그녀 역시 아브라함처럼 하나님의 뜻을 확신한 순간 순종하기를 주저하지 않습니다.

부모의 믿음

리브가의 결단으로 인해 아브라함의 종은 가나안 땅을 향해 즉시 떠날 수 있게 되었습니다. 이 부분에서도 결혼과 관련해 중요한 원리를 생각할 수 있습니다. 리브가를 떠나보내는 가족들의 모습에서도 교훈을 얻길 원합니다.

결혼의 가장 중요한 원리는 하나님의 인도하심에 있습니다. 두 번째
는 당사자가 믿음으로 하는 선택입니다. 부모 입장에서 젊은이들의 선
택이 걱정되고 아쉽기도 할 것입니다. 어쩌면 당연한 이치입니다. 더 나
은 조건에서 좀 더 안정되고 편안한 삶을 제시하고 싶은 것이 부모 마음
입니다. 꽃길만 걷기를 바라는 마음이 부모의 마음이고 사랑입니다.

하지만 결혼은 당사자 간의 일임을 기억하십시오. 자녀가 장성해
기도하고 믿음으로 결단한다면 지지하고 축복해 주어야 합니다. 아쉬
움이 있더라도 리브가를 떠나보내며 진심으로 축복해 준 가족들처럼
말입니다. 자녀의 뜻을 끝까지 꺾어 부모가 원하는 선택을 하게 만들
면 그들에게 큰 상처를 남기게 됩니다. 상처가 아닌 축복을 남겨 주십
시오. 그들이 용기를 내어 하나님이 기뻐하시는 삶을 더욱 잘 살 것입
니다. 그리고 격려해 주십시오. 나머지는 하나님께서 인도해 주실 것
입니다.

그렇기에 결혼에 관해 부모의 믿음 역시 중요한 요소입니다. 하나
님께서 인도해 가실 미래에 대한 기대와 신뢰는 결혼 당사자들 뿐 아
니라 부모에게도 필요합니다. 하나님께 온전히 맡기는 믿음이 모두에
게 필요합니다. 실패를 두려워하는 마음은 같은 마음입니다. 부모의
삶이 본인들의 계획이 아니었듯 자녀의 삶 또한 계획해 줄 수 없고 통
제할 수도 없습니다. 대신 살 수 있는 인생도 아닙니다. 모든 것을 하나
님의 신실하심에 맡기고 우리 삶을 이끄시도록 의지해야 합니다. 기

뻠과 슬픔의 순간, 건강하거나 병든 순간, 성공하거나 실패하는 순간까지 그 시간 속에서 일하실 하나님, 그 시간을 넘어 인도하고 여전히 지켜주실 하나님, 그러한 과정을 통해 마침내 자라게 하실 하나님을 신뢰해야 합니다. 이러한 결혼과 신앙의 원칙을 잊지 마십시오. 하나님께 먼저 기도하고 하나님의 뜻을 물으십시오. 주님의 인도하심이라면 순종하기로 결단하십시오. 믿음으로 선택한 길이니 두려움을 버리고 주님을 의지하고 기대하며 걸어가도록 하십시오.

이삭과 리브가의 만남

본문의 마지막 구절은 리브가가 즉각적으로 순종해 길을 떠났고, 드디어 이삭을 만나는 장면입니다. 결혼 절차를 모두 밟은 후 그제서야 남편을 만나게 됩니다. 먼 길을 지나 여행을 마칠 무렵 두 사람이 만나는 장면으로, 그들을 향해 마주오는 남자가 이삭임을 리브가가 직감적으로 깨달았습니다. 낙타에서 즉시 내려 종에게 확인합니다. 그녀의 적극적인 성향이 묻어나는 대목입니다. 훗날 에서와 야곱을 축복하는 자리에도 그녀의 주도적이고 적극적인 모습이 다시 나타날 것입니다.

드디어 결혼식의 마지막 퍼즐이 맞춰지는 순간입니다. 남편과 아내가 만나는 순간입니다. 결혼식에서 면사포를 쓰듯 리브가가 너울로

얼굴을 가립니다. 결혼식의 풍습이었습니다.

아브라함의 종이 주인에게로 나아가 지난 여행에서 경험한 하나님의 역사와 인도하심을 전달하기 시작했습니다. 그의 모든 이야기를 들은 이삭 역시 하나님께서 이 결혼 가운데 역사하셨음을 인정하고 리브가를 아내로 맞이합니다. 하나님의 인도하심을 인정하고 고백하는 모습입니다. 이 결혼의 모든 과정이 여호와께로 말미암았음을 등장인물 모두가 깨닫고 순종하는 모습입니다. 하나님의 뜻이 그렇게 이루어졌습니다.

이삭이 아내 리브가를 어머니 사라의 장막으로 이끌어 들였습니다. 어머니 사라의 자리를 대신해 약속을 받은 여주인으로서의 삶을 시작한다는 의미입니다. 성경은 이 마지막 장면을 통해 아브라함과 사라가 살아 왔던 족장으로서의 삶이 이삭과 리브가의 삶으로 이어지고, 세대를 넘어 계속되며 하나님의 약속 또한 전개되어 가게 됨을 보여줍니다. 실제로 24장은 그러한 전환 기법을 사용하고 있습니다. 23장에서 사라가 죽었다는 사실을 보고하고, 25장에서는 아브라함의 죽음을 보고합니다. 그리고 가운데 내러티브에서 아브라함과 사라를 대신할 새로운 인물을 등장시키는 방식입니다. 24장의 첫 시작은 아브라함이 종을 보내는 장면이었는데, 마지막은 새로운 주인인 이삭이 종을 맞이하는 장면입니다. 자연스러운 전환 장면입니다. 이제 새로운 시대가 열릴 것입니다. 아브라함과 사라의 시대는 지나가지만, 하나님의 약속은 그의 자녀를 통해 그리고 그들의 자녀와 또 그들의 자녀들을 통해 영원히 이루어지리라 본문이 강조하고 있습니다.

세대를 넘어 역사하실 하나님

우리에게 다가올 낯선 미래를 두려워하지 말고 기대할 수 있기를 바랍니다. 수치상으로는 미래에 대한 기대보다는 걱정과 염려가 더욱 많아 보입니다. 교회는 주일학교 자녀들이 점점 줄고 청년들은 교회를 떠나고 있습니다. 혹자의 말처럼 교회 역사상 다음 세대를 위해 지금처럼 많은 돈과 인력을 투자한 적이 없는데 지금만큼 위기를 겪는 시대도 없어 보입니다. 수치를 따르면 미래는 어두워 보입니다. 하지만 우리의 할 바는 미래를 두려워하며 낙심에 빠질 게 아니라 그 미래에도 역사하실 하나님을 신뢰하는 것입니다. 지금 우리의 사명은 하나님의 뜻을 분별하고, 이 믿음의 대가 이어지기를 기도하고 기대하고 기다리는 것입니다. 하나님이 이루실 테니 지난 세대로부터 지금까지 우리를 이끌며 보여주셨던 은혜의 역사를 이제 우리의 다음 세대와 그들의 자녀들과 또 그들의 자녀들을 통해 완성해 가실 하나님을 기대해야 합니다. 언젠가 우리 또한 지금의 자리, 역사의 현장에서 사라지는 순간이 오겠지만 하나님의 뜻과 계획은 영원히, 영원히 이어져 갈 것입니다. 그것을 기대하고 소망하며 오늘 우리에게 주신 믿음의 길을 걸어가십시오. 청년들이 믿음의 가정을 이룰 수 있도록 격려하고 기도해 주십시오. 그들을 통해 또한 믿음의 자손들이 일어서기를 기대하고 기도하십시오. 우리가 가진 이 믿음이 대를 넘고 넘어 신실하신 하나님의 역사로 이어지기를 소망하십시오.

22. 이삭과 리브가의 결혼
(QR코드를 클릭하시면 설교 영상을 시청하실 수 있습니다)

The Abraham Narrative

23

아브라함의 죽음

(창세기 25:1 - 11)

23. 아브라함의 죽음

1. 아브라함이 후처를 맞이하였으니 그의 이름은 그두라라
2. 그가 시므란과 욕산과 므단과 미디안과 이스박과 수아를 낳고
3. 욕산은 스바와 드단을 낳았으며 드단의 자손은 앗수르 족속과
   르두시 족속과 르움미 족속이며
4. 미디안의 아들은 에바와 에벨과 하녹과 아비다와 엘다아이니
   다 그두라의 자손이었더라
5. 아브라함이 이삭에게 자기의 모든 소유를 주었고
6. 자기 서자들에게도 재산을 주어 자기 생전에 그들로 하여금 자
   기 아들 이삭을 떠나 동방 곧 동쪽 땅으로 가게 하였더라
7. 아브라함의 향년이 백칠십오 세라
8. 그의 나이가 높고 늙어서 기운이 다하여 죽어 자기 열조에게로
   돌아가매
9. 그의 아들들인 이삭과 이스마엘이 그를 마므레 앞 헷 족속 소할
   의 아들 에브론의 밭에 있는 막벨라 굴에 장사하였으니
10. 이것은 아브라함이 헷 족속에게서 산 밭이라 아브라함과 그의
    아내 사라가 거기 장사되니라
11. 아브라함이 죽은 후에 하나님이 그의 아들 이삭에게 복을 주셨
    고 이삭은 브엘라해로이 근처에 거주하였더라

(창세기 25:1-11)

아브라함 내러티브는 하나님께서 그를 부르셔서 사명을 주시고 약속의 땅으로 인도하신 장면에서 시작해 그를 영원한 안식의 땅으로 불러 인도하시는 것에서 마칩니다. 그가 처음 하나님의 부르심을 받아 가나안 땅에 들어왔을 때가 75세였습니다. 하나님과 관련 없는 삶을 살았을 시간입니다. 그때 하나님께서 세 가지 약속의 말씀을 주셨는데, 후손의 약속과 땅의 약속과 열방을 향한 복이었습니다. 세 약속 중 가장 기초가 되는 것이 후손에 대한 약속이라 할 수 있습니다. 후손이 있어야 땅을 차지하고 열방으로 나아가 복을 선포할 수 있지 않겠습니까! 후손에 대한 약속이 성취되기까지 아브라함은 25년을 기다려야 했습니다. 이후 75년을 더 살다 175세가 되어 죽음을 맞이하게 됩니다. 하나님을 모른 채 75년을 살았고 약속을 기다리며 25년을 살고 이후 이삭의 출생부터 죽음까지 75년을 더 산 것으로 그의 삶을 정리해 볼 수 있습니다.

행복한 노년과 복된 죽음

모든 사람은 죽습니다. 믿음의 영웅도, 굉장히 위대한 일을 했다 하더라도 죄인으로 태어난 모든 사람은 죽게 됩니다. 피할 수 없는 현실입니다. 할 수만 있다면 죽음을 떠올리지 않고 땅에서의 삶에 몰두하며 이런저런 계획을 하지만, 죽음은 예상했던 것보다 빠르게 다가옵니다.

가끔 연로한 분들이 인생을 논할 때 '눈 깜빡할 새 지났노라.'고 고백하는 것을 듣습니다. 성경은 마치 인생이 과녁을 향해 쏜 화살 같다고 말씀합니다. 활시위를 떠난 화살이 쏜살같이 날아가듯 인생 또한 죽음을 향해 날아가듯 빠르게 달려갑니다. 시편 90편도 인생이 날아간다고 표현합니다(10절). 그러므로 인생의 마지막과 나이 들어감을 잊고자 노력하지 마십시오. 어떻게 하면 감사와 기쁨이 넘치는 노년을 보낼 것인지, 어떻게 하면 성도로서의 죽음을 예비하고 맞이할 것인지 미리 고민해 둘 필요가 있습니다.

인생의 죽음은 다음의 삶 즉 영원을 향한 하나의 문과도 같기에 성도로서 피할 일도 아닙니다. 이 땅의 삶이 끝나고 육신의 장막을 벗어버리는 날, 그때로부터 영원한 하나님의 나라가 우리 앞에 열리게 될 것입니다. 그러니 주님 안에서 잘 준비하고 맞이한다면 우리의 노년과 죽음은 오히려 복이 될 것입니다. 요한계시록 14장 13절에서도 주 안에서 죽은 자가 복되다고 말씀합니다. 본문에 나타난 아브라함의 모습이 바로 그러합니다.

그두라와 그 아들들

파란만장한 삶을 살았던 아브라함의 인생이 마무리되는 시점에 와 있습니다. 그는 이제 늙었고 기운이 다해 죽을 때가 가까웠습니다. 그는 자신의 마지막 순간인 죽음을 어떻게 준비하고 있을까요? 본문이 관심 가지는 부분입니다.

아브라함 내러티브는 창세기 11장 27절에서 시작해 25장 11절에서 끝이 납니다. 그의 믿음이 절정인 순간은 22장에서 아들 이삭을 모리아 산에서 제물로 드리려던 순간입니다. 실제 23장부터 25장까지는 아브라함 내러티브가 마무리되는 내용입니다. 전반적으로 죽음이라는 주제를 공유하며 23장에서는 사라의 죽음이 언급되고 25장에서는 아브라함의 죽음이 언급됩니다. 24장은 이삭과 리브가의 결혼 이야기지만 족장 부부인 아브라함과 사라의 죽음 이후의 역사를 이어갈 인물들로 소개되는 면에서 죽음이라는 주제가 이어지고 있습니다.

25장에서 아브라함의 죽음을 서술하기에 앞서 그가 후처 그두라를 맞이한 내용이 기록됩니다. 이어 그두라가 낳은 6명의 아들들이 나열됩니다. 죽음을 앞두고 있는 아브라함이 왕성하게 아들들을 낳은 것 같진 않습니다. 연대기적 기록으로 가정하면 아브라함이 그두라를 후처로 맞이해 아들들을 낳은 때는 그의 나이 무려 140세가 지난 후가 됩니다. 하나님께서 백 세 때 이삭을 허락하신 것을 생각하면, 가능한 일로 받아들이겠지만 본문의 배경을 뒷받침할만한 논리적 해석은 아닌 것 같습니다.

25장은 아브라함의 생애 끝을 요약한 것으로 시간 순서를 따라 기록하고 있지 않습니다. 그두라가 낳은 여섯 아들들의 족보를 간략하게 요약하며 여섯 아들과 손자들의 이름을 나열합니다. 아브라함의 나이를 생각하면 손자들은 만나지 못했을 것입니다. 3절에 갑자기 '드단의 자손은 앗수르 족속과 르두시 족속과 르움미 족속'이라 언급하는데, 족보의 끝을 '족속'이라는 단어로 마치는 것에 주목해야 합니다. 아브라함의 아들이 태어났고, 그 아들의 아들, 또 그 아들의 아들이 태어났는데 그들이 족속을 이루게 됨을 의도적으로 기록하고 있습니다. 시간을 파괴하면서까지 아브라함의 아들들이 족속을 이루게 됨을 요약해서 보여주는 것입니다.

본문 자체 내에서도 이 부분은 암시되어 있습니다. 한글 성경은 아브라함이 후처를 맞이했다고 기록하지만, 히브리어 본문에서는 '후처'가 아니라 '아내'로 기록되어 있습니다. 한글 성경이 굳이 후처로 번역한 이유는 6절 때문으로 보입니다. 히브리어 원문에서는 '서자' 대신 '첩의 아들들'로 명시되어 있습니다. 그두라가 첩인 것을 알 수 있는 부분입니다. 역대기상에서도 그두라를 언급할 때 첩이라고 부릅니다. 본문이 굳이 첩으로 표현하는 이유는 아브라함에게 아내가 있었음을 암시하기 위함입니다. 그두라를 취해 아들들을 낳은 시기를 아내 사라가 생존해 있던 때로 보는 것이 자연스러운 이유입니다. 아브라함이 86세에 이스마엘을 낳은 후부터 출산 능력이 끝났다고 여긴 99세 사이에 그두라의 아들들이 태어났을 가능성이 높습니다. 이 내용이 아브라함 내러티브에서 중요한 흐름이 아니었기에 앞 장에서 기록되지 않은 것 같습니다.

아브라함의 후손들

본문을 읽으며 가져야 할 질문은 '왜 성경 저자는 갑자기 아브라함의 죽음을 언급하는 본문에서 그의 다른 아들들을 언급하는가?'입니다. 25장을 읽을 때 17장에 나온 약속을 다시 상기해야 합니다. 즉 17장에서 아브라함에게 하셨던 하나님의 약속이 25장을 읽으며 신실하게 이행되고 있음을 확인할 수 있습니다. 약속을 이루어 가시는 하나님을 강조하는 것입니다. 그런 이유로 3절의 마지막에 '족속'을 언급하고 있습니다. 아브라함이 약속의 성취를 눈으로 모두 확인한 것은 아니지만, 하나님께서 그의 자녀들에게 이루어 가실 일을 믿으며 하나님의 신실한 역사를 고백하는 노년을 보냈으리라 추측합니다.

같은 맥락으로 12절부터 18절까지도 이해할 수 있습니다. 아브라함의 첫째 아들 이스마엘의 족보가 소개되고 그의 총 열두 아들이 나열되고 있습니다. 거기서 끝나지 않고 16절은 이스마엘의 아들들이 그 촌락과 부족대로 된 이름이며, 족속대로는 열두 지도자들이라고 말씀합니다. 창세기 17장 20절에 하나님께서 이스마엘에 대한 약속을 주실 때 그 역시 아브라함의 후사이므로 축복하실 것이고 그에게서 열두 두령이 나올 것이라는 말씀이 성취된 모습입니다.

25장에서 아브라함이 죽고 그의 인생이 끝난 것처럼 보이지만, 그의 죽음을 읽는 우리는 죽음조차 소망이 가득함을 봅니다. 본문이 그의 노년을 요약하며 하나님께서 이전에 주셨던 약속이 앞으로 하나하나 성취되어 갈 것을 기록하기 때문입니다. 그의 후손에게서 장차 나라와 큰 족속이 일어나게 됩니다. 비록 아브라함의 눈으로 모두 본 것은 아니지만 이 일은 세대를 넘어 하나님께서 이루어 가셨습니다. 아브라함은 노년에 그것을 확신했고 감사하며 마지막 세월을 보냈을 것입니다. 히브리서 11장 13-14절을 보면 신약에서 어떻게 해석하는지 볼 수 있습니다.

> ¹³이 사람들은 다 믿음을 따라 죽었으며 약속을 받지 못하였으되 그것들을 멀리서 보고 환영하며 또 땅에서는 외국인과 나그네임을 증언하였으니 ¹⁴그들이 이같이 말하는 것은 자기들이 본향 찾는 자임을 나타냄이라 (히 11:13-14)

'약속을 받지 못하였다'는 뜻은 하나님이 약속하신 것을 손에 잡지 못했다는 의미입니다. 아브라함은 약속을 직접 누리지는 못했지만 멀리서 보고 환영했습니다. 이것이 그의 마지막 모습입니다. 아브라함에게 하나님의 약속이 이루어지는 풍성한 미래가 있었음을 우리에게 말씀합니다. 그는 멀리서 내다보며 환영하고 즐거워했습니다. 그의 노년은 하나님께서 은혜로 인도하시고 미래의 밝은 빛을 보여주신 행복한 노년이었습니다. 얼마나 멋진 삶인지 모르겠습니다. 파란만장한 인생을 살았지만, 하나님의 은혜로 약속의 성취를 기대하며 보낸 시간이었습니다.

과거에 힘차게 뛰며 열심히 일하고 살던 우리 모습은 지나고 육신이 점점 약해지는 때를 만날 것입니다. 누구에게나 공평한 세월입니다. 그 때가 되면 과거의 기쁨과 은혜가 사라지겠습니까? 젊은 날 주셨던 하나님의 약속과 은혜를 잊을 수 있겠습니까? 시간이 흐르며 육신이 연약해져 행동은 미숙해지고 교회 봉사와 사회활동의 폭은 좁아지겠지만 우리 마음의 소망과 기쁨은 더 커질 수 있습니다. 하나님께서는 각 세대에 필요한 대로 은혜를 주시기 때문입니다. 20대에 받았던 은혜가 있다면 60대와 70대에 받는 은혜가 있습니다. 20대에 이룰 사명이 있다면 60대와 70대에 감당할 사명이 있습니다. 모든 삶에 하나님께서 허락하신 사명이 있고 그 속에서 누리는 행복이 있습니다. 시간이 갈수록 주님을 더욱 깊이 알아가고, 주님의 뜻을 더욱 지혜롭게 분별해가고, 주님의 뜻에 나의 욕심을 내려놓고 감사하고 순종하는 인생이 되어가는 것입니다. 육신은 날이 갈수록 연약해져 가겠지만 우리 인생 최고의 순간은 아직 오지 않았습니다. 마지막 호흡이 다 하는 그 순간이 우리 인생 최고의 순간이 되기를 바랍니다. 매일매일 주님과 동행하며 어제보다 오늘, 오늘보다 내일 더욱 성숙해가는 우리가 되면 좋겠습니다.

행복한 노년

통계에서도 나이가 들어가며 행복감을 더 느낀다는 결과가 있습니다.

신혼을 맞이한 부부와 결혼 생활을 오래 유지한 부부 중 어느 쪽 결혼 생활이 더 행복할까요? 많은 사람이 신혼일 것으로 생각하지만 부부 간의 행복이 가장 커지는 시점은 50대 이후라는 연구가 있습니다. 결혼 생활을 갓 시작하며 높은 행복지수를 보이지만 출산과 자녀 양육을 거치며 생계에 따른 부담과 가장으로서의 책임감, 정글같은 직장생활 등 행복 지수가 점점 낮아진다고 합니다. 40대 중반 남성의 행복지수가 가장 낮게 나온 결과도 있습니다. 나이가 좀 더 들고 자녀들이 독립하고 결혼하며 부부간의 의존과 신뢰가 높아지면 행복지수 또한 높아진다고 합니다. 함께 오랜 세월 동거동락하며 힘이 되어주고 포용해가며 서로를 더욱 이해하게 된 까닭입니다.

우리에게 주어진 삶을 걸으며 날마다 행복과 감사를 고백하는 복된 삶을 기원합니다. 주님을 만나는 그 순간이 인생 최고의 순간이길 기원합니다. 인생을 조망하고 분별할 줄 알아 하나님 앞에 자신을 낮추고 순복해 가는 행복한 노년을 맞이하길 기원합니다. 믿음을 잘 준비하십시오. 하나님 앞에서(coramdeo) 살아가십시오. 감사하고 자족하고 순종하고 순응할 수 있는 믿음을 가지십시오. 무엇보다 인생이 여기서 끝이 아님을, 영원하신 주님과 동행하는 삶이 우리 앞에 예비되어 있음을 기억하십시오. 아브라함이 그러하지 않았습니까! 인생을 행복하게 마무리했습니다. 그의 노년에 대해 8절이 말씀합니다. "그의 나이가 높고 늙어서 기운이 다하여 죽었다" 이것을 좀 더 정확하게 번역하면, "오래 살며 행복하고 만족스러운 백발"을 가졌다는 것입니다.

행복한 백발의 인생! 만족스러운 백발의 비밀을 간직하기를 바랍니다. 영원을 소망하며 하루하루 더 성장해 가는 우리의 노년이 되도록 축복합니다.

자녀의 미래를 준비하는 노년

아브라함의 인생이 행복한 노년일 수 있는 두 번째 이유는 자녀들의 미래를 준비하는 데 있습니다. 임종 전 유산을 잘 배분하라는 뜻이 아닙니다. 하나님의 뜻을 자녀들에게 명확하게 알려 주라는 말씀입니다. 5절을 보면 아브라함이 먼저 이삭에게 자신의 모든 소유를 주었습니다. '소유를 주었다'는 말은 그가 아브라함의 유일한 상속자임을 인정하는 뜻입니다. 아브라함에게는 이스마엘과 또 다른 여섯 아들들이 있었지만, 그들에게는 '선물'만 나눠주었습니다. 그들 또한 사랑하는 아들이지만 하나님의 약속이 이삭에게 있음을 전제하는 모습입니다. 그러나 나머지 자녀들도 살아가는데 어려움 없도록 풍성한 재물을 나눠줍니다. '선물'로 지칭한 이유는 고대 사회 법률상 그들에게 유산을 상속할 법적인 의무가 없었기 때문입니다. 주든지 주지 않든지, 양이 얼마든지 모두 아버지 뜻이었습니다. 모든 아들에게 풍성한 재물을 나눠주는 것으로 아브라함은 관대함을 보입니다. 선물을 받은 아들들은 동방으로 모두 이주해 이삭과 물리적 거리를 두게 됩니다. 분쟁의 소지를 없애는 지혜로운 행동입니다. 앞으로 만나지 않겠다는 것도, 서로 잊고 지내겠다는 뜻도 아닙니다. 다만 아버지의 죽음 후에도 상속권에 대한 분쟁의 소지가 없도록 아브라함이 살아 있을 동안 분명하게 결정하고 따르게 하는 것입니다. 멀리 떨어진 동안에도 가족의 일원으로서 서로 교류하며 지냈던 것 같습니다. 이스마엘이 아버지의 죽음을 접하고 달려와 함께 장례 치르는 모습에서 짐작할 수 있습니다. 이렇듯 아브라함은 죽음을 준비하며 하나님의 약속이 어디로 흘러가는지를 명확히 알려주기 위해 자신의 소임을 끝까지 완수하고 있었습니다.

행복한 노년의 열쇠

본문에 나타나는 행복한 노년의 열쇠는 두 가지로 보입니다. 첫째는 자기 자신입니다. 마지막 순간까지 하나님께 받은 사명을 기억하고 감당해내야 합니다. 만족하고 감사하며 살면서 하나님의 뜻을 발견하고 순복해야 합니다. 두 번째는 하나님이 주신 약속의 미래를 꿈꾸며 그 꿈을 자녀에게 전수하는 일입니다. 하나님의 뜻에 따라 자녀들과 그 후손들, 그 후손들까지 대대로 하나님의 약속이 전달되도록 합니다.

『어떻게 죽을 것인가』라는 책이 있습니다. 그 책에 따르면 노년에 이른 사람들의 걱정은 죽음 자체에 있지 않다고 합니다. 노년의 성도들이 종종 하는 말이 있습니다. "나이도 많은데 하나님이 왜 아직도 부르지 않으시는지 모르겠어요." 그들의 걱정은 죽음 자체가 아닌 죽음에 이르는 과정이 행여 고통스럽고 외로울까 하는 두려움 같습니다. 우리는 저마다 어떤 과정을 거치다 죽음에 이를지 모릅니다. 그것은 하나님께 속한 일입니다. 걱정하며 현재를 낭비하기보다 지금 우리에게 주신 사명과 감당해야 할 자리를 지켜가야 하겠습니다. '마지막 죽음의 자리에 서게 될 때 나의 자녀들과 내 믿음의 동료들은 나를 어떻게 기억할 것인가? 그들이 나를 어떻게 기억해 주길 바라는가?' 자신에게 질문해 보길 바랍니다. 마지막 호흡이 다하는 그 순간까지 어떻게 죽게 될지 두려워하지 말고, 어떻게 하면 하나님을 영화롭게 하며 살다 주님 앞에 설지 고민하기 바랍니다. 우리에게 호흡이 있다는 것은 여전히 하나님께서 기대하는 바가 있다는 뜻입니다. 청년의 때와 장년의 때 역량의 차이가 있듯이 70대와 80대, 그리고 90대에 할 수 있는 일이 차이날 뿐입니다. 호흡이 있는 한 각자에게 하나님께서 주신 사명은 분명히 존재합니다. 어떻게 기억되기를 원합니까? 우리의 자녀가 어떻게 우리를 떠올리기를 원합니까? 마지막 순간까지 기도하고 찬양하던 모습으로, 힘이 없어 어눌한 발음이지만 하나님을 가르치며 복음을 전하던 모습으로, 작은 것이라도 이웃과 나누고 돕던 모습으로 기억되면 좋지 않겠습니까? 마지막 순간을, 우리의 살아온 인생을 어떻게 기억되게 하고 싶습니까?

'어떻게 죽을까?'가 아닙니다. '마지막까지 어떻게 살다가 하나님 앞에 설 것인가?'입니다. 겸손하고 진지하게 고민하며 이 물음에 답하고 살아갈 때 행복한 백발, 만족스러운 백발의 노년을 맞이할 것입니다.

감사하게도 아직 하나님께서 그 기회를 주고 계십니다. 오늘 하루, 지금 이 순간, 주어진 시간에서 하나님 앞에서 사명을 감당하며 주님의 뜻에 순복하는 삶 살기를 바랍니다. 성도로서의 마땅한 삶을 살며 인생 최고의 순간을 향해 믿음의 경주를 끝까지 감당할 수 있기를 축복합니다.

23. 아브라함의 죽음
(QR코드를 클릭하시면 설교 영상을 시청하실 수 있습니다)